Keil

Wenn Körper und Seele streiken

Annelie Keil

Wenn Körper und Seele streiken

Die Psychosomatik des Alltagslebens

ARISTON

Dieses Buch erschien in einer früheren Ausgabe unter dem Titel
Wird Zeit, daß wir leben. Wenn Körper und Seele streiken.

Bibliographische Informationen der Deutschen Bibliothek

Die Deutsche Bibliothek verzeichnet diese Publikation
in der Deutschen Nationalbibliographie; detaillierte bibliographische Daten
sind im Internet unter http://dnb.ddb.de abrufbar.

Umschlaggestaltung: Die Werkstatt München/Weiss · Zembsch
Produktion: Ortrud Müller
Satz: MedienTeam Berger, Ellwangen
Druck und Bindung: Druckerei Huber, Garching-Hochbrück
Printed in Germany

ISBN 3-7205-2569-4

Inhalt

Vorwort 7

1
Das Leben leben 11

Das Leben ist ein Waisenkind 11
Leben macht erfinderisch und jeder Schritt wagt den Fall 15
Spielräume sind Räume fürs Leben 30
Leben bedeutet aufrecht gehen 37
Menschsein – auch in finsterer Zeit 42
Freiheit, Gleichheit, Brüderlichkeit 44
Verlust der Teilhabe 47

2
Das ungelebte Leben 57

Dialoge zwischen Gesundheit und Krankheit 57
Gesundheit – Nein danke? 64
Gesundheit als Provokation 67
Krankheit als Lebenskritik – Ein Prinzip der Offenbarung 75
Jeder »Fall« ist die Uraufführung eines »Originals« 83

3
Wenn Leben Angst macht 97

Die Angst als Partnerin des Lebens 97
Jede Angst hat eine Geschichte 102
Die Verschiebung der Angst ins Symptom 104
Die Stillegung der Seele 111
Grundformen der Angst 114
Flüchten und Standhalten 118
Ohne die Angst wäre die Welt ärmer – Todesbegegnung als Lebenserfahrung 122

4
Leben braucht Lebenszeit 125

Die Zeit trägt das Leben 126
Die Zeit tickt 128
Zeit ist subjektiv 129
Der Gebrauch der Zeit 131
Die Instrumentalisierung der Zeit 132
Die Wahrheit ist konkret und biographisch 137
Fahrpläne für das Leben 142
Geschwindigkeit ist eine Tugend 146
Die Krankheit mit der Zeit 150
Das Herz des Seins ist die Zeit 161

5
Liebe ist gelebte Beziehung 167

Die Utopie der Liebe 167
Die Fähigkeit, Ähnliches an Unähnlichem wahrzunehmen 169
Liebe braucht befreite Sinne 177
Partnerschaft als Fähigkeit zum Dialog 180
Über die Schwierigkeit zum Dialog 185
Liebe und Beziehung auf Kollisionskurs – »Du bist mein Unglück« 193
Liebe und die Lust auf Beschuldigung – »Ich sehe was, was du nicht siehst« 197
Wenn Beziehungen krank machen 202
Die Überschreitung dessen, was ist 210

Nachwort 213
Literatur 215

Vorwort

Wer sich auf sein Leben einläßt, braucht Zeit. Lebenszeit, denn das Leben liegt nicht einfach griffbereit da und kann weder schnell noch effizient oder problemlos ohne weiteres erledigt werden. Geboren zu werden braucht wie das Sterben seine Zeit. Zwischendrin halten uns Krankheiten, Trennungen, das Aufziehen von Kindern, der Verlust des Arbeitsplatzes, die seelische Not unserer Freunde, Krieg und Terror und vieles andere auf. Wir müssen uns mit dem Leben, das uns zustößt, arrangieren und uns dabei immer wieder selbst an die Hand nehmen, um Antworten auf die uns gestellten Fragen zu suchen. Daß wir diese finden, ist aber ungewiß und was wir dann als Auswegslosigkeit oder als unser Scheitern empfinden, braucht besonders viel Zeit! Die Zeit heilt nicht alle Wunden und ist nur dann der beste Arzt, wenn wir ihr geduldig die Stunden, Monate und manchmal auch die Jahre zur Verfügung stellen, die sie braucht, um nach dem Zusammenbruch einer alten Ordnung eine neue aufzubauen und das zu integrieren, was als Ungeplantes so gar nicht in unser Leben passen will.

Wer Zeit gewinnt, gewinnt nicht unbedingt das Leben. Wir können uns weder der Geschichte entledigen, die wir als Vergangenheit im Gepäck haben, noch können wir die Zukunft unversehrt erreichen, indem wir die Gegenwart unseres Lebens zu überspringen suchen.

Dieses Buch enthält die schwierige Aufforderung, gegenwärtig zu sein, innezuhalten und das geschehen zu lassen, was ohnehin geschieht. Leben kommt einfach daher, ob wir Zeit haben oder nicht, ob wir es gerade für akzeptabel halten oder am liebsten weglaufen würden, weil wir etwas anderes mit unserem Leben vorhatten als das, was nun als Bescherung vor unseren Füßen liegt.

Leben braucht eine spezifische Lebenszeit, um das zu werden, was in ihm steckt, nämlich unser eigenes Leben. Um den Fakten des Lebens Sinn und Bedeutung zu entnehmen, müssen wir Zeit verschenken und aufhören, mit unserer Vergänglichkeit um die Wette zu rennen. Wer die Gegenwart nicht mit Warten verplempern will, verschleudert sein Leben, denn die Vermeidung von Leerlauf ist nicht nur die Vermeidung von wichtigen Pausen und lebensnotwendigen Wartezeiten, sondern die Verhinderung von Nachdenken, von Spüren und Fühlen, von Lust und Genuß, von Trauer und Tränen, von Liebe und Beziehung, von Konzentration und Arbeitsfähigkeit, von Mitgefühl, Achtsamkeit und Respekt für das eigene Leben wie das Leben der anderen.

Der Zeitgewinn, der aus dem Wahn der Geschwindigkeit und der verführerischen Idee von einem reibungslosen Leben erwächst, wird auf unterschiedliche Weise mit dem Leben bezahlt. Versäumnisängste umstellen unser Leben und suggerieren uns, daß sich die erkauften Ersatzleben schneller leben lassen als das Leben selbst. Wer etwas von sich hält, hat nur Zeit für seine Termine und die Aura seiner Bedeutsamkeit wächst mit seiner Unerreichbarkeit. Wo lassen sie leben, könnte man viele fragen, denn sie werden gelebt, statt daß sie selbst der bestimmende Faktor in ihrem Leben bleiben.

Daß wir damit auch für uns selbst nicht mehr erreichbar sind, sprechen dann Körper und Seele aus, die im unbewußten Streik mit körperlich spürbaren Symptomen darauf aufmerksam machen, daß es Zeit wird zu leben, indem wir nicht nur Fakten schaffen, sondern auch deren Bedeutung biographisch erfahren und erleben. Unsere Biographien und Lebensläufe entstehen durch den lebenslangen Versuch, die unbekannte Zukunft unseres Lebens und die unzähligen Möglichkeiten, die der Stoff des Lebens enthält, in konkrete Lebenssituationen zu verwandeln, indem wir uns zum Handeln entscheiden und auswählen, ohne daß wir für irgend etwas eine Sicherheitsgarantie in den Händen hielten. Das Leben verspricht nichts und hält viel. Das aber macht nervös, ist anstrengend und zeitraubend.

Man kann das Glitzern des Wassers nicht kaufen, sagen meine indianischen Freunde. Es ist ein Geschenk. Das gleiche gilt letztlich für das Leben und die Gesundheit. Aber so wie wir dem schöpferischen und initiativen Moment unseres Lebens ausweichen und in Ersatzleben fliehen, so weichen wir auch der umfassenden Bedeutung von Gesundheit aus, indem wir die Hilferufe des Lebens hinter der Krankheit nicht verstehen lernen.

Gesundheit ist für die meisten Menschen die Abwesenheit von Krankheit, eine Art Statussymbol und Zustand, der sich über Labortest und Röntgenbild definieren läßt. Unauffälligkeit ist gefragt, der Mensch ohne Befund jenseits seiner Befindlichkeit. Als Erfahrung eines lebendigen Lebens, in dem Gesundheit und Krankheit wie Licht und Schatten im Dialog stehen, oder einer umfassenden Beziehung zur Welt, als Liebe und Mut zum eigenen Leben und seinen Leidenserfahrungen ist Gesundheit weitgehend verlorengegangen. Fixiert an das Bild einer objektiv meß- und abbildbaren Übereinstimmung mit einem festgelegten physiologischen Normalzustand haben wir die Erfahrung von Gesundheit aufgegeben und damit auch ihre biographische und initiatische Dimension. Wir messen Gesundheit an einem allgemein anerkannten Durchschnittswert und ersticken unsere Zweifel an dieser Definition von Gesundheit und gleichzeitig unsere Angst vor Krankheit in Programmen, die Gesundheit als Lebensersatz oder Ware anbieten und eine Art Garantie liefern, wenn wir auf Experimente verzichten, uns »richtig« verhalten und keine Risiken eingehen. Die Welt der Experten steht bereit, um zu erklären, warum wir krank geworden sind und was wir falsch gemacht haben. Das Vertrauen in das eigene Leben und seine Kritik an uns und den Verhältnissen hat sich in Mißtrauen verwandelt, und deshalb hält man sich lieber nur an Medikamente und medizinische Regeln als an das, was uns das eigene Leben mit seinen Mustern und Lebensweisen ganz konkret im Prozeß der Gesundung abverlangt und zeigt.

Der Puls zählt, nicht das Leben. Gesundheit ist zu einer Leertaste geworden, etwas, das wir vor allem dann haben, wenn wir nichts spüren. Daß Gesundheit sich über die körperliche Seite hinaus auch geistig, seelisch, sozial und spirituell manifestiert, ist ohnehin aus dem Blick geraten. Wir halten Gesundheit eher für etwas, das unserem eisernen Willen oder unseren Tricks unterliegt, und wir lassen kein Angebot aus, um sie käuflich zu erwerben. Wenn ich das richtige Blutdruckmittel, das richtige Trimmgerät kaufe, eine möglichst neutrale Lebenshaltung einnehme und mich nicht aufrege, dann muß ich einfach gesund sein und bleiben.

Das vorliegende Buch ist eine Einladung, das eigene Leben als eine Aufgabe anzunehmen, die sich lohnt, sich der Möglichkeit wie Anstrengung zu stellen, es achtsam und lustvoll zu führen und es vor allem nicht unbewußt einfach nur dahingehen zu lassen. Manchmal verliebt man sich dabei sogar in das eigene Leben. Möge die Übung gelingen und das Buch auf diesem Weg ermutigen.

1
Das Leben leben

Das Leben ist ein Waisenkind

Das Leben ist uralt, vielfältig, allgegenwärtig und ganz offensichtlich sehr widerstandsfähig. Wir begegnen ihm auf Schritt und Tritt. Unsere Nase kann es riechen, unsere Ohren können es hören, es findet vor unseren Augen statt und unsere Hände können es zärtlich berühren, nach ihm greifen oder es gestalten. Trotz aller erdrückender Versuche Leben zu behindern, auszuhalten, zu verletzen oder in einzelnen Menschen, Tieren oder Pflanzen anzuhalten oder zu zerstören, hat es überlebt. Leben selbst stirbt nicht, nur die einzelnen Lebewesen sterben. Das ist Hoffnung, aber auch Anlaß zur Verzweiflung und Herausforderung zugleich. Tröstend ist die Tatsache, daß jedes neugeborene Kind immer wieder mit dem tiefen Wunsch zu leben das Licht und die Schatten der Welt erblickt und alle menschlichen Entwicklungsmöglichkeiten wie eine Art lebendige Hoffnung als Potential und Ausstattung mitbringt. Daß dieser Wunsch und die Bereitschaft zu leben schon früh bis auf den Kern erschüttert werden kann und Potentiale erst gar nicht zum Tragen kommen, ist ebenfalls allgegenwärtig. Das historisch konkrete Leben ist immer in Gefahr, Schiffbruch zu erleiden, verletzt und unterdrückt zu werden! Die Herausforderung steckt also in der Aufgabe, die Aufmerksamkeit der leidenden Menschheit inmitten aller von uns mitzuverantwortenden Lebensfeindlichkeit auf das noch ungeborene oder neugeborene Kind zu richten und an seiner Situation exemplarisch zu begreifen, daß seine Entwicklungsmöglichkeiten nur dann zur lebendigen Hoffnung für uns alle werden, wenn wir die Bedingungen fördern, die Menschen zu Menschen und Gesellschaften zu menschlichen Gesellschaften machen. (Reich)* Die Aufgabe besteht nicht in der Ausar-

* Die benutzte Literatur ist im Verzeichnis aufgeführt. Für die Lesbarkeit des Textes wurde sowohl bei Originalzitaten wie bei einer Anlehnung auf genaue Angaben verzichtet.

beitung einer neuen Lebensphilosophie, sondern in der Bereitschaft zur Konfrontation mit der Art und Weise, wie Leben lebt oder eben nicht lebt: in uns selbst wie in anderen Menschen, in unseren Beziehungen und Gemeinschaften, in unserem Verhältnis zur Natur und zur Welt.

Wir brauchen kein abstraktes Mitleid mit der Natur, der Menschheit oder dem Leben im allgemeinen zu haben. Statt in moralisierender Empörung zu verharren, sollten wir mit dem konkreten Leben in uns und um uns herum bewußt und wirksam in Berührung treten. Dazu brauchen wir Mitleid und Mitgefühl, denn nur deshalb sind wir mit der Fähigkeit zu beiden ausgestattet. Es ist nicht das Leben im allgemeinen, sondern unser unmittelbares, konkret geschichtliches Leben als Menschen, das wir gefährden, wenn wir nicht erkennen, wie Leben lebt! Wir sägen nicht an irgendeinem Ast, sondern an dem, auf dem wir sitzen! Nicht die Natur und das Leben als Ganzes stirbt, sondern wir als ein Teil davon sind gefährdet. Als Einzelne wie als Menschheit haben wir in der Hand, was aus uns und der Möglichkeit zu leben wird. Vor dieser Einsicht können wir uns nicht drücken.

Wer eine Handvoll Erde nimmt, findet in ihr mehr Organismen als Menschen auf der Erde leben: 60 000 Einzeller, 100 000 Algen, 800 000 Pilze und Bakterien in Milliardenhöhe. Unsere Umwelt, die wir sehen, atmen und fühlen besteht aus Produkten des Lebens, vielfach recycelt und erneuert, umgebaut und auch vernichtet: die Berge und Täler, die Erde, die Steine, die ganze Atmosphäre. Der Kohlenstoff unseres Körpers und unsere Nahrung hat schon mehrfach den Besitzer gewechselt und in jedem Atemzug inhalieren wir Sauerstoff vom Anfang der Zeit, zigtausendfach geatmet von Mikroorganismen, Pflanzen, Bäumen, Tieren und Menschen. Wir sind die Ururenkel jener Steine, die die Mineralien für erstes Leben lieferten, und unsere Knochen haben den uralten Kalk eingelagert, der aus den frühen Meeresorganismen und den späteren Gebirgen stammt.

Wir sind auf allen Ebenen unserer Existenz mit dem Leben um uns herum verwandt. Wir sind Urenkel, Enkel, Kind, Eltern oder Großeltern der Evolution: Am eigenen Leibe erfahren wir, in jeder Sekunde und mit jedem Atemzug oder Herzschlag, wie das Leben lebt! Auch wenn wir von den kleinen Barkassen in die Raumschiffe umgestiegen sind, mit Teleskopen in die Tiefen des Alls blicken, mit Mikroskopen in die Welt des Mikrokosmos eindringen und die Bausteine des Lebens identifizieren, mit Sensoren Wellen wahrnehmen, die dem Ohr verborgen bleiben, Farben sehen, die das Auge übersieht und energetische Felder erspüren, wo unsere Sinne noch Leere wahrnehmen, bleibt es keinem Menschen erspart, das offene Geheimnis des Lebens in seinem eigenen Leben noch einmal zu suchen. Die Entdeckungsreise zu diesem Geheimnis ist die eigene Lebensreise, eine Reise, die jeder Mensch vom frühen Anfang an prinzipiell für sich allein und gleichzeitig als Mitreisender antreten muß. All das Wissen über Leben und Lebensprozesse auf dem Planeten Erde, die Gesetzmäßigkeiten des Universums oder die Geschichte der Gattung Mensch, können das spezifische biographische Geheimnis nicht lüften und den Sinn eines einzelnen menschlichen Lebens nicht erklären. Um Leben zu erforschen, muß es von uns gelebt werden, seine Haupt- und Nebenwirkungen entfalten können, müssen wir den aufrechten Gang in seinen umfassenden Dimensionen üben. Unsere Einzigartigkeit, die wir leben und selbstgestaltend aushalten müssen, um überhaupt zu sein, ist unendliche Möglichkeit und notvolle Auflage zugleich. Wer könnte schon wirklich erfassen, was es heißt, daß wir letztlich keine Kopie sind und uns selbst in jedem Augenblick erfinden müssen? Das Nachdenken über die Frage, wie das Leben lebt und welche Prinzipien unserem Lebensprozeß und der Entwicklung des Lebendigen zugrunde liegen, ersetzt das Staunen über das »Wunder des Lebens« nicht. Dieses Wunder, das sich bei jeder Geburt eines neuen kleinen Erdenbürger wiederholt und das jeder Mensch immer wieder neu und lebenslang auch dann noch vollbringen muß, wenn er den Kram am liebsten hinschmeißen würde oder er bereits seinem letzten Atemzug entgegengeht, muß auch erlitten und erfühlt werden.

Menschliches Leben ist immer ein Stück Offenbarung. Indem wir das Geheimnis und die Struktur unseres Lebens erkunden und uns öffnen, reisen wir durch die mehr oder weniger bekannten Landschaften nicht nur des eigenen Lebens, sondern auch durch die anderer Menschen. Auf diese Weise entdecken wir auch so etwas wie die »Solidarität der lebenden Dinge« (Beck), jene Gemeinsamkeit zwischen Erde, Pflanze, Tier und Mensch, in der sich der Mensch im Sterben und Leiden anderer Menschen, aber auch im Sterben der Wälder und Tiere als »Naturwesen mit moralischem Anspruch«, als Teil eines Ganzen erfährt. Gerade in der Krise und Gefährdung unserer individuellen Existenz begegnen wir den Wurzeln und Bedingungen der gemeinsamen Herkunft allen Lebens. Die Bedrohung läßt uns fühlen, daß wir ähnlich der Pflanze und dem Fisch den Sauerstoff und das Wasser zum atmen und leben brauchen und daß wir selbst getroffen werden, wenn jenen die Lebensgrundlagen entzogen werden. Im ersten Schrei des Neugeborenen hören wir auch unseren eigenen Hilferuf nach Solidarität und Unterstützung.

Wir brauchen das Gefühl, einen Platz in der Ordnung der Dinge zu haben. Eine Art größeres und umfassenderes Sein außerhalb von uns, das uns das Gefühl gibt, zu etwas zu gehören und Teil von etwas zu sein. Eine Verortung und Orientierung, die sozusagen Lebens-Mittel und Proviant für die vor uns liegende Entdeckungsreise sind. Und gleichzeitig Horizont, ohne den es keine Orientierung gibt. »Das Leben eines jeden Menschen ist ein Weg zu sich selber hin, der Versuch eines Weges, die Andeutung eines Pfades«, schreibt Hermann Hesse. »Kein Mensch ist jemals ganz und gar er selbst gewesen; jeder strebt dennoch, es zu werden, einer dumpf, einer lichter, wie er kann ... Aber jeder ist ein Wurf der Natur nach dem Menschen hin. Uns allen sind die Herkünfte gemeinsam, die Mütter ... Aber jeder strebt, ein Versuch und Wurf aus den Tiefen, seinem eigenen Ziele zu. Wir können einander verstehen, aber deuten kann jeder nur sich selbst.« Aber für die Deutung unserer individuellen Existenz brauchen wir auch jene über und hinausgehende Ordnung der Dinge, denn: »Alles was ist, ist nur, weil es mit allem kommuniziert. Nichts ist für sich selbst, ein jedes hat seine Existenz im anderen.« (Dalai Lama)

Leben macht erfinderisch und jeder Schritt wagt den Fall

Leben ist vom Augenblick der Zeugung an ein kreativer Prozeß der Selbstgestaltung auf dem Weg durch die »Fremde«, es ist die Begegnung mit dem Unbekannten schlechthin. »Wahres Leben bewegt sich nach vorn in unbekannte Bereiche« (Reich) und beginnt immer wieder neu mit dem nächsten kleinen Schritt, der bis dahin unmöglich schien und den wir wagen müssen, um das Geheimnis unseres Lebens zu erfahren. Gegenwärtig zu sein heißt anwesend sein, heißt Da-sein und gleichzeitig Mit-sein! Das Unbekannte und Fremde entpuppt sich als Eröffnung von Zukunft, als Aufforderung zur Bewegung auf etwas zu, als Freiheit für das, was wir später unser Leben nennen. Jeder Tag gibt uns für diesen Gestaltungsprozeß des Lebens seine Stunden in die Hand, jede Woche ihre sieben Tage, der Monat seine vier Wochen, das Jahr seine zwölf Monate. Jeder Geburts-Tag erinnert uns an die Zeit, die hinter uns und an die, die noch ungewiß vor uns liegt, erinnert an die Spannung zwischen Werden und Vergehen. Wir selbst sind unsere lebendige Geschichte in Vergangenheit, Gegenwart und Zukunft. Wir selbst müssen uns für das Leben entscheiden. Unsere physische Geburt ist nur eine notwendige, aber keine zureichende Voraussetzung dafür, daß wir uns dem bewußt zuwenden und öffnen, was uns aufgegeben ist. Das Aufgegebene ist der Ruf aus der Unendlichkeit des Seins.

Leben gestaltet sich wesentlich aus unvorhersehbaren Zufällen, aus dem, was uns, oft auch ohne erkennbaren Sinn, als Provokation oder Aufruf aus der Fremde der Zukunft zufällt. Keine Krankheit tut uns den Gefallen, sich anzumelden und zum »richtigen« Zeitpunkt auszubrechen. Wir können weder unsere Eltern noch unsere Hautfarbe frei wählen. Geburtstermin ist Geburtstermin, auch mitten im Krieg. Die ungewollte Trennung von einem geliebten Menschen trifft uns unverhofft und läßt uns oft hoffnungslos zurück. Ein Krieg oder eine Naturkatastrophe können unser über Jahrzehnte mühsam zusammengetragenes Hab und Gut mit einem Schlag zerstören oder wegschwemmen. Im Umgang mit diesen Zufällen wie im Erleiden der darin enthaltenen Bedingungen und Bestimmungen formt sich unser Leben. Es macht uns mehr oder weniger erfinderisch und wagt mit jedem Schritt, den es tun will oder muß, auch den Fall und das Scheitern. Die Aufforderung, sich dem Leben zu stellen, verrät etwas von der Herausforderung, die darin steckt. Wer sich dem Leben stellt, braucht Mut, um auch in der Verzweiflung noch die Kraft zum Stehen zu haben. Das Leben ist so gesehen eine Art »Waisenkind«, das der Annahme und Adoption bedarf. Ähnlich dem Neugeborenen, das schutzbedürftig und hilflos in die Welt kommt oder dem Kind, das seine Eltern verliert, verstoßen wird oder in andere Lebensnöte gerät, ist Leben selbst auf der Suche nach Akzeptanz, Hilfe und nach einem Ort, an dem es für eine gewisse Zeit bleiben und Heimat finden kann. Leben braucht ein Haus, in dem es als Gast willkommen ist, auch und gerade dann, wenn es in Schwierigkeiten gerät. »Nicht da ist man daheim, wo man seinen Wohnsitz hat, sondern wo man verstanden wird«, heißt es bei Morgenstern.

Wie das kleine befruchtete Ei zu Beginn unseres Lebens sich in der Gebärmutter einzunisten versucht, braucht das einzelne Leben vor allem dann, wenn es an seine Grenze und Ohnmacht stößt, eine »soziale Gebärmutter«, das heißt einen Ort, an dem erkannt und akzeptiert wird, wessen es bedürftig ist. Die allgemeinen Menschenrechte bringen zum Ausdruck, was der Mensch braucht, und jeder Hilfesuchende erinnert an die Grundbedürfnisse unserer eigenen Existenz. Die Lage derer, denen wesentliche Voraussetzungen für das, was wir ein menschenwürdiges Leben nennen, fehlen und die deshalb unsere Gastfreundschaft wie unsere öffentliche Hilfe brauchen, belehrt uns darüber, wie Leben lebt und was uns erwartet, wenn wir unsere eigenen Sicherheiten verlieren. Die Bettlerin auf der Straße hält uns den Spiegel der menschlichen Existenz entgegen, ist Zeugin für den Kelch, der an uns vorübergegangen ist.

Als Lebender ist der Mensch bedürftig und zum Stoffwechsel und Austausch mit der Welt und dem Kosmos gezwungen. Mit der Geburt bekommen wir nur die Möglichkeit zu leben, leben müssen wir schon selbst. Wir bekommen nur die Möglichkeit zu atmen, auch atmen müssen wir selbst, wenn die Nabelschnur gekappt ist. Wir bekommen nur die Möglichkeit zu denken, aber denken müssen wir schon selbst, und es ist nicht vorherbestimmt, was wir denken! Wie schwer und mühevoll der Weg in die von uns verlangte Selbstorganisation und damit Selbständigkeit ist, zeigt jener erste Schrei, mit dem der kleine Mensch das Licht der Welt erblickt, dokumentieren aber auch unsere ersten und letzten Schritte im aufrechten Gang, die immer wieder vom Fallen begleitet werden. Mit jedem Atemzug, jeder Bewegung, jedem Gefühl und jedem Gedanken müssen wir uns für unser Leben entscheiden, und wir wenden uns dabei, beginnend mit den Eltern, gleichzeitig bittend an die uns umgebende Welt, uns dabei zu helfen. Schrittweise übernehmen wir die Verantwortung für unser Leben, indem wir nach Antworten auf die Fragen suchen, die uns das Leben stellt. Wir sind gezwungen, auf allen Ebenen unserer menschlichen Existenz immer wieder neu unseren Horizont und unsere Grenzen zu überschreiten: körperlich, geistig, seelisch, spirituell und sozial. Das eigene Leben in die Hände zu nehmen, meint sinnlichen Austausch, der Sinn stiften muß, damit es wirklich als unser eigenes Leben erlebt und gefühlt werden kann. Diese existentielle Notwendigkeit, unsere eigenen Grenzen ständig zu überschreiten, erzwingt ein umfassendes Unterwegssein, sowie eine ständige Begegnung mit dem, was wir noch nicht kennen. Die Lust auf das Unbekannte und Neue, auf das Wagnis zu leben paart, sich hierbei mit der großen Angst vor dem Verlust des Vertrauten und dem Scheitern des Lebens. Der Gewinn neuer Heimat ist immer auch Aufgabe alter Heimat, das erfahren wir sehr bald. Geburt und Tod sind die Pole der Spannungsbeziehung, die Leben heißt. Der kleine Mensch, der das erste Mal mit noch unsicherem Gang und neugierig nach vorne schauend das Zimmer der Mutter verläßt, um die nächste Welt zu erobern, ist zu Recht voller Angst darüber, ob er bei seiner Rückkehr das Vertraute in gewohnter Ordnung wiederfindet. Im Raum dazwischen und mitten durch das Zögern hindurch muß die Entscheidung für den nächsten eigenen Lebensschritt fallen. Ein Haus hat Fenster und Türen, der Raum dazwischen macht des Hauses Bewohnbarkeit, heißt es in der taoistischen Philosophie. Bedürftigkeit und Neugier fordern und zwingen uns trotz aller Vorsicht und Angst zu entdecken, daß sich das Ungewisse vor uns nicht nur als Gefährdung der Vergangenheit und der aus ihr resultierenden Sicherheit, sondern gleichzeitig als Eröffnung von Zukunft und Entwicklung von Möglichkeiten entpuppen kann.

Im Blick auf uns selbst ergeben sich dabei viele Fragen. Wie lernen meine Augen die Welt so zu sehen, wie ich sie sehe und warum bleibe ich oft auf einem Auge blind? Warum ergreifen meine Hände so viele Gelegenheiten des Lebens nicht und in welchem Zusammenhang stehen Greifen und Begreifen in meinem Leben? Wie wurde ich taub gegenüber den Hilferufen meines eigenen Lebens und auf welche Weise verstummt mein Mitgefühl gegenüber den Hilferufen meiner Mitmenschen? Wie erkennen wir an uns selbst, daß die Lebensbewegung von Erstarrung umstellt ist?

Wer wir sind, erfahren wir nur im Prozeß der bewußten und gleichzeitig offenen Konfrontation mit der Gegenwart unseres Lebens. Erst in der Bewußtwerdung und dem Umgang mit dem Aufgegebenen erschließen wir uns die Konstruktion unseres Lebens und seine Bedeutung. Manches fühlt sich am Ende dieser Integrationsarbeit so vertraut und für uns richtig an, als hätte es nie anders sein können. Wir vergessen oft die Geschichte und den Arbeitsprozeß, der mit dieser Leistung verbunden war. Und doch kann diese gerade erworbene Selbstverständlichkeit im nächsten Augenblick wieder in Fremdheit umschlagen, weil sie die sich wandelnde Realität schon wieder verstellt. Verzweifelt und ratlos stehen Eltern manchmal vor ihren Kindern und Menschen vor ihren Partnern, weil diese in Krisen und Konflikten plötzlich und völlig unerwartet eine ganz andere, unbekannte Seite zeigen. Der vertraute Mensch wir zum unverstandenen Fremden. Das gleiche gilt auch für den oft so plötzlichen Umschwung, in dem unser Leben von Gesundheit in Krankheit umschlägt. Wie ein Blitzschlag trifft uns unserer Meinung nach dann die Krankheit, und mit der fremdartigen und angstmachenden Diagnose wird auch der eigene bisher vertraute Körper zum Fremdkörper, der einer fremdartigen medizinischen Behandlung übergeben wird. Wie lange schon ist da etwas in uns »gewachsen«, das wir bis zu diesem Augenblick gar nicht kannten? Wieviel Schaden wurde im eigenen Haus angerichtet, ohne daß wir etwas davon wußten? Was geschah da im Unter- oder Hintergrund? Diesen von uns nicht zu kontrollierenden »Schöpfungsdrang« des Körpers nennen wir mit der Medizin im Fall von Krebs sogar »bösartig« oder »heimtückisch« und machen auf diese Weise klar, daß wir uns für diesen Fall von der Aktivität unseres Körpers und unserer Zellen distanzieren.

Wir sind lebendige Beispiele des Lebens und keine logischen, und unsere Einzigartigkeit besteht darin, unseren eigenen Lebensweg zu suchen und zu finden. Oft verstehen wir erst sehr viel später, manchmal erst am Ende unseres Lebens, welche bewußten und unbewußten Gesetzmäßigkeiten und Prinzipien des Lebens dabei die Entwicklung unserer Individualität und Biographie ermöglicht, unterstützt oder aber auch behindert haben. Sich selbst zu erkennen heißt manchmal, sich selbst auszugraben, so wie die Archäologen einen alten Palast ausgraben: Stein für Stein muß zusammengetragen werden, um das Mosaik unseres Lebens zu erkennen.

Was uns aus der Fremde der Zukunft zufällt, kann uns beglücken und zufriedenstellen. Es kann aber auch jene Provokationen enthalten, mit denen wir eben nicht gerechnet haben, die uns überfordern, an den Rand drängen und uns unmißverständlich deutlich machen, daß im Leben mit nichts fest gerechnet werden kann, auch wenn uns etwas todsicher schien, gut ausgedacht und perfekt geplant war. Das Lebendige steht mit der Normalität auf Kriegsfuß, will sich nicht den gesellschaftlichen und individuellen Vorstellungen vom »richtigen« Leben unterordnen, sich nicht in die Schubladen zwingen lassen, die wir erfunden haben, damit Ordnung herrscht. Daß wir geboren werden, ist nicht der Beleg dafür, daß wir auch die Möglichkeit zu leben bekommen oder gar willkommen sind. Es gibt in diesem Sinne keine »normalen«, das heißt berechenbaren Eltern, sondern nur solche, die sich auf unterschiedlichste Weise damit auseinanderzusetzen haben, daß sie Eltern geworden sind und nun eine Form biographischer Elternschaft entwickeln müssen, die aber faktisch auch darin bestehen kann, diese Elternschaft bewußt oder unbewußt zu leugnen und das Kind im Stich zu lassen. Eltern sind nicht einfach Eltern, sondern werden es. Wenn wir begreifen, daß es im Bereich des Lebendigen grundsätzlich keine Normalität im Sinne des Wiederhol- und Kopierbaren gibt, dann lernen wir auch verstehen, warum das, was wie eine gleiche Voraussetzung aussieht, zu höchst unterschiedlichen Reaktionen und Entwicklungen führen kann. Nicht jeder traumatisierte Mensch hält in gleicher

Weise in seiner Entwicklung inne. Nicht jede Ansammlung von Risikofaktoren führt zum Herzinfarkt. Nicht jede namensgleiche Diagnose garantiert eine gleiche Krankheit. Auch der erkrankte Mensch bleibt wie der gesunde ein Original. Die eigene Kompetenz zu leben entwickelt sich offenbar eher im Umgang mit der Originalität und mit dem Unplanbaren, mit dem was uns im Leben zufällt als im Vertrauen auf die Sicherheit einer Lebensordnung, die andere für uns vorgesehen haben, weil sie unsere Entwicklung in ihre Hände nehmen wollen.

Wie aus einer traumatisierenden Erfahrung der Hilflosigkeit und der Verunsicherung eine Gewißheit wurde, das Leben in die eigenen Hände nehmen zu können, möchte ich an meiner eigenen Biographie verdeutlichen. Ich habe im Laufe meines Lebens immer wieder erfahren, daß das Leben »verwaist«, wenn man sich seiner aus Enttäuschung darüber, daß es anders als geplant daherkommt, nicht annimmt und ihm die Gastfreundschaft verweigert.

Ich wurde 1939 geboren und meine erste Lebenserfahrung war: Du bist unerwünscht, ein illegaler Unfall in der Beziehung zweier erwachsener Menschen, die eigentlich nicht viel miteinander und schon gar nichts mit einem Kind zu tun haben wollten. Von den Eltern verlassen, landete ich in einem Waisenhaus der NSDAP in Polen. Abhängig und hilflos hatte ich zu akzeptieren, was mir das Leben in den ersten Tagen nach meiner Geburt beibrachte: Es gibt keine Sicherheit und auch kein Versprechen für irgend etwas. Weder diese unwilligen Eltern noch das Kriegsjahr hatte ich für meine Geburt ausgesucht, und auch dem Schöpfer war nicht in die Schuhe zu schieben, was meine Eltern verbockten. Irgendwie fiel ich wie ein heimatloser Stern, der einen Landeplatz sucht, zur Erde. Und diesen Landeplatz gab es trotz der mißlichen Lage tatsächlich. Die Schwestern im Waisenhaus gaben ihr Bestes, um kollektive Mütter zu sein, und wir kleinen Menschen versuchten zu bekommen, war wir brauchten: eine Umarmung; ein Lächeln; jemanden, der mit uns spielt und uns füttert. Mit dem Spitznamen »Häschen« ging ich in die Geschichte dieses Heimes ein und mein Kampf um die Herzen der Ersatzmütter war nicht erfolglos, auch wenn ich sie teilen mußte.

Verlassen werden heißt nicht, daß es wirklich niemanden mehr auf dieser Welt gibt – das war eine Erfahrung, die mir in mancher Verzweiflung weitergeholfen hat. Ganz offensichtlich bekommen wir nur das nackte Leben als Geschenk – für die anderen Dinge und seine Form muß gesorgt werden und manchmal müssen sie hart erkämpft werden. Werden sie uns ganz verweigert, haben wir wenig Chancen. Was ich als Kind erfuhr, schien so etwas wie eine Essenz zu sein: Unsere Biographien und Lebensläufe entstehen durch den lebenslangen Versuch, die unbekannte Zukunft unseres Lebens und die unzähligen Möglichkeiten in konkrete Lebenssituationen zu verwandeln, indem wir uns zum Handeln entscheiden und zwischen verschiedenen Alternativen auswählen. Wir bekommen jedoch keine Garantie dafür, daß die bewußte oder unbewußte Entscheidung, so und nicht anders mit dem uns Zugefallenen umzugehen, richtig ist. Die Provokation, ein unerwünschtes Kind zu sein, hatte unverhofft meinen Willen gestärkt, den Beweis anzutreten, daß ich zu Recht auf dieser Erde bin, weil das Recht auf Leben mit der Geburt an mich übergegangen war. Eltern sind eine wesentliche Voraussetzung, überhaupt ins Leben zu kommen, aber sie sind keine Garantie für unser Leben. Der Weg, den ich bei der Suche nach Elternersatz ging, hatte viele Stolpersteine, und zum wesentlichen Schmerz wurde die Tatsache, daß sich die gesellschaftlich propagierte Idee von der »richtigen«, bedingungslos liebenden Mutter mit dem entsprechenden Mutterschaftsmythos über viele Jahrzehnte in mein Herz eingefressen hatte. Ich brauchte lange dazu, um mich endgültig mit dem Anfang meines eigenen Lebens und mit einer Mutter zu versöhnen, die eben keine solche Vorschriftsmutter sein wollte.

Nur indem wir gehen, riechen, schmecken, sehen, hören, fühlen oder denken entscheiden wir uns für die Entfaltung unseres Lebens, entwickeln wir Körper, Geist und Seele und vor allem unsere sozialen Beziehungen, ohne die Leben nicht überleben kann.

Dazu ein weiteres Beispiel aus der gleichen Zeit. 1945 holte mich meine Mutter aus dem Waisenhaus, weil sie die Flucht vor den anrückenden Russen mit einem Kind für leichter hielt. An meinem sechsten Geburtstag kamen wir in russische Kriegsgefangenschaft. Eines Tages wurde ich im Lager von einem russischen Offizier beim Stehlen von Brot erwischt. Als er in meine erschreckten Augen sah, muß er die

Angst seiner eigenen kleinen Tochter entdeckt haben, die in der Nähe von Leningrad mit seiner ganzen Familie von deutschen Soldaten ermordet worden war, wie er meiner Mutter später erzählte. Für mich unbegreiflich fing dieser angsteinflößende Mann an zu weinen, und als er mich durch seine Tränen hindurch fast hilflos anlächelte, gaben wir uns beide ganz unvermittelt die Hände. Wir hatten uns auf einer tiefen Ebene verstanden. Zwei auf unterschiedliche Weise »heimatlose« und »verlassene« Menschen hatten ohne Worte entschieden, aufeinander zu achten und für eine Zeit Vater und Tochter zu spielen. Die Beziehung hielt zwei Jahre, die einzige Zeit in meinem Leben, in der ich einen Vater hatte. Ich mußte diesen von mir adoptierten Vater wieder aufgeben, als er nach Rußland zurückversetzt wurde und meine Mutter und ich in die Freiheit nach Westdeutschland flohen. Dort angekommen, fühlte ich mich weder frei noch zu Hause. Den Menschen, der mich verstand und beschützte, hatte ich verloren und als ein in eine fremde Stadt zwangseingewiesenes Flüchtlingskind war ich wieder nicht willkommen. Ich mußte lernen, wie man bettelt und was es bedeutet, keine vollständige Familie zu haben und von Sozialhilfe zu leben. Die Suche nach den nächsten »Wohnsitzen« und Beheimatungen im Sinne Morgensterns war eröffnet: später war es die Schule und die stützenden Lehrer/innen, dann wurde es mein Glaube, die Kirche und eine Pastorenfamilie, später der Leistungssport und die sozialen Beziehungen im Verein, dann die Politik und das soziale Engagement in der Studentenbewegung, und noch später die Identifikation mit meiner Arbeit in Lehre und Forschung an einer Universität, durch die ich auszudrücken versuchte, was mir in meinem Leben jeweils als sinnstiftend erschien und wo ich gerade »wohnte«.

Leben ist nur eine Möglichkeit, aber gleichzeitig die einzige, die wir haben. Es braucht Bedingungen, die es fördern und Menschen, die in der Entscheidung für das eigene Leben auch Sorge für das Leben anderer tragen. Das eine ist ohne das andere nicht denkbar. Da-sein ist Mitsein, auch wenn wir das nur schwer begreifen und immer wieder so tun, als wären wir allein und unabhängig auf dieser Welt. Mit-sein ist aber nicht nur die zentrale Erfahrung, die wir machen, wenn wir mit der Einnistung in der Gebärmutter unsere erste »Hausbesetzung«

praktizieren. Jeder Atemzug bedarf der Luft, die uns umgibt; jeder Schritt der Schwerkraft der Erde; jeder Wunsch nach Liebe des mitliebenden Gegenübers. In der Offenheit unseres Lebens leben wir ständig von kooperativen Entscheidungen dieser Art. Leben ist Koexistenz und manifestiert sich als umfassender Stoffwechsel, der alles und jeden ergreift und dem wir aufgrund unserer Bedürftigkeit nicht ausweichen können. Das eigene Werden ist eine eigene wie gemeinsame Leistung, und die Substanz der menschlichen Existenz ist in die Umwandlungen und Veränderungen mit einbezogen. Körper, Geist und Seele werden von den Austauschprozessen in Mitleidenschaft gezogen und offenbaren uns das Krisenhafte der menschlichen Existenz, die einerseits unvorhersehbar, offen und unsicher auf die unbekannte Zukunft gerichtet und andererseits »todsicher« endlich ist, ohne daß wir den Zeitpunkt unseres Todes kennen.

Aus der Begegnung mit der fremden Vielfalt entsteht im Stoffwechsel und durch Integration die uns vertraute Einheit, die wir »Ich« nennen – und die wir schon im nächsten Augenblick dem Unbekannten in unserer Zukunft wieder zur Verfügung stellen müssen, damit Leben leben und entstehen kann. Unser eigenes aktives Interesse, unsere eigene stetige Leistung, unsere Phantasien wie Irrtümer sind es, die uns selbst wie auch das fremde Gegenüber in jedem Augenblick neu schaffen. Ohne das Gegenüber des fremden »Du« wäre es unsinnig, von einem mehr oder weniger bekannten »Ich« zu sprechen, ohne die Dunkelheit könnte kein Licht erscheinen, ohne den Stillstand keine Bewegung sichtbar werden. Insofern ist Leben nicht nur die Spannungsbeziehung zwischen Geburt und Tod, sondern auch zwischen Für-sich-Sein und Mit-Sein, zwischen Freiheit und Notwendigkeit. Die Freiheit besteht in der Suche nach der Form, die wir unserem Leben gestaltend geben. Leben ist ein ständiges Werden und in diesem Sinne Ausdruck jenes Prinzips der Freiheit, der Bewegung und Gestaltung wie aber auch der Abhängigkeit und Eingebundenheit. Seine Organisation ist »autopoetisch«, sich selbst als Werkstück hervorbringend, wie der chilenische Biologe Humberto Maturana schreibt, und auf die anstoßende wie begrenzende Störung von außen angewiesen. Die Freiheit zu Leben besteht im Leben, im Tun und nicht im Unterlassen. Wie das Glitzern des

Wassers kann man auch das Glitzern des eigenen Lebens nicht kaufen. Das gekaufte Glitzern ist der Glamour der Ersatzleben. Nur indem wir in die Fremde hineinhören, zu sehen versuchen, nur indem wir uns bewegen, berühren und berühren lassen – entfalten wir unsere Sinne, unsere Sozialität, aber auch unseren Glauben an den Sinn dieses Lebens. Die Vision eines menschlichen Lebens ist als ontologische Grundwahrheit in der Art und Weise, wie Leben lebt, im Leben selbst enthalten! So wie der kleine Mensch schon vor seiner Geburt mitgestaltend in sein Leben eingreift, seine Organe und ihre Funktionen mitentwickelt, und so eine Beziehung zu einer äußerst fremden und bedrohlichen Welt aufbaut, so ist auch im weiteren Leben der Verlust der Standfestigkeit, die Aufgabe des Vertrauten, die Bereitschaft zu fallen die Voraussetzung für den nächsten Schritt.

Von dieser inneren Wahrheit müssen wir Gebrauch machen, um sie zu besitzen. Sie lebt vom Wagnis und vom Experiment. Der Arzt und Psychoanalytiker Wilhelm Reich hat diese konkrete, uns »angeborene« Wahrheit ein Werkzeug des Lebendigen, eine natürliche Moral genannt. Sie arbeitet in der gleichen Weise in uns wie das Herz schlägt, unsere Augen stehen und unser Mund sprechen lernt – nämlich gut oder schlecht, ängstlich oder mutig, gelassen oder erregt. Im Gang durch die Fremde zeigen sich Körper, Geist und Seele als Denkende, als Gestalter ihrer selbst und in Abhängigkeit von der Welt, die sie umgeben: Das Fremde entpuppt sich nur dann als Möglichkeit, wenn wir es integrieren konnten. Es hinterläßt deshalb Spuren der Folter, des Mißbrauchs, der Zerstörung und des Stillstands der Entwicklung, wenn es die Fähigkeit des Menschen zur Integration überschreitet.

Wie das Leben selbst haben wir auch die »konkrete Wahrheit« unseres Lebens nur als eine Potenz. Sie braucht die Gelegenheit, sich zu entfalten und ist dabei eine kritische Stimme gegenüber den gesellschaftlichen und historischen Prozessen, die Leben ermöglichen oder verhindern, eine Politik des Mitgefühls oder der Gleichgültigkeit entfalten. Es gibt keine objektive Menschlichkeit jenseits der subjektiven Gestaltung konkreter Menschen und keine objektive Wahrheit jenseits der inneren Ordnung, aus der heraus menschliches Leben sich gestaltet. Das Leben ist ein Auftrag, der uns immer wieder neu und verändert ins Buch unseres Lebens geschrieben wird. Die Geburt unserer Kinder,

der Verlust einer Arbeit, die Erfahrung einer Trennung, das Erleiden einer Krankheit, die Konfrontation mit unserem Sterben, der Ausbruch eines Krieges oder die Vertreibung eines Volkes vor unseren Augen – all dies enthält den schwierigen Auftrag an uns, den Sinn des Geschehens herauszufinden und die Konsequenzen in unser Leben zu integrieren.

Der schwierige Weg eines hoffenden Lebens mußt tatsächlich mit jeden Schritt den Fall wagen, kann sich nicht leben lassen, muß einmal gefaßte Pläne aufgeben, sichere Plätze verlassen, wenn es nötig ist. Für die Hoffnung auf Leben gilt, was Saint Exupery für den Bau eines Schiffes sagt:

> »Willst Du ein Schiff bauen,
> so rufe nicht die Menschen zusammen,
> um Pläne zu machen,
> Arbeit zu verteilen,
> Werkzeuge zu holen
> und Holz zu schlagen,
> sondern lehre sie
> die große Sehnsucht
> nach dem großen endlosen Meer.«

Die Integrationsleistung, die wir vollbringen müssen, um uns selbst und den gemeinsamen Auftrag der Menschen in umfassender Weise zu erfahren, verlangt tatsächlich eine große Sehnsucht und eine tiefe und geduldige Liebe zum Leben, vor allem da, wo es uns bitter enttäuscht. Wir müssen mit dem Ozean innerhalb und außerhalb des Menschen in Kontakt bleiben, um jene Boote zu bauen, die von Lebendigkeit und Gemeinschaft gehalten werden und freie Fahrt für alle ermöglichen. Wer den Ozean nicht kennt, kennt Gott nicht und ist verloren, schreibt Wilhelm Reich im »Christusmord«, jenem Buch, in dem er so nachdrücklich die Verfolgung des Lebendigen anklagt, die alles unter Verdacht stellt, was sich frei bewegt. Im »Christusmord« heißt es: »Vielleicht hast du den Ozean nur wie in einem Spiegel wahrgenommen, weil du Angst hast, in ihm zu ertrinken, aber du kannst nichts daran ändern, daß du ein Teil des Ozeans bis, der aus dessen Tiefen heraustrat und in dessen Ruhe zurückkehren wird. Und indem du aus dem Ozean hervorgehst und zu ihm zurückkehrst, trägst du seine Tiefe mit dir. Das ist nicht nur ein bißchen Tiefe verglichen mit der großen Tiefe des Ozeans ... Tiefe ist Tiefe, egal, ob in einem Gramm oder in einer Tonne. Sie ist Qualität, keine Quantität. Sie wirkt in einem Glühwürmchen ebenso uneingeschränkt wie in einem Elefanten.«

Die Angst vor dem Ertrinken im großen Ozean ist die Angst vor der Tiefe und Ungewißheit des Lebens, denn seinem inneren Wesen nach ist Leben tatsächlich ein großer Ozean, und die Lebenden sind in jedem Augenblick von der Möglichkeit des Schiffbruchs bedroht. Die Anerkennung dieser Lebenswahrheit ist für Ortega y Gasset aber schon die Rettung, weil dieses Wissen den Grund der Angst beleuchtet und ihr nicht ausweicht. Jedes Leben ist – ebenso wie die große Heldenreise in der Mythologie – auch eine Odyssee, die den Schiffbruch ebenso wie die gelungene Ankunft kennt, ohne daß sich eines von beiden vorhersagen läßt. In dem Buch »Stimmenreich – Mitteilungen über den Wahnsinn« (Bock u. a.) schreibt Ingeborg Esterer über ihre Interviews mit Psychose-Erfahrenen: »Jede dieser Geschichten ist eine Odyssee, die jahrelange Irrfahrt durch die Landschaft der menschlichen Seele. Jede Geschichte ist auch ein Ozean an Leid, an Verzweiflung und an Gefahr, im Strudel der Ängste unterzugehen.«

Das Fremde und Außergewöhnliche ist in uns. Wir sind tatsächlich alle Fremde im eigenen Land, die oft um die Vertrautheit mit sich selbst ringen. Viele soziale und politische Konflikte, viele Streikformen von Körper und Seele, viele Ängste basieren auf unserer Unfähigkeit, das eigene Gewordensein als Weg durch die Fremdheit und das eigene Gastsein auf dieser Erde immer wieder auch als ungesichert zu verstehen. Tun wir das nicht, riskieren wir die eigene seelische oder körperliche Krankheit, die eigene Angst und Schwäche zum Feindesland zu erklären und berauben uns damit nicht nur unserer Spontaneität, sondern auch der Möglichkeit zur Heilung im Sinne eines umfassenden Integrationsprozesses.

Wenn der Ruf (call) zur Reise und zum nächsten verändernden Schritt ergeht, müssen wir uns erheben, uns aufmachen, den sicheren und gewohnten Platz verlassen. Bewegung und Aufbruch ist ein Prinzip des Lebens. Auf dem Weg der Reise brauchen wir Helfer und Helferinnen, äußere wie innere Ratgeber. Wir müssen Bündnisse suchen und kritisch prüfen, wohin wir gehen oder uns treiben lassen. Besonders vor Veränderungen und wichtigen Entscheidungen werden wir immer wieder den »Dämonen«, unseren Widersachern und Zweifeln begegnen, die sich uns in den Weg stellen, uns vor allem mit Mißtrauen gegen uns selbst umstellen und gleichzeitig zur Auseinandersetzung und zum Kampf auf Leben und Tod herausfordern. Wir werden uns den Widersprüchen stellen müssen und Prüfungen zu bestehen haben. Die Freiheit des Lebens ist mehrdeutig. Um eindeutig zu werden, können und müssen wir wählen. Auf der Reise unseres Lebens werden wir aber auch viel Unterstützung erfahren, Geschenke finden und am Ende jeder Reise durch ein fremdes Land die Landschaft des Vertrauens wieder betreten.

»Die Welt ist nicht wahr, aber sie will durch den Menschen und die Wahrheit zur Heimkehr gelangen.« (Bloch) Das ist das Ziel der Reise, die das hoffende Leben mit der Geburt antritt. Das Land der Heimkehr im Sinne der Rückkehr zu unserem früheren Leben gibt es nicht. Vielmehr entwerfen wir durch unsere Lebensreise eine topographische Landkarte, in die wir erst nachträglich die wichtigsten Orientierungspunkte eintragen. Indem wir die Wanderschaft antreten, lernen wir Umwege von Sackgassen und Einbahnstraßen zu unterscheiden und erkennen, daß man auf Waldwegen manchmal besser vorankommt als im Stau auf der Autobahn. Wir erfahren, was Höhenflüge, Tiefgänge, Notlandung und Stillstand sind. Wir brechen auf, um die heiligen Berge zu sehen, wie die Indianer sagen. Mit einer solchen Sichtweise unseres Lebenslaufs könnten wir uns wahrscheinlich nirgendwo mit Erfolg um eine Karriere bewerben. Die dabei durch die Erfahrung des Lebens abgelegten Prüfungen haben keine Noten, sie eignen sich einfach nur fürs Leben.

Die Frage, wer wir sind, wenn wir werden, was wir sind, ist unsere ständige Begleiterin. Hinter den sozialen Rollen und Fremdbestimmungen, hinter dem Schatten des eigenen Bildes suchen wir den eigenen Sinn und werden deshalb schon als Kinder des Eigensinns verdächtigt, der dem geplanten und verplanten Lauf unseren Lebens nur entgegensteht. Anstatt dem eigenen Gesicht zu trauen, tragen wir Masken, um unser

Gesicht zu schonen. Wir glauben mehr an die Sicherheit, die wir durch Identifikationen mit dem Erreichten, Machbaren und Meßbaren erlangen, als an die Entwicklungsmöglichkeiten, die wir durch das Loslassen der uns einengenden Identitäten gewinnen könnten. Eine Identität, die sich auf den Rhythmus und die Pulsation des Lebens einläßt, muß sich dem sozialen Takt und dem Wahnsinn der Normalität von Zeit zu Zeit widersetzen. Sie ist keine Identität der unveränderlichen Kennzeichen, keine starre Datenabfolge, sondern eine Identität im Werden. Der schwierige Weg eines hoffenden Lebens gleicht einer Reise durch das eigene »innere Ausland«. Notwendigerweise sind wir uns selbst während der Odyssee fremd und nur sehr begrenzt zugänglich. Der Glaube, daß man mit uns rechnen kann, ist wirklich nur ein Glaube, wenngleich eine wichtige Hoffnung für uns und andere. Ein Wissen ist er nicht. Wir sind unberechenbar und müssen doch Vertrauen schaffen. Indem wir leben, werden wir uns bekannter, können vertraut werden und Vertrauen schaffen – auch darin liegt die »Selbstintegration im tätigen Vollzug«, die das Erlebnis der Ganzheit erst ermöglicht. Je verengter aber der Blickwinkel auf uns selbst ist, je unentwickelter unsere Neugier auf das Unbekannte, je besessener unsere Reduktion auf das, was wir ohnehin schon tun und kennen, desto mehr spalten wir ab, was das eigene Selbstbild kränken und bedrohen könnte. In diesem Fall wird das Fremde nicht zur Eröffnung von Zukunft, sondern zum Repräsentanten abgewehrter eigener Triebregungen. Die eigene verdrängte Destruktivität kann im Bild des gewalttätigen Fremden wiederkehren, der eigene Leistungsterror im faulen Ausländer, die eigene unterdrückte Sexualität sich im Haß gegen den HIV-infizierten Homosexuellen niederschlagen. »Die Angst macht die Verdrängung«, heißt es bei Freud, und sie blockiert den Weg der Hoffnung. Nicht nur die Ausländerfeindlichkeit bringt symbolisch zum Ausdruck, wie es mit der inneren Beziehung zu uns und um die Beziehungen der Menschen zueinander in dieser Gesellschaft bestellt ist. In diesem Sinne ist die Angst vor dem Fremden immer auch eine Angst vor den notwendigen Veränderungen, die die Ablösung von Bestehenden verlangen – individuell wie gesellschaftlich.

Ohne das Fremde, das auf uns Zukommende oder das Mögliche, können wir aber nicht leben, auch nicht ohne das Andere oder den Anderen. Wer anders als der alte Mensch könnte für uns erfahrbar machen, was Altern in unserer Kultur heißt und das Älterwerden nichts mit »Altlast« zu tun hat. Wer anders als der Flüchtling könnte uns zeigen, was es heißt, keine Heimat mehr zu haben, und uns auf den »Flüchtenden« und »Heimatlosen« in uns selbst aufmerksam machen? Wer anders als der Mißbrauchte und Gefolterte könnte uns zeigen, wozu vielleicht auch wir selbst fähig sind?

Wenn wir dem Fremden ausweichen, es fliehen oder bekämpfen, dann fliehen wir vor uns selbst. So wie die reichen Industriegesellschaften fürchten, daß sich zu viele Esser um den reich gedeckten Tisch versammeln und den Hungernden das Gastrecht verweigern, so würden auch wir unseren Krisen und Krankheiten manchmal gerne verweigern, an unserem Leben teilzunehmen.

Indem wir die Unterschiede und Differenzen der Geschlechter, der Lebensalter, der sozialen Lagen, der Völker und Ethnien, der Religionen, als das begreifen lernen, was sie sind – nämlich als das Potential des sich ständig verändernden Lebens –, begreifen wir auch uns selbst und unsere eigene Lebensgeschichte als Ausdruck eines permanenten Stirb und Werde. Nur aus dieser Erfahrung kann die Fähigkeit erwachsen, das Fremde, das Entfernte, das Kranke, die Verzweiflung, ebenso wie das Bekannte, das Nahe, das Gesunde, das Beglückende zu verstehen und anzunehmen, anstatt es auszugrenzen, zu verleugnen, zu stigmatisieren oder zu glorifizieren und dabei unsere Lebensenergie zu verbrauchen. Leben lebt nur im wechselseitigen Miteinander, im Austausch wie im Bezug, in der Balance von Distanz und Abgrenzung auf der einen Seite, und Nähe und Einlassung auf der anderen Seite. Veränderndes Aufnehmen ist ebenso unerläßlich wie bewahrendes Weitergeben. Das sind die Grundlagen einer Ökonomie des Lebens, in der Menschen nicht wie Waren gehandelt werden und innerer und äußerer Dialog einander entsprechen. Lernen können wir dies am eigenen Leib, zum Beispiel am Spiel unserer Zellen: Sie werden geboren, sie wandern, sie differenzieren sich, sie reifen, verwandeln sich und sie sterben. Sie erfüllen ihre Aufgabe, indem sie spielend etwas tun. Nicht immer spielen sie dabei das Spiel des Lebens.

Spielräume sind Räume fürs Leben

Diese Erkenntnis ist uns leider zunehmend abhanden gekommen. »Liebe und Spiel« nennt der chilenische Biologe Humberto Maturana deshalb die vergessenen Grundlagen des Mensch-seins, denen der Mensch seine Existenz verdankt. Kritische Beobachter unserer Gesellschaft aus den verschiedensten Tätigkeitsfeldern sind sich mit Maturana in der Sorge einig, daß die Lebensfähigkeit des einzelnen Menschen wie die Überlebensfähigkeiten unseres Gemeinwesens durch Verdrängung und Versäumnis von Spiel zutiefst gefährdet ist. Zu lange stand die Frage, wie das Leben lebt, nicht im Zentrum unserer Suche nach Antworten auf die zu lösenden Probleme. Lineares Denken schien mehr Sicherheit zu versprechen als das Denken in Kreisverläufen. Ökologie und soziale Gefüge wurden zerstört, um beispielsweise mit dem Anbau einer einzigen Nutzpflanze ein Maximum an Rentabilität zu erzielen. Die Schmalspurigkeit einer solchen Logik, die Rück- und Wechselwirkungen vernachlässigt, hat uns in allen Lebensbereichen in Sackgassen geführt, die unsere Existenz gefährden, weil wir uns in einsamer Überaktivität verbrauchen, statt aufzunehmen, zu reagieren, zu integrieren, zu wirken und zusammenzuwirken. (Zur Lippe) Unsere Konzeption für die gesellschaftliche Organisation des Lebens geht eher von der Ersetzung lebendiger Prozesse aus, statt diese zu unterstützen. Wir halten an dem Irrglauben fest, daß wir uns letztlich von der Einbindung in die uns übergreifende Ordnung und ihre Prinzipien durch Naturbeherrschung und Beherrschung der menschlichen Natur freimachen können. Auch die fortgeschrittenste Technologie kann weder Luft noch Nahrung noch Liebe und Beziehungen ersetzen, und sie braucht Menschen, deren innere Lebendigkeit und spielerische Erfindungskraft nicht ganz eingeschlafen sind. Wer nur noch in schwarz oder weiß denkt, kann die Farben des Regenbogens nicht mehr wahrnehmen. Die eingefahrenen Rollen und Konzepte, die ideologischen und ökonomischen Überbauten, die Wahrnehmungsmuster nach dem Wenn-Dann-Prinzip, werden sich der notwendigen Eröffnung von Spielräumen widersetzen, weil sie der Absicherung des Erreichten gegenüber der Förderung von Entwicklungschancen und Vielfalt den Vorrang geben. Wer A sagt, muß B sagen, auch wenn A sich als falsch erwiesen hat. Zu viele glauben, daß das Spiel dem Ernst des Lebens nicht gewachsen ist, und übersehen, daß ohne dieses Spiel selbst das eigene Leben nicht erfunden worden wäre. Selbst die professionellen Spielpädagogen haben in der Regel keine Ahnung davon, daß wir schon als ungeborene Kinder und erst recht später das unglaubliche Lernpensum unseres ganzen Lebens im Spiel und spielerisch bewältigen müssen. Leben kommt auf uns zu, fragt nicht, ob wir gut vorbereitet sind, sondern überfällt uns oft heftiger als uns lieb ist. Eltern und Lehrer können uns zwar beim Lernen helfen – lernen müssen wir aber schon selbst, auf unsere Art, mit unseren Möglichkeiten und unseren Verweigerungen oder Behinderungen.

Es geht nicht um Spielerei, wenn wir fragen, inwieweit Leben Spiel sein kann. Wie man spielerisch schulische Inhalte begreifen oder wie überhaupt lernend gespielt werden kann, ist nicht nur eine didaktische Frage. Warum müssen Kinder sitzend lernen, warum nicht laufend, stehend, kniend, hockend oder liegend? Warum müssen gehfähige Patienten ins Bett gelegt werden, nur weil die Krankenhausordnung das vorschreibt und die Institution scheinbar damit rechnet, daß ohnehin niemand auf die Beine kommt? Wie schaffen wir öffentliche Räume, also Schulen, Krankenhäuser, Altenheime, Städte und Dörfer, die zugleich Orte der Stille, der Bewegung, des Spiels, der Arbeit, der Sinnesübungen, des Denkens, des Übens und der Gemeinschaft werden? Denn nur alle diese Lebensformen zusammen erlauben dem Menschen, sich im bewegten Wechselspiel der Gestaltungsaufgabe seines Lebens zu stellen. »Wild-Park«, schreibt eine Schulleiterin aus Potsdam, möchte sie ihre Schule nennen: wild für alles Neue und Bewegte und Park für das durch uns Menschen Geschaffene. Lebensräume müßten diese Art von »Wild-Park-Charakter« haben, dann könnte man dem kleinen Arthur auf der bekannten Postkarte (und natürlich auch seiner Schwester) guten Gewissens und auf seine Phantasie hoffend die Empfehlung mit auf den Lebensweg geben: Lebe wild und gefährlich!

Der Verlust von Spielräumen und Spielfähigkeit ist verbunden mit dem Verlust des Möglichkeitssinns. Jede Enteignung basiert darauf, daß Möglichkeiten beschnitten werden. Das aber ist gleichzeitig die Basis für die Schaffung von Abhängigkeiten, in denen Selbstgestaltung und Mitbestimmung über Bevormundung und Fremdbestimmung schrittweise ausgebremst werden. Die Expertokratien haben nicht nur durch ihren übertriebenen Machtanspruch die Menschen aus der Mitgestaltung an den sie betreffenden Fragen ausgeschlossen, sondern haben sich gleichzeitig auch untereinander die Spielräume verweigert, in denen sie zusammen nach neuen Lösungen suchen. Teamarbeit muß in der Regel mühevoll gelernt werden, weil die einzelnen Spezialisten das Ganze und Umfassende des menschlichen Lebens aus den Augen verloren haben.

Spiel ist keine Form des bloßen Zeitvertreibs, den wir uns leisten können oder nicht. Spiel ist das Grundprinzip allen Lebens – und Spielräume sind die Räume, in die hinein Leben sich entfaltet. Spielen ist – wie im Althochdeutschen »spelan« enthalten – die suchende Bewegung durch die Welt, eine Lebensbewegung, die keinen ungebahnten Weg scheut, Umwege gerade nicht meidet und zugleich immer auf der Suche ist. Der spielerischen Qualität des Lebens haben wir eine gesellschaftliche Struktur und eine Haltung entgegengesetzt, die Spielräume gar nicht ertragen kann und diese zugebaut oder mit sicheren Sitzgelegenheiten voll bestuhlt hat. Die Kluft zwischen dem Traum vom bewegten Leben und der Fähigkeit, das eigene Leben wie das der Gemeinschaft gestalterisch in die eigenen Hände zu nehmen und Spielräume zu nutzen wie zu schaffen, wird immer größer. Der Aufforderung des Lebens, beweglich und spielerisch zu bleiben und sich nicht nur hinter mehr oder weniger plausiblen Sachzwängen und Routinen zu verstecken, stellen wir die Unbeweglichkeit als Sicherheitsmaßnahme entgegen (Poiesis).

Unserem individuellen wie dem gesellschaftlichen Leben werden Spiel- und Bewegungsräume kaum mehr gestattet. Statt dessen ist die lückenlose Begradigung, die effektive Nutzung eines jeden Spielraums oder das Sitzen auf der Stelle zu einer bevorzugten privaten und öffentlichen Tugend geworden. Die dafür notwendige Raumbegrenzung und Stillstellung wird von Kindesbeinen an geübt, begleitet von einem systematischen Prozeß der Selbstbetäubung, damit die Unruhe zum Schweigen gebracht und das Expansions- und Beteiligungsbedürfnis gestoppt wird. Wer sich frei durch die Räume bewegt, ist schwer kontrollierbar. Wer sitzt, hilft bei der Übersicht! Deshalb wird eingesessen, vor allem in Anstalten des öffentlichen Rechts – und für die erscheint schon die Suche nach Spielräumen als Anarchie. Nicht zufällig – so die Analysen von Foucault – haben diese öffentlichen Anstalten ähnliche Strukturen und Organisationsprinzipien, und wenn nicht unterschiedliche Bezeichnungen auf die jeweiligen Insassen verwiesen, würden wir Psychiatrien, Krankenhäuser, Schulen, Universitäten, Gefängnisse, Turnhallen, Finanzämter und andere Verwaltungseinrichtungen gar nicht so leicht unterscheiden können. Daß diese Gebäude nichts mit Spiel und Spielraum zu tun haben, liegt auf der Hand. Die glasüberdachten Konsumkasernen sollen zwar spielerisch wirken, aber wer aus Versehen die Gegenrichtung einschlägt, kommt nicht weiter und wird sofort in der öffentlichen Verkehrschoreographie gefangen. Öffentliche Räume dürfen eben nicht für eine Gegenrichtung zweckentfremdet werden. Wer in ihnen Spielräume für das nicht Vorgesehene entdeckt, macht sich verdächtig und muß mit Folgen rechnen. Auch Gärten sind keine Spielräume mehr. Es herrscht auch dort Lach- und Sprechverbot, nicht nur für Behinderte.

Der Verlust der Spielfähigkeit und der Fähigkeit zur Entwicklung von Gegenmodellen und neuen Lebensformen hat eine körperliche, geistige und gefühlsmäßige Panzerung und umfassende Passivität zur Folge: Die Menschen fühlen sich nicht nur zum Sitzen verdonnert, sondern sie sitzen auch noch gerne. Allmählich wird jede Lebensbewegung schmerzvoll, und selbst da, wo Spielräume und Veränderungsmöglichkeiten greifbar sind, werden sie nicht genutzt und mit den unglaublichsten Begründungen abgelehnt. Das Sitzen erweist sich als ein Segen und wird zu einer der am meisten geschätzten Eigenheiten der Menschen. So sitzen sie auf ihrem Geld und Eigentum, auf ihren Beziehungen, auf ihren Meinungen, ihren Kindern, auf Positionen und Verdiensten samt Medaillen und Orden. Anstatt zu leben, sitzen viele das Leben aus und ärgern sich krank, wenn das Leben sich nicht an ihre Bedingungen und Erwartungen hält. Nicht nur der einzelne Mensch sitzt, auch ganze Nationen und Kulturen bleiben hocken. »Kein Reh oder Bär, kein Elefant oder Wal, kein Vogel und keine Schnecke könnte jemals so auf der Stelle sitzen wie der Mensch. Sie würden austrocknen und bald sterben. Im Zoo kann man sehen, was das Sitzen aus wilden Tieren macht,« schreibt Wilhelm Reich in seinem Buch »Christusmord«.

Liebe und Spiel sind die beiden Begriffe, die uns darauf aufmerksam machen, daß wir mehr als der Homo sapiens sind. Beide Begriffe verweisen darauf, daß sich menschliche Existenz in einem Beziehungsraum verwirklicht. Um zu leben, müssen wir Bezug nehmen, müssen spielerisch in einen umfassenden Stoffwechsel eintreten, der uns dazu zwingt, ständig den eigenen Horizont zu überschreiten. Körperliches, Seelisches, Geistiges, Soziales entsteht durch den Austausch mit der Welt und den Menschen, die uns umgeben. Menschlichkeit als die Art und Weise jene spezifische Art des Tieres zu sein, das Bewußtsein und Sprache hat, verwirklicht sich in der besonderen Weise, daß wir uns als Menschen aufeinander und gleichzeitig auf die Welt beziehen, die wir miteinander hervorbringen. Und Maturana beschreibt weiter, daß auch die Sprache als spielerische Form des Zusammenlebens entsteht und eingebunden ist in einen verflochtenen Prozeß von Koordinationen, die notwendig wurden, um das Überleben und Leben des Menschen möglich zu machen. Die Natur, die es zu beherrschen gab, um sich die notwendigen Lebensmittel anzueignen, war ein Spielraum, der gestaltet werden mußte, um herzugeben, was potentiell in ihm steckte. Und gleichzeitig ging es um die Achtsamkeit, auch den nächsten Generationen Spielräume zu belassen und nicht alles auszubeuten. Die Geschichte menschlichen Lebens zeigt uns, daß es die Wünsche und Bedürfnisse, die Angst vor Hunger, die Liebe und die Lust zur Vereinigung sind, die den Menschen dazu zwingen, sich auf die spielerische Qualität des Lebens einzulassen: Leben heißt immer auch verhandeln und aushandeln, finden und erfinden, in Besitz nehmen und loslassen. Leben ist Gestaltung – und das heißt zuallererst Beziehung aufzunehmen.

Schon der Beginn unserer Lebens ist in dieser Hinsicht auch von symbolischer Bedeutung: Wir beginnen unser Leben mit einer Art »Hausbesetzung«, wenn wir uns in der Gebärmutter einnisten, um als kleines befruchtetes Ei zu überleben. »Damit das gelingt, bedarf es einer Hausbesitzerin«, die sich besetzen läßt! Daß sie das zuläßt, hängt in der Regel mit ihren Gefühlen zusammen, z.B. mit der Liebe zu einem Mann, mit dem Wunsch, ein Kind zu haben, mit der Neugier, in einer besonderen Weise für neun Monate eine Art »Spielraum« zur Verfügung zu stellen, damit der kleine Mensch in seinem Zustand als befruchtetes Ei und Embryo ausprobieren kann, was er braucht und entfalten muß, um zur Geburt zu gelangen. Wir praktizieren in der vorgeburtlichen Phase, was wir erst später bewußt erkennen können. Leben gibt es nur als Leben in der Koexistenz. Das Embryo »spielt« und übt sich zunächst auf »primitive« und gleichzeitig biologisch sehr komplexe, mit Hilfe des mütterlichen Organismus in die Grundbedingungen seines zukünftigen Lebens auch außerhalb des Schutzraums der Gebärmutter ein. Menschliches Leben wie Leben überhaupt beginnt als Kooperation, als Wechselspiel zwischen innen und außen und als Fähigkeit zur Selbstorganisation. Letztere folgt keinem mechanischen Gesetz, sondern ist die spielerische Antwort auf einen Entwicklungsanstoß, den sie strukturiert und zur Entfaltung bringt. Wie unglaublich differenziert und in seinen Ergebnissen vielfältig dieses Spiel ist, kann man kognitiv kaum erfassen!

Wer könnte schon wirklich begreifen, daß kein Augenpaar, keine Nase, kein Gesicht und schon gar nicht ein ganzer Mensch irgendwo auf dieser Erde ein zweites Mal existiert? Leben kennt keine Kopie, ist keine mechanische Reproduktion, sondern ein unendliches Spiel mit den Möglichkeiten, die die menschliche Existenz in der Evolutionsgeschichte erworben hat und als Voraussetzungen weitergibt. Leben lebt in der Einmaligkeit, gestaltet sich aus Störungen und Widerständen und variiert die gemeinsamen Wurzeln, die allem Leben zugrunde liegen. Jeder Mensch ist ein Original, aber eben ein menschliches – und das hat er mit allen anderen Menschen gemeinsam. Im Augenblick der Zeugung tritt dieses Original eine lange Reise, die Lebensreise an, auf der es spielerisch und um seine Möglichkeiten ringend eine Antwort sucht, die dann am Ende »Mein Leben« heißt. Mein Leben ist einerseits: Mein Körper, meine Sinne, meine Gefühle, meine sozialen Beziehungen, meine Arbeit, meine Krankheit, meine Gesundheit; mein Leben ist aber auch die Gesellschaft und Kultur, in die ich hineingeboren wurde, die Schule, in der ich lernen konnte oder meine Lernstörungen entwickelt habe, die Stadt oder das Dorf, die mir Lebensmöglichkeiten eröffnet oder verweigert haben. Leben ist Beziehung und muß sich in Räumen gestalten, die auch jenen Spielraum aufweisen, in den hinein sich etwas Neues entwickeln kann. Ob der Beziehungsraum Uterus, Familie, Schule, Betrieb, Stadt, Kultur, Gesellschaft, Nation oder Kontinent heißt: Um menschliches Leben zu ermöglichen, ist dieser Spielraum unbedingt notwendig.

> »Ohne Liebe, ohne daß wir andere annehmen und neben uns leben lassen, gibt es keinen sozialen Prozeß, keine Sozialisation und damit keine Menschlichkeit. Alles, was die Annahme anderer untergräbt – vom Konkurrenzdenken über die Pachtung der Wahrheit bis hin zur ideologischen Gewißheit – unterminiert den sozialen Prozeß, weil es den biologischen Prozeß unterminiert, der diesen erzeugt. Zu leugnen, daß die Liebe die Grundlage des sozialen Lebens ist und die ethischen Implikationen dieser Tatsache zu ignorieren, hieße, alles zu verkennen, was unsere Geschichte als Lebewesen in mehr als 3,5 Milliarden Jahren aufgewiesen hat. Liebe ist eine biologische Dynamik mit tiefreichenden Wurzeln.« (Maturana)

Liebe und Spiel sind also zentrale Prinzipien der menschlichen Existenz. Wenn die Grunderfordernisse des Lebens erfüllt sind, haben lebende Systeme, so auch der Mensch, alle Freiheit und Verantwortung, sich ihre Welt mitzuschaffen. Das Subjekt ist somit entscheidend an der Schöpfung und Gestaltung seiner Wirklichkeit beteiligt, die ihm oft genug und manchmal überproportional nur als aufgebürdet erscheint. Daß wir uns anpassen, ist die eine Seite, und auch das bedarf der spielerischen Kompetenz. Um so mehr brauchen aber auch die kreativen Antworten von einzelnen Menschen wie von Gruppen Spielräume, um sich zu entwickeln und auszudrücken.

Es ist mehr als Kultur- und Ideologiekritik notwendig, um das Spiel, das spielerische und ausprobierende Handeln und Denken, wieder zur Grundlage unseres Lebens zu machen. Wer Spielräume herstellen will, muß sich einmischen. Die Fabrikation des zuverlässigen Menschen, der sich in Selbst- und Fremddisziplinierung besser auskennt als in seinen Lebensfähigkeiten, hat zur Folge gehabt, daß das spielerische Ringen um ein Verstehen oder die Suche nach einer Lösung viel zu schnell aufgegeben wurde. Wer nur das richtige Ergebnis erwartet und den Prozeß mißachtet, verhindert Suche. Das lähmt nicht nur das Lernen und Aufnehmen, sondern auch Wissen und Forschung sowie die Beweglichkeit in den privaten und öffentlichen Beziehungen. Das Wesen des Spielens ist die Bewegung in Wechselbeziehungen, und der Geist des Spiels muß das technische Funktionsdenken immer wieder korrigieren und kontrollieren. Unter dem Diktat der Effizienz ist nicht nur die spielerische Fähigkeit zur Lebensgestaltung verloren gegangen. Auch die Phantasie ist erstarrt, das Denken blockiert, die Handlungen werden immer kurzatmiger. Widerstände und Unbekanntes werden nicht mehr spielerisch aufgenommen und als Herausforderung verstanden, sondern zu Hürden, die man umgeht, verleugnet oder auch verfolgt. Umwege, Irrwege, tastendes Probieren und Verweilen wird in dieser Sicht zu nichts anderem als Zeitverschwendung und Kompetenzschwäche. Sinnenbewußtsein, Gegenwärtigkeit als Begegnung mit der Welt und Bewegungslust als Lebenslust verkümmern.

Leben bedeutet aufrecht gehen

Dem Rücken geht es nicht gut, der aufrechte Gang ist in Gefahr. Die Menschen sind starrer geworden als ihnen gut tut und ihre Weisheit hat sich als Verstand in den Kopf zurückgezogen, der inzwischen aber genauso wehtut wie der Rücken und ebenfalls mit Schmerzmitteln zum Durchhalten aufgefordert wird. Von den Sinnen getrennt und jenseits des körperlichen Erlebens ist der Verstand heimatlos, er verliert seine Überzeugungskraft, weil er von keiner erfahrenen Realität mehr Zeugnis ablegt. Das Weise aber steckt in der Haltung des Körpers, und in einer seiner wunderbaren Keuner-Geschichten sagt Bertold Brecht, worum es dabei geht.

> Zu Herrn K. kam ein Philosophieprofessor und erzählte von seiner Weisheit. Nach einer Weile sagte Herr K. zu ihm:
> »Du sitzt unbequem, du denkst unbequem.« Der Philosophieprofessor wurde zornig und sagte: »Nicht über mich wollte ich etwas wissen, sondern über den Inhalt dessen, was ich sagte.« »Es hat keinen Inhalt«, sagte Herr K. »Ich sehe dich täppisch gehen, und es ist kein Ziel, das du, während ich dich gehen sehe, erreichst. Du redest dunkel, und es ist keine Helle, die du während des Redens schaffst. Sehe ich deine Hände, interessiert mich dein Ziel nicht.«

Über und mit dem Körper erzeugen und entwickeln wir das Leben vom Augenblick der Zeugung an. Unsere Körperhaltung ist eine Haltung zur Welt. Erst im praktischen Umgang mit uns und der Welt, die uns umgibt, wird sichtbar, was in jener und in uns selbst steckt. Im aufrechten Gang müssen wir gehen, um zu erfahren, daß Lebensperspektive leibhaftig und vom Gebrauch der Sinne abhängig ist. Unser Körper ist das erste Werkzeug der Kulturen und lebensgeschichtliches Werkzeug zugleich, und nur durch eigenes Erleben können wir etwas über uns erfahren. Die menschliche Geschichte ist wie unsere eigenen Lebensgeschichte eine Geschichte der Sinne. Wir machen sie nicht nur mit unseren Gedanken und Gefühlen, mit unserem Glauben und unserer Hoffnung, sondern auch mit Händen und Füßen, mit unseren Tränen und unserem Lachen. Nimmt man Menschen die Möglichkeit, sinnlich zu wirken und sinnstiftend etwas zu bewirken, über- oder unterfordert man ihre körperlichen und anderen Kräfte, raubt man ihnen die Bewegungsfreiheit und diszipliniert man sie in die Bewegungslosigkeit hinein, dann raubt man diesen Menschen die Möglichkeit zu leben. Sie erstarren und rufen nur noch mit den Symptomen ihrer kranken Körper und Seelen um Hilfe: mit schmerzenden Schultern, verdrehten Halswirbelsäulen, steifen Rücken, herausgesprungenen Bandscheiben, erschlafften Muskeln und erstarrten Haltungen. Die erstarrte Haltung des Körpers aber ergreift das ganze Leben, wird zur Lebenshaltung. Dazu ein Beispiel:

> Ein 64jähriger Patient betreute, bevor sich bei ihm die Parkinson-Krankheit entwickelt, als Vorarbeiter in einer Fabrik drei Schichten, bewirtschaftete nach Feierabend 26 ar Ackerland und hielt sich 70 Hasen. Täglich ging er 900 abgezählte Schritte, hob jeden Abend 30mal die Hände und kämmte sich 30mal: »Damit ich weiß, was ich geschafft habe.« (Kütemeyer, Masuhr)

In dramatischer Weise hat dieses Leben seine Spontanität und Flexibilität verloren. Indem er pausenlos etwas schaffen muß, hat sich dieser Mensch eine Zwangsordnung auferlegt, in die die körperliche Bewegung als abgezählte Schrittfolge eingebaut ist. Was wir sehen, ist die Begradigung eines Lebens, nicht einen aufrechten Gang, der immer wieder neu aus den Spiel- und Bewegungsräumen des Lebens gewonnen werden muß. Um die Möglichkeiten, die in uns liegen, zu gestalten, müssen wir körperliche, seelische, geistige und soziale Standorte aufgeben, um neue zu gewinnen. Spätestens die Krankheit fordert uns in der Regel dazu auf, nach Ressourcen für die Heilung zu suchen, die bis dahin unsichtbar waren und ungenutzt blieben. Ohne die Aufgabe seiner kontrollierenden Ordnungsmuster wird unser Patient die unwillkürlichen Bewegungen seiner Parkinson-Erkrankung kaum aushalten können. Er muß nach einem neuen Stand, einer anderen geistigen oder seelischen Haltung suchen, sonst steht er ohnmächtig mit dem Rücken zur Wand.

Es gibt unterschiedliche »Füße«, auf denen wir stehen können. Die Füße sind die Grundlage für unseren Stand. Sie sichern den Rücken, geben ihm den Grund, von dem aus er mit beiden Händen den Himmel stützen kann, wie es so schön in der ersten der acht Brokatübungen des Pa Tuan Chi heißt. Wer je ein Kind beobachtet hat, weiß um den Stolz und die Großartigkeit des ersten freien Stehens, mit dem das Gefühl einkehrt, auf eigenen Füßen stehen zu können. Wer nach langer Krankheit erstmalig wieder frei, wenn auch schwankend aufsteht, erlebt ein ähnliches Glück. Jeder Schritt in die Welt hinein ist der Versuch, mit Hilfe des Rückens und der beweglichen Säule von Wirbeln die Balance zwischen Himmel und Erde immer wieder neu herzustellen. Jeder Mensch wiederholt in seiner Entwicklung, was die Geschichte der Menschheit ihm vorgelebt hat. In der Auseinandersetzung mit der Schwerkraft muß unser ganzer Körper, müssen alle Sinne, Muskeln, Sehnen und Gelenke sowie die Gleichgewichtsorgane eine hochkomplexe Arbeit leisten, um die Voraussetzungen dafür zu schaffen, daß wir in einem umfassenden Sinne auf eigenen Füßen stehen können. Der aufrechte Gang des Menschen ist eine lebenslange Übung in allen Dimensionen menschlicher Existenz: Die aufrechte Haltung des Menschen in seinem Körper bedarf der aufrechten Seele, der aufrechten Gedanken und einer sozialen Situation, in der Aufrichtigkeit und Würde lebbar sind. Gegen gebeugte und gekrümmte Rücken, gegen Durchhaltesyndrome und Angstzustände hilft weder eine Spritze noch die Katzenübung aus dem Yoga. Aber die Katzenübung aus dem Yoga zeigt unmißverständlich, daß Katzen wissen, was dem Menschen gut tut.

Im aufrechten Gang des Menschen erfahren wir sinnbildlich und sinnstiftend, worum es im Leben geht. Leibhaftig können wir erleben, daß Leben Kontakt, Wechsel, Integration und vor allem Bewegung ist, die aus der Wahrnehmung entsteht. In der Wahrnehmung eines Hindernisses hebe ich den Fuß, um es zu überwinden. Die Lust, einen Menschen zu berühren, veranlaßt mich dazu, auf ihn zuzugehen. Die Materie braucht ein Motiv, um sich zu bewegen, sie tut es nicht von allein, auch wenn uns manche Bewegung eher mechanisch vorkommt. Der Rücken bildet die Linie, um die herum jene komplexen Veränderungen stattfinden, die im ständigen Wechsel von Positionen sich am Ende zum Bild des aufrechten Ganges integrieren. Wer geistig Rückgrat zeigt, hat ähnliches erlebt. Der aufrechte Gang ist wie das Leben selbst ein Prozeß, der die Ruhe oder das Schweigen so nötig hat wie die Bewegung; der ein Unten und ein Oben, ein Links und ein Rechts braucht, um sich zu orientieren; der die Vorwärts- wie die Rückwärtsbewegung kennt, und der den Mut, voranzuschreiten, ebenso braucht wie die Angst, die uns zum Anhalten und Einhalten bringt.

Der Rücken ist ein Organ des Wechsels, und wenn man so will, ein Organ der Freiheit. Die Gelenkigkeit und Beweglichkeit der Wirbel macht es möglich, daß wir den Kopf in alle Richtungen wenden und entscheiden können, in welcher Position wir verharren möchten. Wir können uns aufrichten und beugen, wir können liegen, sitzen und stehen, und wir können gehen. Die Wirbelsäule und der Rücken sind Orte, an denen Geist und Seele tätig werden können: Die Angst braucht unseren Körper, wenn sie mit uns weglaufen möchte, und die Liebe braucht einen Rücken, der in der Umarmung geschmeidig ist (Milz).

Liegen, Sitzen, Stehen und Gehen sind die Grundpositionen, die wir mit dem Rücken einnehmen können. Jede dieser Positionen entspricht bestimmten, in der Evolutionsgeschichte des Menschen entstandenen biologischen Notwendigkeiten und trifft gleichzeitig auf entsprechende seelische, geistige, soziale und spirituelle Bedürfnisse des Menschen. Die Lage des Körpers ist immer auch Ausdruck und Hinweis auf eine Lebenslage, und jede dieser Lagen wird spezifischen Lebensprinzipien und Lebensaufgaben gerecht. Der aufrechte Gang als Prozeß besteht aber aus dem Wechsel von Positionen, und je besser die je einzelnen verwirklicht werden, um so aufrechter wird der Gang.

Im Liegen und liegend üben wir Vertrauen in den Boden, der uns trägt. Wir halten inne und geben der körperlichen Müdigkeit, was sie braucht: den Schlaf und die Erholung. Wenn unser Geist oder unsere Seele nicht zur Ruhe kommen, werden wir nervös, aggressiv und verlieren unsere Fähigkeit zur Selbstwahrnehmung und Selbsteinschätzung. Die Fähigkeit zum Zu- und Unterlassen, zum Liegenlassen aber auch zur Hingabe des Sich-Überlassens sind biologische, geistige und psychosoziale Voraussetzungen für ein Leben in Koexistenz. Wenn sich jemand irrt, liegt er falsch und wenn etwas in der Hand von jemanden liegt, dann warten wir auf seine Entscheidung, es sei denn, er legt es beiseite. Der Gedanke, der ruht, ist nicht immer dem Vergessen anheimgegeben, er kann uns auch sehr am Herzen liegen.

Wer sitzen lernt, ist auf dem Weg zur Koordination, nähert sich auf halbem Weg dem Stehen und Gehen. Man kann jedoch auch auf Beziehungen, Gedanken und Eigentum sitzenbleiben und sich sitzend in die Unbeweglichkeit hineinmanövrieren. Nicht nur Herz, Atem, Darm und Gefäße werden durch zu viel Sitzen beeinträchtigt, auch eine Beziehung, die man nur noch aussitzt, führt zu Herzrhythmusstörungen, gegen die ein noch so guter Herzschrittmacher wirkungslos bleibt.

Aufrecht stehen zu können und zu verstehen, einen Standpunkt einnehmen und diesen auch verändern zu können gehört zur wichtigsten Funktion des aufrechten Gangs in einem aufrechten Menschen. Die Körperhaltung des Stehens drückt manchmal mehr als Worte aus, welche Haltung wir zur Welt einnehmen und mit welcher Position wir ihr gegenübertreten. Das Stehen ist Ort der Anschauung und Ort der Orientierung zugleich. Wir stehen Rede und Antwort und haben standfeste Meinungen. Wir stellen uns auf andere Menschen ein und wissen sehr wohl, daß wir auf eigenen Füßen stehen müssen, um die Verantwortung für uns zu übernehmen. Erst wenn unser Stand die nötige Ruhe und Balance gefunden hat, wird er zur Vorstufe des freien Gehens.

Jedes Gehen ist die Entscheidung, einen bisherigen Standort zu verlassen. Wer geht, nimmt Abschied und richtet sich auf Zukunft. Wir müssen die Schritte wagen, die unseren Lebensraum öffnen und uns dabei den Gehverboten entgegenstellen, die nicht nur die Füße entmachten, sondern auch den freien Lauf der Gedanken, Gefühle und sozialen Kontakte behindern.

Der aufrechte Gang ist keine phylogenetische Fehlkonstruktion, den die Orthopäden und Rückenschulen mit Kassenerlaubnis in die richtige Richtung biegen können. Er muß mit jedem Schritt neu gewonnen werden. Nicht abgerichtet und dressiert wie ein Hund, der den Menschen begleitet, sondern frei entscheidend müssen wir gehen und gestalten, was uns aufgegeben ist. Die Anstrengung und der Mut, die dazu erforderlich sind, haben viele Menschen davon abgehalten, sich der Übung des aufrechten Gangs zu stellen. Es steht nicht gut um den geraden Rücken und den aufrechten Gang, den die Menschheit braucht.

Menschsein – auch in finsterer Zeit

Leben ist das Einstimmen in den großen Gesang. »Schaut zum Himmel und singt dabei euer Lied«, heißt das persönliche Lied einer alten blinden Indianerin vom Stamm der Nootka, und die Botschaft erscheint einfach: es bedarf der vielen Lieder einzelner Menschen, um daraus einen »Großen Gesang« werden zu lassen, der uns in die Zukunft trägt und möglicherweise von dem heilt, was unsere Zukunft als Menschen gefährdet. Die Lieder, die Generationen von Menschen, Frauen und Männer, Kinder und Alte, Schwarze und Weiße, Gläubige und Ungläubige, Schwache und Starke niederschrieben, waren immer Ausdruck der Hoffnung und Ermutigung, aber auch des Zweifels und der Verzweiflung. Dem großen Gesang liegt eine zentrale Frage zugrunde: was heißt es, ein Mensch zu sein? Der Sinn menschlicher Existenz steht nicht einfach fest, erfüllt sich nicht in der allgemeinen Erklärung der Menschenrechte, aber auch nicht in der Kritik ihrer Verletzung und einer Art Gegenerklärung der Menschenpflichten, so notwendig all dies ist. Wenn wir aufhören, unser persönliches Lied zu erfinden und zu singen, und den Liedern anderer Menschen und Völker nicht mehr zuhören, dann wird aus dem gemeinsamen »Großen Gesang« für eine hoffende, offene und menschliche Zukunft ein Abgesang auf die Vergangenheit.

In allen Zeiten geistigen, sozialen und politischen Umbruchs treten die ewigen Fragen des Menschsein mit besonderer Schärfe hervor. Die

Reise des menschlichen Gewissens gleicht deshalb einer Odyssee. Mit Entsetzen, aber auch oft mit Gleichgültigkeit stehen wir immer wieder vor Untaten und Menschenrechtsverletzungen von ungeheurem Ausmaß, vor Verbrechen, deren Vollzieher uns oft mehr wie willenlose Instrumente unpersönlicher, böser Mächte anmuten, statt als persönlich verantwortliche Täter. Trotz aller bewegenden Theorien über das Menschsein, die wir in religiösen, philosophischen oder politischen Texten nachlesen können, müssen wir uns immer wieder der Finsternis stellen, die die Weltgeschichte als Schatten mitträgt und die kein Lichtschimmer erhellt und kein Denkakt erträglich macht. Dies ist die Bürde, die der bewunderte Fortschritt und der aufrechte Gang der Menschheit mit sich gebracht haben, und keine Vision menschlicher Zukunft hebt sie auf.

Viele unserer Privilegien verdanken wir indirekt den Verbrechen gegen die Menschenrechte und wir möchten das verständlicherweise gern übersehen. Als Nutznießer sind wir aber auch Mittäter, deren persönliches Lied zu der Frage, was es bedeutet, ein Mensch zu sein, angesichts der schwierigen Antwort zu verstummen droht. Die Zeiten der Menschlichkeit waren und sind immer wieder finster, schreibt Hannah Ahrendt im Vorwort zu ihrem Buch »Menschsein in finsterer Zeit«, und gerade wenn die Zeiten am dunkelsten sind, geht die Erhellung, auf die wir hoffen, weniger von Theorien und Begriffen aus als von jenem unsicheren, flackernden und oft schwachen Licht, ... »welches einige Männer und Frauen unter beinahe allen Umständen in ihrem Leben und ihren Werken anzünden und über der ihnen auf der Erde gegebenen Lebenszeit leuchten lassen.« (Ahrendt) Nichts was in den Jahrhunderten und Jahrtausenden zum Auftrag wie zum Recht, ein Mensch zu sein, gesagt und gelebt wurde, entbindet uns am Ende dieses Jahrhunderts von der Aufgabe, das Leben immer wieder neu zu erfinden und auch zu erträumen. »Mit jeder Geburt tritt, weil jeder Mensch einzig, der erste Mensch in die Welt.« (Buber)

Unser Leben wie unsere Möglichkeit, ein Mensch des aufrechten Gangs in einem umfassenden Sinn zu werden, wird von unzähligen Kräften gelenkt. Es gibt kein Prinzip, keine Regel, keine Gewißheit, die unser aller Handlungen in den verschiedenen Bereichen der gesellschaftlichen Existenz so anleiten können, daß wir nicht mehr neu nachdenken und handeln müßten. Das Leben selbst ist nichts anderes als eine »riskante Chance«, ein Wagnis auf dem Weg durch die Fremde, das gelingen aber auch scheitern kann. Wir müssen uns entschließen, denkende und liebende, achtsame und immer wieder auch mutige Menschen zu werden, denn der Preis für den in diesem Sinne freien Menschen ist vom Menschen noch nicht bezahlt, vielleicht noch nicht einmal richtig eingeschätzt worden. Die uralte Aufgabe bleibt als Vision einer menschlichen Zukunft bestehen: Das Utopische muß konkret werden. Als menschliche Wesen sind wir an diese Hoffnung gebunden, weil Leben sonst auf verlorenem Posten steht.

Freiheit, Gleichheit, Brüderlichkeit

Das Lied der Französischen Revolution ist noch nicht verklungen. Es mahnt an die Quelle menschlichen Lebens, an seine Not, nicht allein leben zu können und sich die Welt, die die Menschen gemeinsam hervorbringen, auch teilen zu müssen. Es ist die existentielle Bedürftigkeit, die den Aufbruch in eine menschlichere Zukunft immer wieder garantiert, aber sie bedarf der Fähigkeit und der Bereitschaft des Menschen, dies auch zu erkennen. Der Mensch ist zuerst ein Wesen, das Gemeinschaft braucht. Seine Herkunft wie seine Zukunft sind begründet und bestimmt durch seine biologische und gleichzeitig soziale Struktur. Jeder Aufbruch in eine umzugestaltende Zukunft und jede Vision einer »freien, gleichen und brüderlichen« Welt beginnt mit der Besinnung auf die Grundprinzipien der menschlichen Lebensstrukturen.

»Jedem Menschen hängt ein kostbares Buch um«, sagt ein somalisches Sprichwort, und jeder von uns kann, weil er selbst ein Mensch ist, darin lesen, die Sprache verstehen, den Ruf hören. Ohne das Lesen in und dem Wissen aus diesen anderen Büchern könnten wir nicht leben. Jeder von uns hat Eintragungen in die Bücher der Menschen gemacht, die ihm begegnet sind und zu denen er Beziehungen aufgenommen hat. Auch unser Buch lebt von Geschichten, Zitaten und Spuren anderer Menschen. Wenn wir tagtäglich die dokumentarischen Bilder von Menschenrechtsverletzungen zur Kenntnis nehmen, hoffen wir immer auch, daß an den Orten des Grauens auch Bücher geschrieben werden, die vom Respekt und vom Mitgefühl berichten. Von diesen Büchern geht auch die Erhellung aus, von der Hannah Arendt spricht. In ihnen steht etwas über die Liebe, Akzeptanz und Achtsamkeit, über die vielen einzelnen Lieder, die die Menschlichkeit braucht, um zu entstehen. Was die Arbeit für eine gemeinsame Zukunft und den Prozeß der Menschwerdung gefährdet und hintertreibt, steht ebenfalls in diesen Büchern. Das ist die Rückseite der Medaille, die Leben heißt: Konkurrenz statt Kooperation, Gleichgültigkeit statt Mitgefühl, Besitzergreifung statt Teilen, Egoismus statt Gemeinsinn, Unfreiheit statt Freiheit, Ungleichheit statt Gleichheit.

Die Aufgabe zur aktiven Integration der widerstrebenden Tendenzen und zum Aufbau einer Identität, die sich ständiger Veränderung unterwirft und doch die Kontinuität des roten Fadens gewährleistet, ist nicht nur eine vom einzelnen Menschen in Eigenverantwortung zu lösende Aufgabe, sondern auch eine politische und gesellschaftliche Aufgabe des Gemeinwesens. Auch die Menschenwürdigkeit und Balance einer gesellschaftlichen Ordnung ist das Ergebnis umfassender Integrationsarbeit. Für sie muß gestritten und entschieden werden. Nur einen Wimpernschlag lang konnten Freiheit, Gleichheit und Brüderlichkeit ihre Koexistenz zur Zeit der Französischen Revolution bewahren, erinnert Wolf Dieter Narr. Dann blieben sie als Mahnung und Anspruch an uns zurück. Verfassungen und allgemeine Erklärungen, wie die der Menschenrechte, bauten auf diesem Dreiklang auf, aber das hat ihn nicht fest genug in den Herzen und Köpfen der Menschen verankert. Nur die Freiheit, die sich im Respekt vor der Freiheit des anderen Menschen zurückzunehmen weiß, und nur die Brüderlichkeit und Solidarität, die sich als Einbindung und Ausdruck der Koexistenz menschlichen Lebens versteht, ermöglichen eine grundlegende Gleichheit, die auf einer Art Ehrfurcht vor dem Leben beruht, nämlich darauf, daß wir Leben inmitten von Leben sind, das auch leben will. (Schweitzer)

Wie kaum ein anderer Zusammenhang verbinden Freiheit, Gleichheit und Brüderlichkeit das Wesen des Politischen mit dem Wesen des Spirituellen. Sie müssen im ständigen Prozeß des Ausbalancierens die Seite immer wieder wechseln und wie die Gerechtigkeit das Lager der Sieger fliehen. Die einseitige Entscheidung der bürgerlichen Gesellschaft für die Freiheit als dem entscheidenden Motor ihres Fortschritts zeigte schnell, wie gefährdet die beiden anderen Prinzipien waren, wenn der Freiheit auf dem Markt der Ökonomie die Tiefendimension verloren geht. Schnell war entschieden, welche Leistungen auf dem freien Markt akzeptiert wurden und den Erfolg garantierten, und welche tausendfachen Ungleichheiten dafür in Kauf genommen werden mußten. Die Brüderlichkeit blieb so ebenfalls auf der Strecke. Gemeinsinn wurde zur Geste des Wohlfahrtsstaates. Auch die Freiheit nahm im Auseinanderreißen des Wirkungszusammenhangs Schaden und verkam zur instrumentellen Begründung eines Systems, das immer mehr Menschen von der Selbstverwirklichung durch Arbeit ausschloß und viele auf der Strecke des linearen Fortschritts zu Bittstellern werden ließ.

Freiheit, Gleichheit und Brüderlichkeit sind unteilbar. Sie sind Qualitäten einer Ökonomie des Lebens, von der der Einzelne wie die Gemeinschaft profitieren und die die Basis für ein menschliches Leben sind. Alles, was die Freiheit, Gleichheit, Brüderlichkeit und damit die Annahme anderer untergräbt, ihnen den Respekt verwehrt, untergräbt auch den sozialen Prozeß, weil es den biologischen Prozeß unterminiert, der diesen erzeugt. »Das Wissen um dieses Wissen ist der soziale Imperativ jeder auf dem Menschlichen basierenden Ethik.« (Maturana) Die Radikalität dieses Humanismus ist mehr als die Solidarität der lebenden Dinge. Sie pocht darauf, daß jeder einzelne Mensch, eben weil er einzigartig ist, gebraucht wird, und daß die Arbeit nicht zu erfüllen wäre, wenn es nur einen einzigen Menschen weniger auf dieser Welt gäbe. Im Nachdenken zeigt sich die spirituelle wie politische Tiefendimension einer solchen Position, die grundsätzlich niemandem das Recht auf Anwesenheit bestreitet. Dies ist eigentlich eine unglaubliche Provokation für eine Welt, in der ein einzelner Mensch offenbar nichts zu gelten scheint und die Ausgrenzungs- und Vernichtungspläne über ganze Völker hereinbrechen, in der die Befreiungsbewegungen zu Korruptionsbewegungen verkommen und die Verfestigung von Ungleichheit zur Sicherungsmaßnahme wird.

»Man sollte die gesamte Menschheit als einen einzigen Organismus betrachten, und ein Volk als eines seiner Glieder. Wenn die Spitze eines Fingers schmerzt, so leidet der ganze Organismus. Wenn ein bestimmter Punkt der Erde Opfer einer Not ist, sollen wir uns hüten zu sagen: ‚Was geht mich das an?' Wir sollten uns gleich stark damit befassen, wie wenn uns diese Not selber betreffen würde. Wir dürfen diesen Grundsatz nie vergessen, auch wenn sich der Zwischenfall noch so weit weg von uns abspielt«. (Kemal Pascha Atatürk)

Nicht der Körper, nicht die Seele oder der Geist, nicht die alten Werte sind in der Krise, sondern der ganze Mensch ist in der Krise. Wir haben vergessen, was uns trägt und sind dadurch in Gefahr, weil wir die Sinnhaftigkeit unseres eigenen Lebens als leibhaftig verankerte Einheit und Verbundenheit mit allem, was lebt, nicht tief genug verstehen lernen und zunehmend aus der Selbst- und Mitgestaltung ausgestiegen sind. Der lebensnotwendige Stoffwechsel zwischen Mensch, Natur, Welt und Kosmos ist auf vielfältige Weise gestört, die Symptome als Folgen der Störung unübersehbar. Viele Menschen fühlen und ahnen, daß ihnen ihre Existenz nicht mehr gelingt, selbst wenn sie alles haben. Wie unter Trümmern oder Bergen von Abfall und Überflüssigem ist die Transparenz für das überweltliche oder übergreifende Sein verschüttet, der Dialog zwischen der göttlichen Dimension des Menschen und der menschlichen Dimension Gottes ist verstummt. Die bewußte Menschwerdung kommt mit der göttlichen Existenzdimension nur selten so in Berührung, daß daraus jener politische Funke wird, der auf die Begierde verzichtet, die Waffen niederlegt und sich des Krieges enthält. Die Lieder der Menschen im »Großen Gesang« sind leiser geworden. Den Texten fehlen wichtige Seiten der menschlichen Existenz, seiner Not ebenso wie seiner Hoffnung und Kraft.

Verlust der Teilhabe

Die Reduktion des Menschen auf das Leistbare gehört zu den wesentlichen Demoralisierungen des »autonomen« Individuums. Wer ist, was er hat, kommt in große Gefahr, wenn er verliert, was er hat. Wer nichts hat und nicht leistet, was erwartet wird und wofür er vorgesehen wurde, wird gleich als ganze Person auf der Verlustseite abgebucht.

Menschen fühlen sich durch nichts mehr gehalten, Zerrissenheit und Parzellierung bestimmen die Alltagserfahrung, das Nachdenken endet beim Aufzählen von Defiziten. Die Enttäuschung über die nichteingehaltenen Versprechen der Bedürfnismacher und Leistungsantreiber löst Fluchtgedanken aus, und die Auswanderung in die nächste Scheinwelt liegt nahe. Was viele Menschen in ihren Sorgen beschreiben ist eine Art Vereinsamung und das Gefühl, eine individuelle Randexistenz zu leben, auf die niemand mehr achtet. Als abstrakte Größe wird das Individuum Mensch hochgehalten; sobald dieses Individuum sich jedoch als konkreter Mensch zeigt und seinen Anspruch auf Mitwirkung einbringt, kann er schnell in Schwierigkeiten kommen, wenn seine eigene »Richtung« nicht mit dem vorherrschenden Fluß der Bewegung übereinstimmt und er gegen den Strom schwimmt. Die Freiheit und Autonomie des Subjekts entpuppt sich zunehmend weniger als Möglichkeit, die eigenen Potenzen zu entfalten, sondern bedeutet eher das Risiko, ständig auf sich selbst zurückgeworfen zu werden und ohne Teilhabe zu verkümmern.

Was wir im Augenblick beobachten können, ist vor allem die Krise einer bestimmten Vorstellung von Identität. Vorgefaßte Paßformen für das, was ein autonomes Individuum zu sein hat, verlieren an Bindekraft. Sie halten nicht, was sie versprechen. Das Identitätsideal einer ganzen Epoche wird brüchig, zeigt sich als ideologische Konfiguration (Keupp), als »possessiver Individualismus«, bei dem es um die individuelle Akkumulation »innerer Besitzstände« geht, die durch ein steuerndes und zentralistisch gedachtes Ich zusammenzuhalten sind. Befreit und freigesetzt von allen Bezügen und Abhängigkeiten, betritt ein vor allem nur »freies« Individuum die Bühne des Lebens, das seine Identitätstexte selbst schreibt und inszeniert, auch wenn niemand sich dafür interessiert. Wer an dieser Arbeitsaufgabe scheitert oder sich überfordert fühlt, gerät als Subjekt angesichts der Wahl zwischen fremdbestimmten Identitätsangeboten und Identitätszwängen in Auflösung und wird – damit keine Unruhe entsteht – dem behandelnden, kontrollierenden oder therapierenden Markt der Hilfsangebote zugeführt. Diese sind auf alle möglichen Defizite und Pathologien vorbereitet und betreiben den Wiederaufbau der Person. Was hier in die Krise geraten ist, ist nicht der Mensch selbst – der ist eine Krisen-Existenz –, sondern der egozentrierte Individualismus der bürgerlichen Subjekte, der sein Identitätsverständnis und sein Verständnis von den wesentlichen humanen Eigenschaften aus der sozialen Zugehörigkeit des Menschen zur Menschheit und den ihr zugeordneten sozialen, politischen und spirituellen Ordnungen systematisch getrennt sieht. (Keupp) Das heroische und vereinsamte Subjekt ist krank, liegt auf der Couch oder im Krankenhaus und wetteifert voller Angst mit anderen Menschen um den Prozeß der Genesung. Daß es gar nicht so sehr um eine akute sondern inzwischen chronifizierte Erkrankung geht, ist dem »Patienten« nicht klar. Die Kohärenz, jenes Gefühl und Wissen um die Vernetzung des Menschen mit der Welt, aus der er kommt und in der er lebt, ist gestört oder gar zerstört. Damit aber geht eine Erfahrungsgrundlage verloren, die den Prozeß ständiger Menschwerdung als Gestaltungsaufgabe unterstützt, anregt, vorantreibt. Die Fähigkeit zur Kohärenz ist keine Persönlichkeitsdisposition und auch keine genetische Anlage, die sich aus sich selbst heraus wie ein Reflex entfaltet, sondern sie entsteht aus der gelungenen Verknüpfung einer Person mit anderen Menschen, mit seiner Kultur und seinen Gemeinschaften, und aus den dadurch möglichen Erfahrungen und Solidaritätspotentialen. Das Weltbild vom unabhängigen Individuum verstellt das Bild des freien Menschen, der seinem Gestaltungsauftrag folgend in Freiheit und Notwendigkeit leben muß, weil er ohne Luft nicht atmen, ohne Lebensmittel nicht leben kann, ohne gemeinsame Arbeit mit anderen verkümmert, ohne Berührung durch einen anderen Menschen verrückt wird. Auf seine einsame Leistung fixiert vergißt dieser Mensch, daß unsere Herkunft als Menschen eine gemeinsame ist und daß wir zuallererst die Gemeinschaft brauchen, um selbst unsere eigene Welt zu erzeugen.

> »Denn wir sind alle nach dem gleichen Muster geschnitten, wir sind die Kinder eines einzigen und gleichen Schöpfers, und darum ist die göttliche Kraft, die uns innewohnt, unerschöpflich. Wer auch nur einen einzigen Menschen verachtet, verachtet diese göttliche Macht und tut damit nicht nur diesem menschlichen Wesen Unrecht, sondern gleichzeitig der ganzen Welt.« (Mahatma Gandhi)

Das autonome Individuum, das alles soll und alles können muß, um sich zu realisieren, ist sich selbst fremd geworden und erlebt dies ganz offensichtlich als Vereinsamung. Wenn wir von Vereinsamung sprechen, reden wir nicht von der selbst gewählten Einsamkeit, die ein Mensch braucht, um zu sich zu kommen. »Vereinsamung ist eine Form des Verlustes«. (Gadamer) Es ist die Erfahrung der Vereinsamung, aus der das Leiden an der Einsamkeit entsteht – jene Erfahrung, von der Christus auf dem Ölberg spricht. Wir fühlen uns aus einem lebensnotwendigen Zusammenhang herausgeworfen, sind vielleicht noch frei und gleich, aber ahnen, daß uns dies ohne Brüderlichkeit nicht zu trösten vermag.

Die Begriffe Nächstenliebe, Mitgefühl, Mitleid und Solidarität stellen das Beziehungsgeflecht dar, das wir brauchen, um zu überleben. Wenn wir im Nächsten nicht mehr den anderen Menschen erkennen, der sich zwar von uns unterscheidet, aber gerade darin uns ähnelt, weil wir trotz aller Differenzen einheitlicher Herkunft sind, dann sind wir nicht nur von Gott, sondern von allen guten Geistern verlassen. Wir haben uns dann gleichzeitig selbst verlassen, kreisen mehr oder weniger sinnlos um uns und unsere kleine Welt herum. Wir sind ganz offensichtlich auf der Erde, damit wir für alles, was lebt, Daseinsräume eröffnen. In der Verlassenheit und Vereinsamung geht diese Erfahrung in doppelter Weise verloren: Wer sich verlassen weiß, fühlt, daß ihm der Daseinsraum beschnitten ist und wird selbst keine Räume für andere schaffen, weil er aus der Kohärenz mit der Umwelt weitgehend herausgefallen ist. Wer die Erfahrung von Vereinsamung macht, leidet am Mangel von Koexistenz und erfährt nicht mehr, »... daß es, biologisch gesehen, ohne Liebe, ohne Annahme anderer, keinen sozialen Prozeß gibt. Lebt man ohne Liebe zusammen, so lebt man heuchlerische Indifferenz oder gar aktive Negation des anderen.« (Maturana)

Das Gefühl, von den Freunden, von Gott, von allem verlassen zu sein, was uns trägt, bedeutet neben der Erfahrung biologischer, seelischer, geistiger und spiritueller Entwurzelung auch die Erfahrung von Selbst-Entfremdung. Es ergreift unser ganzes Sein, wenn wir erfahren und fühlen, daß wir nicht mehr in einer gemeinsamen Sphäre stehen und von etwas Gemeinsamen und Übergreifenden getragen sind. In der Trauer der Vereinsamung wie in der aggressiven Verzweiflung und Destruktion, die Erich Fromm die Kreativität der Hoffnungslosen nennt, wird das Schwinden der tragenden Gemeinsamkeit zum Ausdruck gebracht. Der Mensch fühlt sich im Stich gelassen – und weiß nicht, daß niemand ihn so radikal im Stich lassen kann wie er selbst.

Die Suche nach Einsamkeit ist etwas anderes als Vereinsamung. Was hier gesucht wird, ist eher die Konzentration auf an etwas Übergeordnetes, ungestört durch jeden anderen und alles andere. Es ist vielleicht die Suche nach der Stille hinter der Stille, wie Karlfried Graf Dürkheim es genannt hat, die Suche nach dem leisen Atem der Natur. Das in dieser Weise »einsame« Auge schaut durch die Dinge hindurch, blickt nicht mehr nur nach vorn, weil es ständig zielgerichtet etwas erwartet, sondern schaut nach innen und von dort aus in das Wesen dessen, was ihn dort draußen immer beschäftigt hält, ohne daß es zur Erkenntnis gelangt. »Die Einsamkeit des Weisen werden wir nicht als Verlassenheit ansehen dürfen, nur weil er den Rausch der anderen nicht mehr teilt.« (Gadamer) Auch die Einsamkeit des Betenden ist eine Suche, die nicht Vereinsamung anzeigt, sondern als bewußter Verzicht zu sehen ist, um die Einsamkeit des Menschensohnes und die Konzentration auf die religiöse Quelle des Seins zu erfahren.

> »Vereinsamung ist eine Verlusterfahrung und Einsamkeit eine Verzichterfahrung. Vereinsamung wird erlitten – in der Einsamkeit wird etwas gesucht.« (Gadamer)

Wie bereits gezeigt: Vereinsamung steht dem gesellschaftlichen Phänomen der Selbstentfremdung nahe, ist Symptom und Ausdruck für eine seelische, geistige, soziale und biologische Krankheit einer Gesellschaft, die von der Essenz der Koevolution und Koexistenz des Menschen abgekommen ist. Selbst-Entfremdung heißt ja Entfremdung von etwas, das einem eigentlich vertraut ist, ist Entfremdung von der Vertrautheit, wie Leben lebt, sich vernetzt und wie »Menschsein als Auftrag« als lebenslanger Prozeß sich gestaltet. Vereinsamung und Selbstentfremdung wird als Verlassenheit und steigende Fremdheit mit all ihren Folgen erlebt, manifestiert sich als gesellschaftliches Leiden und Leiden an der Gesellschaft.

Selbstentfremdung ist nicht immer schon Trennung oder Bruch, sondern steigende Beunruhigung über den drohenden Verlust der vertrauten Nähe zu anderen Menschen, zu Kultur und Gesellschaft, zu Religion und Politik. Selbst-Entfremdung ist eine Form der »Seelenfinsternis«, die die allgegenwärtige Bedrohung des Menschen widerspiegelt. Die Vertrautheit ist noch nicht ganz verschwunden, aber während die Welt wirklicher Nähe für die meisten Menschen immer fremder wird, werden die Menschen von Scheinwelten suggerierter Nähe und Distanzlosigkeit so umstellt, daß sie ihre Orientierung verlieren und ihren eigenen Erfahrungen und Gefühlen nicht mehr trauen. Vereinsamung wird von einem Gefühl der Verstrickung begleitet: Im Abschneiden von der eigenen Herkunft und den Gestaltungsprinzipien des Lebendigen und in der Suche nach einem Schuldigen, erkennen Menschen nicht mehr, daß sie selbst diese Welt so geschaffen haben. »Die Arbeit wird dem Menschen als die eigene Arbeit fremd.« (Gadamer) Sie erscheint nicht mehr als Ort gemeinsamer Bedürfnisbefriedigung, und auch die »Arbeit am Selbst« erscheint nur noch als Selbst-Befriedigung, nicht mehr als Arbeit für die Koexistenz der Gattung Mensch. Menschliche Gesellschaft ist nicht möglich, wo Arbeit auf Entlohnung reduziert wird. Der Mensch will notwendig sein für die Welt, die er mit anderen schafft und die auf seine Fähigkeiten und Kenntnisse hofft.

Es bedarf des wahrnehmenden Blicks auf die allgemeine Lage der Menschheit, es bedarf des mitfühlenden Blicks auf die Menschenrechte, es bedarf des kritischen Blicks auf das Überschüssige und Überflüssige, das bisher nicht Verwertete in der Arbeit wie im Denken und Fühlen der Menschen, damit Gesellschaft sich als menschliche Gesellschaft manifestieren kann. Der Schwund der Identifikationsmöglichkeit mit dem Allgemeinen ist Ausdruck und Hintergrund der Selbstentfremdung des Menschen in der Gesellschaft, und in der Folge entsteht Vereinsamung, als eine der Auswirkungen. Wen wundert, daß die Arbeit, der Verlust und der Mangel an Arbeit, die Entfremdung der Arbeit, die Ausplünderung der gesellschaftlichen Ressourcen durch die Ausplünderung der Arbeitskraft in Dritten und anderen Welten zur zentralen Form der Selbst-Entfremdung der Menschheit geworden ist? Wer an die Arbeitsfähigkeit, das Arbeitsmaterial oder an die Arbeitsmöglichkeit eines Menschen geht, geht an sein Leben. »Wer seinen Honig allein ißt, wird Magenschmerzen haben«, heißt es in einem Sprichwort aus Ghana. Statt alles haben und behalten zu wollen, sollten wir lernen zu teilen. Arbeit und Teilen sind Stützpfeiler der Erfahrung des Allgemeinen. Wir werden in naher Zukunft nicht nur die alte Arbeit, die manche von uns noch haben, teilen müssen, sondern andere Formen der Arbeit entwickeln müssen, wenn wir im nächsten Jahrhundert nicht zwei Drittel der Menschen an ihrer Produktivität und Gestaltungsarbeit hindern wollen.

Die Klage über die Selbstentfremdung ist alt. In seinen Briefen über die ästhetische Erziehung des Menschen spricht Schiller von der toten, seelenlosen Maschine Staat, in der jeder einzelne nur wie ein Rädchen oder ein Glied tätig ist, ohne ein Gefühl der Verbundenheit mit dem Ganzen zu haben. Wenn das so ist, fällt es leicht, zu sagen: Was geht uns der Bettler an, wenn es Sozialhilfe gibt? Was der Obdachlose, wenn es Wohlfahrtsverbände gibt? Was der Asylant, wenn er »nur« aus Wirtschaftsgründen kommt, nicht sichtbar gefoltert wurde und hier auch noch Anspruch auf seine kulturelle und religiöse Identität erhebt?

Selbstentfremdung heißt nicht nur Ausbeutung der Armen durch die Reichen, heißt nicht nur Bevormundung der Beherrschten durch die Mächtigen. Selbstentfremdung heute ist eine spezifische Erfahrung von Unfreiheit in der Freiheit, ist das Gefühl, in jeder Weise austauschbar zu sein, keine Bedeutung für die Gemeinschaft zu haben. Diese Unfreiheit lähmt die Gemüter und verwaltet das Leben, statt daß dafür gesorgt wird, daß das Leben des Einzelnen wie das öffentliche Leben leben kann. Selbstentfremdetes Leben ist ein Leben in Zwängen, dem Achtsamkeit und Bewußtheit abhanden gekommen sind. Statt freier und nachdenklicher Entwicklung von Bedürfnissen leben die Menschen Konsumzwang, und die Gesellschaft lebt in den Fängen der Bedürfnismacher. (Iwan Illich) Statt in Frieden leben wir nach wie vor in waffenstarrenden Verteidigungssystemen und verdienen uns dumm und dämlich an den Kriegen der anderen. Sachzwang, Routine und Gewißheit aller Art töten Phantasie und Kreativität.

Der Vereinsamung geht der Verlust an Solidarität, Mitgefühl, kritischem Dialog und persönlichem Mut voraus. Vereinsamung ist das Ausbleiben von Gemeinsamkeiten in unserem Leben, der Verlust von

Freundschaft zu anderen Menschen, zu uns selbst und zur Welt, in der wir leben und die wir machen. Asozialität ist der Verlust von Vertrautheit im Zusammenleben, der Verlust von Heimat im Außen wie in uns selbst. Solange wir wirkliche und tragende Heimat mit dem gesicherten Dasein zwischen Hausrat und Lebensversicherung identifizieren, sind wir nicht einmal Gäste im eigenen Haus, geschweige denn die, die sich auskennen und wirklich dort wohnen.

»Liebe, Arbeit, Wissen sind die Quellen unseres Lebens. Sie sollten es auch beherrschen«, schreibt Wilhelm Reich im Christusmord. Liebe, Arbeit und Wissen sind Gestaltungsprinzipien des Lebendigen, Ausdruck der schöpferischen Ordnung, mit der wir ausgestattet wurden, um unseren Weg als Menschen zu finden. Wer mit sich selbst zerfallen ist, kann diese Qualitäten nicht entfalten – und auch der nicht, auf dessen Liebe, Arbeit und Wissen niemand Wert legt. Daß die Selbst-Entfremdung und in ihrer Folge die Vereinsamung wie der Verlust an Brüderlichkeit und Solidarität uns in politische Sackgassen getrieben hat, können wir zunehmend erkennen. Diese Entwicklung kann auch spirituelle Wege in Sackgassen verwandeln, nämlich dann, wenn die spirituellen Bedürfnismacher die Meister vertreiben, die uns den eigenen Weg abverlangen und nicht zu spirituellen Bypässen raten, die meistbietend auf den esoterischen Freimärkten verschachert werden.

Vereinsamung und Selbstentfremdung haben mit dem Verlust von Teilhabe zu tun. »Aus der Aufzehrung der Teilhabekultur geht das ungetragene Ich hervor, dessen klagender Leitsatz lautet: Die Menschen sind schlecht. Sie denken an sich. Nur ich denke an mich.« (Haerlin) Dieses Leistungs-Ich hat das »Wir« verloren, ihm fehlt die Lebensform der Teilhabe, das Geheimnis des Getragenwerdens und die Erfahrung der Mühelosigkeit, in der der Atem für sich sorgt, wenn man ihn läßt, das Herz schlägt oder die Jahreszeiten wechseln. Das Leistungs-Ich, das sich nicht ändert, macht alles um die Wette, will auch die Erleuchtung im Schnellverfahren, hält Geduld für eine Krankheit und Demut für Dummheit. Abgetrennt von seinem Ursprung und vom Prinzip der Teilhabe, das Leben ist, wird jeder einzelne Mensch zu einer isolierten Nerveninsel, die nicht weiß, wie der Ozean heißt, der sie umgibt.

Das Leben ist ein Waisenkind, das alle Fähigkeiten zu leben und sich zu entwickeln hat, wenn wir uns dazu entschließen, Bedingungen für eine menschliche Zukunft immer wieder neu zu schaffen. Die Utopie dieser Zukunft wird konkret, wenn wir unser Wissen und unsere Kräfte zusammentragen, damit alle Menschen die Nahrung, Kleidung, Behausung und das Wissen erhalten, derer sie bedürfen, um sich des Lebens zu erfreuen; wenn wir entdecken, was wir tun müssen, damit die unbegrenzte Macht der Menschheit dazu benutzt wird, jedem von uns Menschlichkeit, Würde und Freude zu verschaffen; wenn wir uns unserer persönlichen Verantwortung für unser eigenes Leben wie dem der anderen bewußt werden und den Mut haben, unseren Gefühlen Ausdruck zu verleihen, wenn wir Wege zur Menschlichkeit nicht nur denken, sondern leben und eine Umwelt schaffen, in der wir unser Vermögen feiern, Menschen davon abzuhalten, Kinder und ganze Völker auszubeuten und zu mißbrauchen.

Leben ist ein Dialog mit der Gesamtordnung, in der wir leben, und an dieser nehmen wir teil, wenn wir in der Not eines Kindes, im Straucheln eines Jugendlichen, in der Obdachlosigkeit derer, die auf der Straße liegen oder um Asyl bitten, unsere eigene Not erkennen, aber auch die Gelegenheit zur Gastfreundschaft, zum Teilen, zu einem Gespräch, zu einem Lächeln – so viele Einrichtungen es auch geben mag, die eigentlich dafür zuständig sind.

Leben braucht Gesellschaft, Freundschaft, Kameradschaft, menschliche Nähe und das mitfühlende Verständnis einer anderen Seele, um sich auszusprechen und anzuvertrauen«, schreibt Wilhelm Reich in seinem Buch *Christusmord*, das er den Kindern der Zukunft gewidmet hat. Leben braucht Sozialität. Diese Übung kann hier und jetzt beginnen, für jeden von uns.

Leben macht erfinderisch, auch und besonders in finsteren Zeiten. Die Kraft, die wir Lebenswille nennen, speist sich aus der Hoffnung, daß Leben auch dann noch Sinn macht, wenn uns wichtige Dinge verweigert werden. Stirbt die Hoffnung, daß etwas Sinn macht, stirbt auch der Mensch. Jeder von uns kann lernen zu teilen und damit für ein anderes Leben sinnstiftend sein.

Leben braucht Ehrfurcht, die ins Grenzenlose erweiterte Verantwortung für alles, was lebt, hat Albert Schweitzer für den Zusammenhang von Kultur und Ethik formuliert. Es fehlt nicht an Analysen, was zu tun sei. Und an Visionen für eine menschliche Zukunft mangelt es auch nicht. Es fehlen die Visionäre, die Frauen und Männer, die praktisch werden und handelnd auf die Suche gehen. Menschen, die umsichtig wie Kinder und absichtslos wie weise Alte handeln, Denker und Träumerinnen, die nicht am Erfolg kleben und ihn dennoch vor Augen haben. Menschen, die etwas über sich erfahren wollen, indem sie sich die Erfahrungen der Menschheit zunutze machen.

Wird Zeit, daß wir leben und die Streiks von Körper und Seele als das verstehen, was sie sind: Aufrufe zum Leben.

2
Das ungelebte Leben

Dialoge zwischen Gesundheit und Krankheit

Leben gefährdet Gesundheit, weil wir die Gratwanderung, die es uns oft überraschend abverlangt, ohne Seil und Netz bewältigen müssen. Es verspricht nichts und hält doch viel, wenn wir uns entschieden auf unser eigenes und das Leben derer, die in Koexistenz mit uns leben, einlassen, unsere Neugier nie verlieren und uns immer wieder die Frage stellen, wie das Leben lebt und was es dazu braucht. Leben durchschreitet Raum und Zeit in nicht berechenbarer Weise. Es entzieht uns plötzlich und unverhofft den Boden unter den Füßen und wiegt uns dann wieder viele Jahre und sogar Jahrzehnte in Sicherheit, so daß wir dem Glauben verfallen, Leben hielte sich an unsere Lebenspläne und an die Bedingungen, die wir ihm stellen. Die Erfahrung unser existentiellen Unsicherheit macht Angst.

Leben gefährdet Gesundheit also einerseits durch seine grundsätzliche Unplanbarkeit und die darin enthaltene existentielle Verunsicherung; andererseits aber auch durch seine Verplanung, mit der wir Lebenssicherheit herstellen wollen, denn im entscheidenden Augenblick hält sich das Leben nicht an unsere Pläne. Auf diese Enttäuschung reagieren viele Menschen mit ungeheurem Streß. Sie fühlen sich vom Leben verraten. Wenn wir zum Beispiel eine Reise machen, können wir vorher nicht wissen, ob es sein glückliche und erholsame, eine Abenteuerreise oder eine langweilige Reise wird. Es hängt nicht nur davon ab, ob wir etwas bei der Planung nicht bedacht haben, sondern von Dingen, die uns vor Ort unplanbar zufallen und denen wir uns öffnen und stellen müssen. Das kann das Wetter ebenso sein wie eine unverhoffte Begegnung oder ein unerwartetes Erlebnis mit uns selbst. Menschen können monatelang darüber klagen, daß sich das Wetter nicht an den Plan gehalten hat und sich so der Erholung unter den realen Bedingungen verweigern. Oder wir verlieben uns in einen Mann oder in eine Frau und wollen schnell sicher sein, daß dies der Mensch für´s ganze Leben ist! Noch ehe wir wissen, wem wir begegnet sind, führen wir bereits Bleibeverhandlungen für die menschliche Form der Ewigkeit. Was halten wir mit der standesamtlichen Trauungsurkunde dann aber wirklich in der Hand? Neben einem Datum für unsere äußere Lebensgeschichte eine lebenslange Gesundheitsgefährdung, zu deren Risiken und Nebenwirkungen wir weder unseren Arzt noch unseren Apotheker befragen können. Ob sich die Liebe in dem geplanten Beziehungsmodell einrichten wird, ob sie dort überleben und sich behaupten kann, ob sie mit den roten Rosen des Anfangs blühen oder wie eine nasse Primel eingehen wird, das hängt von Bewegungen und Prozessen ab, die immer wieder neu den jeweiligen Augenblick und den richtigen Zeitpunkt mitten im Alltag der Beziehung brauchen. Wer alles fest im Griff halten will, ist damit so beschäftigt, daß er der unplanbaren spontanen Bewegung des Lebens nicht mehr folgen kann und sie als Gefahr abzuwenden versucht.

Das Leben ist umstellt von Plänen, die seine Lebbarkeit garantieren sollen. Manche Menschen halten sich lieber an diese als an die Möglichkeit ihres Lebens. Auch die wissenschaftlichen Modelle vom Leben halten sie für das Leben selbst, denn die Modelle machen weniger Schwierigkeiten. Das Unruhestiftende und die Neugier, die einst jedem ernsthaften Lebensplan zugrunde lag, kommt zum Erliegen. »Wer A sagt, muß auch B sagen«, heißt die Durchhalteparole. Wie ein eiserner Ring legt sich der Wunsch nach Sicherheit und Eindeutigkeit um die lebendigen Impulse, die ihrerseits immer wieder vom Aufbruch und Ausbruch träumen und über körperliche, seelische und soziale Symptome um Hilfe rufen, um darauf aufmerksam zu machen, daß die Sehnsucht nach Leben und der Mut zur notwendigen Veränderung zu ersticken drohen. Direkt und indirekt wird dem Leben mit Strafmaßnahmen gedroht, falls es sich den privaten und öffentlichen Verordnungen und Anweisungen widersetzt. Die Pläne vom richtigen Leben werden zunehmend mit dem Leben selbst verwechselt. Sie werden zum Argument, das Leben zu observieren und rauben ihm die Motive zur Veränderung.

Wir alle kennen Situationen wie diese: Schon seit langem ahnen oder wissen wir sogar, daß wir eine Situation, eine Beziehung, eine Arbeit oder einen Gedanken ändern müssen. Die Lage, in der wir uns befinden, schmerzt manchmal bis an die Grenze des Erträglichen, aber wir verharren, bleiben sozusagen sitzen, anstatt aufzustehen und zu gehen, innerlich wie äußerlich. Aber eigentlich haben wir gar keine Wahl.

Das *Kann* ist ein *Müssen*, heißt es bei Hans Jonas in bezug auf den lebensnotwendigen Stoffwechsel, zu dem wir uns dennoch in Freiheit entscheiden können. *Um zu leben, müssen wir uns am Leben beteiligen.* Wir sind aufgefordert, unsere Andersartigkeit wie Einzigartigkeit in jedem Augenblick zu entdecken und anzunehmen. Aus diesem Muß kann nun aber ein Nicht-Können resultieren, auch ein Nicht-Wollen dergestalt, daß wir uns dem Auftrag unseres Lebens wie dem der anderen Leben verschließen. In der Angst vor dem Scheitern, in Panik vor dem Schiffbruch. Ohne Sehnsucht nach dem endlosen Meer bleiben wir sitzen, statt die Reise anzutreten, und verbleiben hinter Gittern, die wir für Schutzraum halten und die es manchmal sogar auch sind.

»Kein Reh oder Bär, kein Elefant oder Wal, kein Vogel und keine Schnecke könnten jemals so auf der Stelle sitzen wie der Mensch. Sie würden austrocknen und bald sterben. Im Zoo kann man sehen, was das Sitzen aus wilden Tieren macht.« (Reich)

Die Gitterstäbe der Käfige, in denen die Menschen sitzen, sind transparenter geworden. Nur einige sieht man deutlich: wer Anstalten gemacht hat, seinen Lebensbewegungen einen unangemessen Ausdruck zu verleihen, kommt in eine Anstalt, sitzt hinter Gittern: in Anstalten des Öffentlichen Rechts, in Psychiatrie und Gefängnis, in Erziehungsheimen oder ähnlichen Einrichtungen. Andere trainieren das lebenslange Sitzen in Kasernen, Schulen und Universitäten, in Betrieben. Manche sitzen auch ihre Therapie aus, können sich Veränderungen kaum vorstellen. Was äußerlich manchmal noch wie Bewegung aussieht, dient innerlich schon längst in zunehmendem Maße der Immobilisierung mittels körperlicher und gefühlsmäßiger Panzerung. Besonders erfolgreich sind die, die nicht nur besonders diszipliniert und lange sitzen, sondern vor allem gerne sitzen. »Man kann in seiner Nachbarschaft beobachten, wie Leute über Jahre hinweg jeden Tag zur gleichen Zeit immer wieder dasselbe tun. Das Sitzen hält den Energiestoffwechsel auf niedrigster Stufe, erlaubt keine hochschlagende Begeisterung. So wird es leicht, alles »leicht zu nehmen«, immer nett zu sein, die Dinge so zu nehmen wie sie kommen und in täglicher Routine zu erledigen, sich weder über große noch über kleine Dinge aufzuregen. Das Sitzen ist für den zivilisierten, gepanzerten Menschen ein »Segen«. Das Sitzen auf der Stelle wird so zu einer der am meisten geschätzten Eigenheiten der Menschen.« (Reich) Es erfolgt aus einer Leidenschaft die Leiden schafft, ohne daß uns das Sitzenbleiben wirklich bewußt wird. Wir halten uns eher für Opfer des Sachzwangs und werden zu »Kindern einer Normalität«, die uns wahnsinnig macht.

Haben Körper, Seele und Geist die entsprechende Starrheit erreicht, wird jede Bewegung schmerzvoll. Die Dinge werden in täglicher Routine erledigt – die Fähigkeit, den spontanen Bewegungen des Lebens zu folgen, erlahmt. Ohne jedwede Verpflichtung wird die Hoffnung auf Leben in eine weit entfernte Zukunft vertagt, so als hätte man noch ein zweites Leben in der Tasche. Die kleinen und großen Schritte der Umsetzung von Hoffnungen und Träumen in wirkliches Leben unterbleiben. Die Suche nach einem sicheren Platz zum Sitzen ist die zentralste Bewegung im Leben vieler Menschen – und dort bleiben sie dann auch beharrlich auf der Stelle sitzen: in ihren Wohnungen, bei ihren Ärzten, auf ihren bewegungslosen Beziehungen, auf ihrem Eigenheim und Geld. Manchmal ziehen die Menschen um, wechseln die Arbeit und die Beziehung, aber sie haben sich nur äußerlich bewegt, um letztlich einen noch sichereren Platz für die eigene Unveränderlichkeit und Starrheit zu suchen. Es handelt sich nicht um existentielle Bewegungen. Die Herausforderungen verhallen ungehört. Menschen sind allenfalls flexibel und mobil – wie wir die fahrtüchtige Starrheit nennen.

Wo immer wir im Augenblick hinschauen, sehen wir diesen Kampf von Bewegungen gegen erstarrte Struktur: in der Politik, in der ökologischen Situation unseres Planeten, im Bereich von Erziehung, Bildung und Wissenschaft, im Öffentlichen und nicht zu übersehen auch im Privaten, in unseren Beziehungen zu Menschen und zu den Dingen, die uns umgeben. Wir halten fest, wo wir loslassen müßten, und wir lassen zu schnell los, was wir übend und mit innerer Disziplin halten müßten. Bewegliche und produktive Lebensenergie streitet um den Raum, den erstarrte Energie mit ihren Vorstellungen vom Leben, mit Durchhaltesyndromen und neurotischen Strukturen, mit Konkurrenz und Neid, mit ökonomischer und politischer Macht festhält. Die Spielarten dieser Form von selbstmörderischer wie mörderischer Haltung gegenüber dem Leben sind unendlich.

Als Sitzen und Stillstellung des Körpers, der Seele, des Geistes, als soziales Festsitzen und als Verlust jeder sinnstiftenden Hoffnung wird dieser dramatische Kampf zwischen dem Leben, das sich notgedrungen nach vorwärts bewegen muß, um Zukunft zu haben, und dem Leben, das ängstlich auf seiner Vergangenheit sitzen bleibt, um Seichtheit zu haben, in der Form eines allumfassenden Bewegungsmangels zu einer zentralen gesundheitlichen Gefährdung. Wenn alles fest und dicht ist, kann die Energie nicht fließen, sie geht auf Tauchstation. Die Lebensenergie reicht gerade dazu, den jeweiligen Zustand zu überleben und zu erhalten. Wo die Menschen Leere spüren, füllen sie sich mit Ersatzleben auf. Sie lassen leben, statt selbst zu leben. Aus dem Sitzen einzelner gepanzerter Menschen kann das Sitzen ganzer Nationen und Kulturen erwachsen.

Am Grabe eines zu früh Verstorbenen klagt der Dichter C. F. Meyer: »Ungelebtes Leben zuckt und lodert aus der Körperkraft, die hier vermodert.« (C. F. Meyer) Was wir nicht leben, ist nicht einfach nicht da, läßt das Leben nicht einfach in Ruhe, sondern bewegt seine Unterwelt. Treibt uns in die Passivität, den Selbstmord oder die unkontrollierte Aggression, läßt uns sterben bei lebendigem Leib, macht uns krank. In den Symptomen der Krankheit ruft das ungelebte Leben um Hilfe. Die Trauer um dieses ungelebte Leben füllt die Sprechzimmer der Ärzte, Therapeuten und sonstigen professionellen Seelsorger. Es lebt hinter der Erstarrung als Unerfülltheit, Unabgeschlossenheit, als sich selbst erfüllende Wartehaltung.

»Die Fülle des ungelebten Lebens übertrifft in unvorstellbarem Maße das kleine Stück des wirklich Gelebten und Erlebten.« (von Weizsäcker) Die Ärzte und Therapeuten Wilhelm Reich und Viktor von Weizsäcker sind der Frage nach der Bedeutung des »ungelebten Lebens« in unterschiedlicher, aber meiner Meinung nach durchaus verwandter Weise nachgegangen. Blockierung, Panzerung als Verfolgung des Lebens. »Christusmord« und emotionale Pest sind bei Reich die Formen und Maßnahmen, mit denen die Bewegungen des Lebens in einem Menschen wie in Gesellschaften zum Schweigen gebracht werden. Von Weizsäcker hat den Gedanken von der Wirksamkeit des ungelebten Lebens ausdrücklich seiner Krankheitslehre zugrunde gelegt und dabei um die Beachtung des nicht-faktisch-gewordenen Anteils der Vergangenheit in der psychosomatischen Medizin gerungen. Ähnlich wie Reich fragt er nicht: Was ist dieser Mensch, sonder was wird dieser Mensch, was ist er geworden und wie ist er es geworden. Die Einführung und Anerkennung des Subjekts in die Medizin schließt als Forderung die Einführung und Beobachtung seiner Geschichtlichkeit, seiner Sozialität und seiner Sinngebung notwendig mit ein. Körperliche und seelische Krankheit erscheinen hier nicht mehr als Phänomene isolierter, gestörter Organabläufe, als neurotische Pannen des Seelenapparats oder unerklärbare Irrläufer der Lebensenergie, sondern als Ausdruck eines tiefen Konflikts mit den psychosozialen und existentiellen Bedürfnissen des Menschen, als eine Art des gestörten Umgangs mit sich selbst, mit andern und mit der Welt wie den spirituellen Bezügen insgesamt.

»Die Krankheit liegt zwischen den Menschen, ist eine ihrer Verhältnisse und ihrer Begegnungsarten.« (von Weizsäcker) Von entscheidender Bedeutung für das Verständnis des gesunden wie des kranken Menschen ist nicht so sehr der gegenwärtige Zustand, sondern die Einbettung von Gesundheit und Krankheit in einen Lebensentwurf, die Ausrichtung auf das Lebensziel des Menschen hin. Richtet sich der Lebensentwurf eines Menschen gegen das zentrale Ziel eines jeden Lebens, nämlich selbstgestaltend, respektiert und akzeptiert zu leben und mündet diese innere wie äußere Lebensverweigerung in der Ausdrucksgebärde des ungelebten Lebens, dem Sitzen, dem Sinnverlust, so müssen wir, um das Sichtbare in Gesundheit und Krankheit zu verstehen, das Unsichtbare in Augenschein nehmen.

Wie wird aus dem Wunsch zu leben die Anhäufung von Ersatzleben? Wie aus der Suche nach Berührung und Berührtwerden Kontaktunfähigkeit? Wie aus dem Impuls zu lieben, Erkalten und Vereisen? Im Festhalten der Impulse entfaltet das ungelebte Leben seine energetische Wirksamkeit aus dem grundsätzlichen Widerspruch zwischen dem, was die Geburt eines Menschen grundsätzlich verheißt und den relativen Bedingungen und konkreten Einschränkungen, die vieles verunmöglicht haben.

Die unrealisierten Möglichkeiten sind aber nicht nur ein Defizit, sondern gleichzeitig die Kraft des ungelebten Lebens, die es immer wieder vorwärts treibt, zu sich hin und das heißt auch über sich und seine Gegenwart hinaus. Dieser Unterstrom der Hoffnung ist der Glaube an das Leben in uns selbst, was Wilhelm Reich für die Essenz des Glaubens überhaupt hält. Erlischt dieser Unterstrom im Strom der Verzweiflung, gefriert die Bewegung des Lebensflusses zu eisiger Starre, dann erlöschen auch die Lebensbewegungen selbst.

Der schwierige Weg eines hoffenden Lebens ist identisch mit einer existentiellen Krise, die bis auf die Ebene der Zelle reicht. Diese Krise der Menschen ist beschreibbar mit dem Verlust von Lebenssinn, der den Kern des Systems berührt, eine Art existentiellen Riß verursacht. Viktor Frankl hat diese existentielle Krise als Massenneurose gekennzeichnet, als »existentielles Vakuum« und Sinnlosigkeitsgefühl, eine Form des »Identitätsverlustes des Seins«. Diese Krise wird von den Menschen auch als ein Leerwerden ihres Weltbildes erlebt und in tiefer Weise tritt der Mensch in Kontakt mit dem Mysterium der Einsamkeit der Seele, die ein bisher unbekanntes Ausmaß erreicht hat. Die Invasion kommt nicht mehr nur von außen, wir werden von innen her überfallen, zerbrechen an der Kollision in der Zeit, in der das schnelle Tempo der Dinge den Rhythmus des Lebens aus den Angeln hebt und eine existentielle Gleichgewichtsstörung erzeugt.

Hier helfen keine Anpassungsstrategien mehr, sondern im Zusammenbruch müssen wir lernen die Fülle hinter der Leere zu sehen und den verlöschenden Stimmen zu lauschen. Nicht gesehene Taten lösen manchmal einen katastrophalen Mangel an Folgen aus und korrespondieren durchaus mit den Folgen, die das gelebte Leben zeitigt. Ein Ohr, das nichts zu hören bekommt oder zu viele und dann noch zu laute Töne, erlahmt auf unterschiedliche Weise. Ein Körper und seine Beine übertragen, wenn sie sich nicht bewegen, ihre Verunsicherung im Bewegungsmangel auf das Herz und werden so mehr als nur ein körperlicher Risikofaktor.

Gesundheit und Krankheit sind Ausdruck der Wirksamkeit des gelebten wie ungelebten Lebens, manchmal Widerstand und unbewußter

Körperstreik, Schöpfung wie »unvollendete Schöpfungstat«, wie Weizsäcker die Krankheit definiert. Sinn und Wirksamkeit des ungelebten Lebens ergeben sich aus etwas, das nicht Tatsache wurde, und steht im Dialog mit dem, was aus welchen Gründen auch immer Tatsache wurde. Das ungelebte Leben, das Gesundheit sowohl gefährdet wie ermöglicht, ist etwas anderes als das Verdrängte. Die verworfenen, verlorenen und versäumten Möglichkeiten umlagern, wie Jaspers formuliert, den schmalen Bezirk des wirklich Gewordenen und sind darin und dadurch in Verbindung mit dem, was von den »sitzenden« Menschen nicht mehr oder noch gar nicht gedacht und erfühlt wurde, die Stimme der Hoffnung.

Gesundheit – Nein danke?

> »Gesundheit ist überhaupt nicht nur ein medizinischer, sondern überwiegend ein gesellschaftlicher Begriff.«
>
> Ernst Bloch

Als Ausdrucksweise des Lebendigen, worin in einem ganzheitlichen Sinne die körperliche, seelische, geistige und soziale Existenz des Menschen wie sein Verhältnis zu Natur und Umwelt umschlossen ist, ist Gesundheit bisher wohl kaum Gegenstand der Wissenschaften, aber auch nicht irgendeiner Behandlungspraxis geworden. Unser gesellschaftliches wie professionelles Wissen ist nicht an der Frage orientiert, wie das Leben lebt (zur Lippe), sondern allenfalls daran, wie die »Krankheit zum Tode« aufzuhalten, zu reparieren oder über eine ebenso mechanische Gesundheitsförderung zu verhindern ist. »Was wir beobachten, ist nicht die Natur selbst, sondern Natur, die unserer Art der Fragestellung ausgesetzt ist.« (Heisenberg) So rastern wir pathologische Auffälligkeiten nach vorhandenen Kriterien und nennen das in einer Diagnose Krankheit. Hinter der Geschichte der Krankheit bleibt nicht nur die Geschichte des kranken Menschen verborgen, sondern auch die Grundlagen seiner Gesundheit.

Das soziale Risiko »Gesundheit« wird im gegenwärtigen System medizinischer wie gesundheitspolitischer Intervention auf das Risiko zu erkranken reduziert. Auf die Krankheit und ihre Behandlung richten sich die zentralen wissenschaftlichen und gesundheitspolitischen Maßnahmesysteme. Als Wissenschaft von der Krankheit stellt die naturwissenschaftliche Medizin die wesentlichen Methoden und Verfahren zur Verfügung, die der Bekämpfung von Krankheit und einiger spezifischer Formen der Vorsorge (Früherkennungsuntersuchungen) dienen. Die Medizin ist eine Wissenschaft über die Krankheit. Eine Wissenschaft über die Geschichte des kranken Menschen oder eine Wissenschaft von der Gesundheit ist sie nicht. Auch jene Faktoren, die den Krankheitsprozeß wie den Menschen selbst über das biologisch-physiologische Geschehen hinaus nachhaltig bestimmen, bleiben der wissenschaftlichen Reflexion bisher immer noch weitgehend entzogen. Auf eine Kurzformel gebracht: In dieser Medizin ist weder das Subjekt eingeführt (von Weizsäcker), noch spielt das Soziale als ständiger Bezugspunkt des Wandels und Werdens im Prozeß von Gesundheit und Krankheit eine ernstzunehmende Rolle. Auch von der Seele oder der geistigen Dimension der Krankheit wird weitgehend geschwiegen.

Vor dem Hintergrund des vorherrschenden Interesses an Krankheit und dem primär kurativ ausgerichteten Interventionssystem wird deutlich, in welchem Ausmaß Gesundheit zu einer Leertaste geworden ist. Die zentrale Kategorie des Gesundheitswesens, nämlich Gesundheit, existiert nur noch als leere Floskel und nicht als umfassender Begriff, der die menschlichen Lebens- und Arbeitsverhältnisse miteinschließt. Gesundheit wird zu einer Restgröße und folgt damit der Logik der Industriegesellschaft, die in Kategorien der Erwerbs- und Arbeitsgesellschaft, also vor allem in Kategorien des Habens und der Akkumulation denkt. Sie wird zum Ausdruck einer allgemeinen Leistungs- und Funktionsfähigkeit. Damit war und ist der Weg für die Kurzformel Gesundheit = Arbeitsfähigkeit gebahnt. Bis tief in alternative Vorstellungen hinein hat sich diese Kurzformel verfestigt. Die Störung der Arbeits- und Funktionsfähigkeit ist seit Einführung dieses Begriffs in die Medizin das entscheidende Kriterium für die Feststellung der Gesundheit. Auch die Menschen selbst nähern sich ihrem Verständnis von Gesundheit über den Defekt, den Ausfall ihrer Einsatzfähigkeit. Es ist kein Zufall und durchaus erklärbar, daß in den gegenwärtigen Gesundheitskampagnen

Gesundheit zunehmend als Lebensersatz angeboten wird und daß Krankheit mehr oder weniger deutlich dem falschen Verhalten von Menschen geschuldet zu sein scheint. Der neue Krankheitserreger heißt Risikoverhalten, Krankheit ist jetzt Dummheit, früher war sie eine Strafe Gottes. Die Vorstellung, daß ein medizinisch gesehen kranker Mensch durchaus auch noch gesund sein kann, scheint geradezu absurd.

Im Zentrum einer solchen medizinisch legitimierten Gesundheitskonzeption steht die Maxime der generellen Verfügbarkeit menschlichen Leistungsvermögens über die Köpfe der betroffenen Individuen hinweg. Gesundheit wird zur »Verwertbarkeit für beliebige Zwecke«, zu einer Ware, »mit der der Käufer anfangen kann, was er will«. (von Weizsäcker) Daß nicht nur der Körper, sondern auch die Seele und das Denken verfügbar und damit fügig gemacht werden, gehört fast schon zur Selbstverständlichkeit. Man wird eben mit Haut und Haaren gekauft, wenn man als lebendige Arbeitskraft gekauft wird. Der an »Funktionalität«, »Arbeitsfähigkeit« und damit an die sogenannte »Normalität« gekettete Gesundheitsbegriff verleiht mit dieser seiner Logik der Medizin wie den anderen Vertretern im öffentlichen Gesundheitssystem die Macht der unmittelbaren sozialen Kontrolle. Im Namen der Gesundheit wird das Subjekt in die Pflicht genommen, seine Lebensweise so zu strukturieren, daß gesundheitliche Gefährdungen normalerweise vermieden werden können. Die gesellschaftliche wie lebensgeschichtlich-subjektive Produktion von Lebensrisiken und Gesundheitsgefährdungen im Stoffwechsel zwischen Mensch, Natur und Umwelt gerät so aus dem Blickpunkt. Statt dessen wird der Zugriff auf das Verhalten der Menschen über einen normierten Wert »Gesundheit« immer unausweichlicher. Immer mehr scheint es nur noch eine Pflicht zur Gesundheit, aber kein Recht, geschweige denn eine Lust auf Gesundheit in einem umfassenden Sinn zu geben. Das Gesundheitsmotiv der Menschen wird für seine einseitige Instrumentalisierung und Beherrschung durch Experten restlos freigegeben. Von diesem Beherrschungsinteresse sind sogenannte Gesundheitsexperten weiß Gott nicht ausgenommen. Von Selbstgestaltung, Selbstorganisation und Lebenskompetenz der Menschen in Sachen Gesundheit ist allenfalls in Präambeln und dann die Rede, wenn es um eine Art Kostenersparnis geht. Das Leitmotiv unserer Leistungskultur gebietet uns, zu

»funktionieren«, statt die körperlichen wie geistigen Ideen und spirituellen Prinzipien des Lebendigen in unsere Arbeit einzubinden. Aber: »Die Gesundheit des Menschen ist eben nicht ein Kapital, das man aufzehren kann, sondern sie ist überhaupt nur dort vorhanden, wo sie in jedem Augenblick des Lebens erzeugt wird. Wird sie nicht erzeugt, dann ist der Mensch bereits krank.« (von Weizsäcker)

Ort und Zeit der alltäglichen Gesundheit sind die Lebensorte und Lebenszeiten der Menschen: Die Plätze ihrer Arbeit und die Orte ihrer Erholung; die Plätze, an denen sie lernen, und die Stadt oder das Dorf, wo sie leben; die Orte, wo sie geboren werden und die Orte, wo sie gepflegt werden und sterben; die Kantinen, Küchen und Imbißstuben, wo sie essen und ihre Zeiten für das Genießen haben oder nicht haben. Orte der Gesundheit sind die Arzt- und Therapiepraxen, wo sie be- oder verhandelt werden oder wo sie Zeit und Raum zur Selbstreflexion und zur Mitgestaltung an ihrem Gesundungsprozeß finden. Orte der Gesundheit sind die Ämter und Verwaltungen, wo Menschen um Hilfe bitten, aber auch die Initiativen, zu denen sich Menschen zusammenschließen, um sich gegenseitig zu helfen, zu unterstützen und die Auseinandersetzung miteinander aufzunehmen. Wo Gesundheit keine Zeit und keinen Raum findet, ist der Ort der Gefährdung.

Gesundheit als Provokation

> »Eine Gesundheit an sich gibt es nicht, und alle Versuche, ein Ding derart zu definieren, sind kläglich mißraten.
> Es kommt auf dein Ziel, deinen Horizont, deine Kräfte, deine Antriebe, deine Irrtümer und namentlich auf die Ideale und Phantasmen deiner Seele an, um zu bestimmen, was selbst für deinen Leib Gesundheit zu bedeuten habe. Somit gibt es unzählige Gesundheiten des Leibes.« Nietzsche

Auch die Gesundheit unserer Seele braucht einen Horizont, die geistige Gesundheit ein Ziel, die Gesundheit des Sozialen viel Kraft und Antrieb – Ideale und Phantasmen weisen uns auf Wege, die die Gegenwart schon jetzt überschreiten. Unser tiefstes Selbst, unser ureigenster Weg auf dieser Erde lebt nicht nur aus seiner Vergangenheit, sondern wächst uns auch aus unserer Zukunft entgegen. Gesundheit ist zukunftsorientiert.

Gesundheit wie Krankheit geben dem Bild vom Leben in uns Farbe und Konturen. Wir fühlen unser Leben, wenn wir sagen, ich bin gesund. Wir alle kennen vielleicht den Widerspruch, den wir empfinden, wenn wir durch eine ärztliche Diagnose erfahren, daß wir krank sind, obwohl wir uns gesund fühlen, oder als gesund – d. h. »ohne Befund« – eingestuft werden, obwohl wir uns elend, erschöpft, ohne Perspektive, ohne Kraft und ohne Zukunft fühlen. Die Wirklichkeit, die wir beschreiben, wenn wir uns als gesund oder krank einstufen, ist radikal subjektiv, in ihrer Komplexität nicht meßbar, auch nicht planbar, und sie läßt sich nicht einfach festhalten, nur weil wir es so wollen. Wirklichkeiten ereignen sich auch jenseits unserer Absichten. Die erlebte Erfahrung einer Gesundheit oder einer Krankheit ist eine Offenbarung über den Zustand oder besser die Qualität eines Lebens, unseres Lebens. Gesundheit ist nicht, sie wird – sie ist Ausdruck von Bewegtheit und Bewegtwerden, Darstellung des Entworfenen und Gelebten und Hinweis auf das zu Entwerfende, das noch ungelebte Leben. Sind wir wirklich gesund, in allen Dimensionen unserer Existenz, dann spüren wir das häufig als eine Kraft auf etwas hin. Wir könnten Bäume ausreißen und die Welt aus den Angeln heben. Gesundheit erscheint mir nicht als ein statistisch erhebbarer, als greifbarer Zustand, sondern vielmehr als eine Art Lebenskompetenz, als die Fähigkeit, sich der Ungewißheit des Lebens immer wieder neu auszusetzen und es gleichzeitig in jedem Augenblick selbst zu erzeugen. So wenig wir uns durch einen anderen Menschen leben lassen können, so wenig können wir durch einen anderen Menschen – den Arzt, den Therapeuten, die Medizin – gesund werden.

Der Schweizer Dichter Conrad Ferdinand Meyer, der im Jahre 1852 wegen einer schweren Melancholie in die Irrenanstalt eingeliefert werden mußte, betrat die Anstalt mit den Worten: »Ich glaube, ich bin gesund.« Verdrängender Irrtum eines uneinsichtigen Patienten? Durchaus nicht. Was wir vernehmen, ist eine hoffende Stimme, ein Mensch, der über sich etwas sagt, was niemand anderer in diesem Augenblick über ihn sagen könnte. Es handelt sich um eine über die Gegenwart hinausweisende Äußerung, eine Art innerer Auftrag, eine Ahnung, denn der schwerkranke Zustand des Dichters bedurfte noch Jahre für die Genesung. Aber gerettet war er in diesem Augenblick: Es kommt auf das Ziel, den Horizont, den Antrieb an. Die hoffende Stimme als Ausdruck des Willens zu leben ist entscheidend. Unwissend und abschätzig wird diese vertrauende Stimme zu uns selbst heute »Placebo-Effekt« genannt, etwas das wirkt, obwohl es meß- und sichtbar nicht anwesend ist, sich unseren Beurteilungskriterien und Meßmethoden entzieht und eben deshalb der objektiven Welt nicht zugerechnet wird. Dennoch: Die subjektive Empfindung, gesund zu sein, gab ihm auf Dauer recht. Mit seiner Ahnung und Hoffnung hatte er die Gegenwart und sichtbare Wirklichkeit überschritten. Was für den einen Beobachter der tiefste Punkt der Erkrankung ist, ist für den anderen der höchste Punkt, an dem die Veränderung beginnt. Im Schamanismus ist das der »Call«, der Ruf, der an uns ergeht, uns neu aufzumachen, den nächsten Schritt zu wagen. Eine Initiation, die ungehört verhallen kann.

Martin Buber drückt diesen Widerspruch oder Zweifel am Wesen der Realität so aus: »Ich neige dazu, zu denken, daß sich in der schwersten Krankheit, die im Leben einer Person auftritt, zugleich die höchste Möglichkeit dieser Person kundgibt.« Gesundheit ist nicht, sie wird. Die Krankheit enthält die Kunde der Möglichkeit, die es allerdings zu entschlüsseln gilt. Was ist jene höchste Möglichkeit einer Person in einem spezifischen Augenblick? In einem Augenblick, der durch und durch gesellschaftlich geprägt ist, ein Augenblick, in dem die Balance zwischen innen und außen verlorengegangen ist?

Vielleicht ganz einfach? Der nächste kleine Schritt, der bis dahin unmöglich schien. Im Prozeß einer Heilung geht es nicht nur darum, sich umzuschauen, das Alte aufsteigen zu lassen oder gar zu beschwören, das heißt nur der Genese zu folgen, indem wir das Gegenwärtige aus dem Vergangenen herleiten. »Es ist der Schritt ins Dunkle, der Leben erzeugt«, sagt Reich.

Mit dem Blick nach hinten entsprechen wir eigentlich nur dem geläufigen Verständnis des Zusammenhangs von Ursache und Wirkung als einer berechenbaren zeitlichen Folge, als daß wir damit den unterschiedlichen, oftmals sich überlagernden Zeitachsen einer Biographie gerecht werden. Die Achse in die Vergangenheit ist nur eine Dimension der Zeitlichkeit. Auf dieser Achse ist die Krankheit lediglich ein Produkt der Vergangenheit, als das Ergebnis falschen Verhaltens – und selbst die Heilung als Entwurf in die Zukunft kann in dieser mechanischen Sicht allenfalls als mögliche, noch offene Restwirkung zurückliegender Ursachen anerkannt werden. Etwas unerwartet Neues kann entlang dieser Einbahnstraße nicht passieren. Die Lebenschancen werden entlang der Statistik errechnet, Hoffnung aber lebt vom Vertrauen und der Tat, nicht von Zahlen! Im ausschließlich genetischen Blick auf die Dinge bleiben wir im »Ursache-/Wirkungsschema« hängen, wir reden von Ursachen, Bedingungen, Risikofaktoren, von der Kindheit und perfektionieren geradezu die Antworten auf die Frage des »Woher«. Aber können wir aus dem Entstandenen das Wesen einer Entwicklung wirklich herleiten? Welche Faktoren, die der Gesundung beistehen könnten, sind der Vergangenheit nicht zu entnehmen? In welcher Weise hat die auf den Menschen zukommende Zukunft Einfluß? Wir kommen in Lebenssituationen, die uns plötzlich zur Sinnentnahme zwingen, wie L. Strauß das nennt. Gemeint ist offenbar jene Situation, in der ein Mensch plötzlich ganz genau weiß, was er zu tun und zu entscheiden hat, daß es keine Möglichkeit mehr gibt, auszuweichen. Wenn wir unvoreingenommen auf Lebens- und Krankheitsverläufe schauen, sehen wir, daß es häufig ganz andere und überraschende Faktoren waren, die eine Wende in der Krankengeschichte herbeiführten, Faktoren, die weder voraussehbar noch vorausberechenbar waren. Wer kann schon vorhersagen, mit welchem Satz, welchem Gesichtsausdruck, mit welcher inneren Beteiligung ein Arzt einem Patienten/einer Patientin die Diagnose einer schweren Erkrankung eröffnet wird? Wir wissen aber aus Untersuchungen, daß die Art und Weise einer Diagnosemitteilung tödlich sein kann, wie ein Schwert geführt werden kann, unter dessen Schlag der Betroffene jede Hoffnung verliert und aufgibt. Wenn wir einem Menschen die Hoffnung rauben, töten wir ihn. Niemand kann eine endgültige Prognose geben, solange es noch irgendeine nicht erklärbare Spontanheilung gibt. Und körperlich gesund zu werden ist ohnehin nicht das einzige Ziel. Noch wichtiger ist es zu lernen, ohne Furcht zu leben, mit dem Leben und seinen Unberechenbarkeiten Frieden zu schießen und am Ende auch mit dem Tod. Erst dann ist Heilung möglich, und man fühlt sich nicht mehr dem Versagen oder auch nicht den Vorhersagen ausgeliefert. Wenn das Prinzip Hoffnung auch nur einen Zipfel des Lebens wieder erreicht, beginnt eine Heilung, die durchaus nicht jetzt, aber irgendwann auf jeden Fall mit dem Tod enden wird.

Gesundheit als Lebensentwurf – das heißt, der Verselbständigung und dem Machtanspruch des Gewordenen entgegenzutreten, den Zweifel an der genetischen Sicht zuzulassen, aus der Fixierung an die Vergangenheitsperspektive herauszutreten und sich der Gestaltungskraft und Autonomie des Subjekts zuzuwenden. Das »menschliche Ich« entfaltet sich wie alles Leben immer auch aus dem zukünftigen: Aus der Aufgabe zum Beispiel, ein Lebensereignis nicht einfach nur zu erdulden, sondern es unter Abrufung von uns bisher unbekannten Kräften und Idealen in die Geschichtlichkeit unserer Biographie zu integrieren. Erschütternde Lebensereignisse haben eine provokative Potenz, sie stimulieren uns in eine bestimmte Richtung: Wir entfalten und schöpfen ein Symptom, eine Krankheit, verlassen Haus und Hof, finden einen kreativen Weg, eine Lösung etc. Die Konfrontation mit dem Tod, dem eigenen wie dem eines anderen Menschen, kann einen solchen Effekt zeitigen. Manchmal durchbrechen wir in solchen Augenblicken Schranken, die unüberwindbar schienen, überschreiten den Erwartungshorizont, unser Leben werde unbeirrt von allem seinen alten Gang weitergehen. Was wir durchbrechen, ist die Regel.

Ähnlich dem Schema Ursache-Wirkung-Relation folgen wir aber normalerweise der Regel, weil wir Zufälle abwehren möchten. Wir haben so große Angst vor der Erkenntnis, daß die menschliche Existenz und unser Leben tatsächlich etwas Zufälliges sei, als daß wir uns über den Zufall die Zukunft eröffnen, weil uns nämlich etwas zugefallen ist.

Gesundheit als Lebensentwurf hat aber notwendig mit der Öffnung des Zukünftigen zu tun. Im Prozeß einer Gesundheit steht neben der Vergangenheitsbewältigung als einer Möglichkeit, von etwas erlöst zu werden, die Eröffnung von Zukunft als einer Freiheit für etwas. Im Erschließen von Möglichkeiten, die wir nicht nur berechnen, sondern die uns durch die ständige Bewegung und Provokation des Lebens zufallen. Wir sind lebendige Beispiele für das Leben oder des Lebens, keine logischen Beispiele. Die Frage, die uns weiterhilft, ist daher eher »Was kann ich aus meiner Krankheit lernen?« statt »Warum bin ich krank geworden?«

In der Gesundheit als einem ständigen Prozeß entwickeln wir unsere Beziehung zum Werden, aber wir müssen uns für dieses Werden entscheiden. Das Leben, das wir mit der Geburt als Möglichkeit erhalten, müssen wir leben, indem wir uns Schritt für Schritt und immer wieder neu entscheiden. Leben vollzieht sich nicht einfach von selbst. Die entwerfende Bewegung der Gesundheit als Gestaltungswille und Gestaltungskraft speist sich aus der Lust zu leben, aus den Phantasmen der Seele, aus den Idealen des Geistes, aus der Verantwortung für das Soziale und natürlich aus den Bedingungen der Arbeit und des Lebens, die uns gesellschaftlich zugeteilt werden und um die wir politisch kämpfen müssen. »Die Welt ist nicht wahr, aber sie will durch den Menschen und die Wahrheit zur Heimkehr gelangen« – das ist der Kern in Blochs Prinzip Hoffnung.

Für mich ist Gesundheit deshalb ein lebenslanger Weg, der diese Heimkehr zum Ziel hat – und diese Heimkehr ist nicht auf das Lebensende vertagt, sondern mitten im Leben, in jedem Augenblick angesagt und möglich. Die Energie, die diesen Weg unterstützt, ist Hoffnung, das zentrale Element des Lebens. Hoffnung ist ein beobachtbares Verlangen nach einer zukünftigen Entwicklung, mit der Erwartung, daß diese auch eintreten kann, aber gleichzeitig auch eine Anstrengung verlangt, um sie zu verwirklichen. Die Hoffnung aber ist umstellt von der Gegenwart der Krise, von Verlust, Trennung, Unterbrechung des Status quo, Verzweiflung und Abschied. Das Schöpferische der Hoffnung kann sich erschöpfen, kann sich totlaufen, wie wir im Volksmund sagen. Oft ist es die Krankheit, die uns erst einen verstärkten Anlaß gibt, Gesundheit nicht nur allgemein zu wünschen, sondern sie auch zu erstreben, das heißt, uns um uns zu kümmern. Ein reibungsloses Leben wird das Potential von Hoffnung nur schwer entdecken. Dagegen wird die Stärke des Lebenswillens oder das Potential der Selbstheilungskräfte oftmals erst im Augenblick bedrohlicher Krankheit richtig erkannt. Daß dieser Augenblick auch unsere Hoffnung brechen kann, steht außer Frage.

Die Erfahrung von Kontinuität und Vertrauen nährt die Hoffnung – nicht zufällig nennen wir diese essentielle Erfahrung mit Blick auf das Vertrauen der Kinder in diese Welt »Ur-Vertrauen«. Die frühe Erfahrung des Geliebtwerdens und der Akzeptanz, der Kontinuität von Beziehungen und die Bereitschaft, sich der Welt anzuvertrauen und mit ihr umzugehen, nähren Hoffnung in der Form, daß das Leben Sinn macht. Diese Erfahrung von Sinn, die auch eine sinnliche Erfahrung ist, ist ein Träger für die Entwicklung von Perspektiven, die sich dann im Lebensentwurf wiederfinden. Es ist wichtig zu wissen, daß gleichzeitig eben solche Erfahrungen der Vertrautheit den Geist des Entwerfens, der Erneuerung, der Suche auch mindern und letztlich zerstören kann. Menschen bleiben plötzlich in ihren vertrauten Verhältnissen stecken, weil sie sich daran gewöhnt haben, aber auch dann, wenn diese längst kein Vertrauen mehr einflößen. Sie bleiben sitzen, statt zu leben – und Gesundheit wird auf eine Art Fitneß, in der Starre zu überleben, reduziert.

Lebewesen charakterisieren sich dadurch, daß sie sich andauernd selbst erzeugen, sagt der chilenische Biologe Maturana. Ihre Organisation ist autopoietisch, das heißt selbstmachend, sich selbst hervorbringend. Diese durchaus nicht neue, aber nunmehr auch als Erkenntnis der systemischen Biologie formulierte These führt uns, angewendet auf das Problem der Starrheit und des ständigen Versuchs, nur nicht die Kontrolle zu verlieren, ins Zentrum unserer Analyse: Gesundheit als Lebensentwurf, als Ausdruck der Fähigkeit zur Gestaltung im Kontext der auch biologisch verwurzelten Prinzipien von Selbsterzeugung. Autonomie und Selbstregulation ist jeweils dort gefährdet, wo grundsätzlich an die Stelle der Selbstregulierung die Regulierung von außen tritt, wo Gesundheit zur Frage der Gesundheitsingenieure wird, wo jede Form der Selbstorganisation oder der Autopoiese als chaosverdächtig und abträglich unterbunden wird. Wir verlassen uns längst nicht mehr auf Ordnungen, deren Träger wir eigentlich selbst, z.B. in unserem Körper, sind, wir lassen nicht geschehen, was zu geschehen hat, sondern greifen ein, haben uns im Griff – und vergreifen uns damit meistens an uns selbst. Selbstbeherrschung statt Selbstgestaltung – das war und ist in vielen Fällen das Ende der Gesundheit. Und an diesem Ende übernimmt die Krankheit eine Art Mahnwache. Wir behandeln den Leib, der wir sind, wie den Körper eines anderen. Wir haben kein Vertrauen zu uns selbst. (Portele) Jede Leugnung der autopoietischen Struktur des Lebens aber ist eine Leugnung des Menschseins, sagt Maturana, denn wir können nur in dieser Weise als Menschen sein. Und: »Wir haben nur die Welt, die wir mit anderen hervorbringen, und nur Liebe ermöglicht uns, diese Welt hervorzurufen.« Diese Liebe hat zunächst uns selbst zu gelten, denn nur über diese Erfahrung verstehen und lieben wir den anderen.

Gesundheit als Lebensentwurf heißt: die Verantwortung des Lebens annehmen. Wir sind verantwortlich für die Welt, die wir als unsere hervorbringen, wie auch für die, die wir gemeinsam mit anderen hervorbringen. Schmerzlich und beschämend macht uns die gegenwärtige Situation in Deutschland darauf aufmerksam. Wenn das Feuer in den Unterkünften von Ausländern umgeht und Behinderte verfolgt werden, dann gehört auch dies zu einer von uns verantworteten Welt. Wenn wir uns auf Eingriffe reduzieren, greifen wir an, wir üben Macht aus. Wir tun das vielfach aus Angst, aus Angst vor dem Chaos – und da wir wissen, daß wir selbst manipulierbar sind, manipulieren wir andere. Wir haben kein Vertrauen in die Autonomie des Lebendigen, wir fühlen uns fremdbestimmt, und um der Verantwortung auszuweichen, für die wir uns entscheiden können, unterwerfen wir uns. »Der Herr ist nur so ein Herr, wie ihn der Knecht es sein läßt«, sagt Brecht. »Wer gehorcht, gewährt Macht«, drückt Maturana die Erkenntnis aus, daß Machtausübung wie Unterwerfung gemeinsam das Problem sind. In der Regel gehen wir davon aus, daß nur der Machtausübende Schuld trägt. Oder noch einmal anders formuliert: Wir überlassen uns nicht unserer Fähigkeit zur Selbstorganisation. Das heißt auch: Wir lieben uns nicht. Lieben: das heißt, die Selbstorganisation, die Selbstregulation des anderen anerkennen, einverstanden sein mit der Autonomie des anderen, sich und den anderen wertschätzen, seine Einzigartigkeit in seiner Ganzheit erkennen und bestätigen. (Buber)

Der Anspruch auf objektives Wissen ist eine absolute Forderung nach Gehorsam. Tritt ein Arzt mit dieser Gewißheit dem Patienten gegenüber und unterwirft sich der Patient, dann ist Gesundheit als Lebensentwurf im Prozeß der sich selbstregulierenden Heilung das Symptom, aber es kommt nicht zur lebensnotwendigen Wandlung. Die Kraft der Liebe im oben genannten Sinn besteht im Nichtunterwerfen, im Ungehorsam gegen die Macht und Gewalt, mit der wir enteignet werden und uns enteignen lassen. Die Liebe zwischen Arzt und Patient wäre die Begegnung zwischen zwei autonomen Menschen. Und Autonomie ist die Voraussetzung einer umfassenden und am Subjekt orientierten Gesundheit.

Krankheit als Lebenskritik – Ein Prinzip der Offenbarung

Krankheit als Lebenskritik bringt das ans Licht, was die Gesundheit zu ihrem Lebensentwurf braucht. Ich hatte bereits angedeutet, daß das Krank-Sein, die Erfahrung eines anderen Zustands uns oft Anlaß ist, das Gesund-Sein zu erwünschen und zu erstreben, uns deutlich werden zu lassen, was wir wirklich brauchen. Im Augenblick, in dem wir realisieren, daß wir uns krank fühlen oder auch krank sind, sind wir in der Regel unwissend darüber, daß der Weg in die Krankheit auf verschwiegene und oft undurchsichtige Weise mit dem Weg der Gesundung in Verbindung steht, gar mit ihm identisch ist. Krankheit erscheint hier wie ein notwendiger Umweg in eine vertiefte Gesundheit, jene Möglichkeit, das Höchste kundzutun, wie Buber es formulierte.

In welcher Verbindung stehen Gesundheit und Krankheit miteinander? Sie sind die zwei Seiten der Medaille, die Leben heißt. Vorder- und Rückseite, wie Geburt und Tod. Leben ist Geburt und Tod, sagt Viktor von Weizsäcker. Im Prozeß der Gesundung sehen wir das Prinzip der Geburt, des Werdens, des Auf-den-Weg-Kommens. In der Krankheit sehen wir etwas, was Viktor von Weizsäcker auch Teil-Tod nennt, eher das, was unvollendet blieb, aber auch das, von dem wir uns trennen müssen. Die dichotomischen Trennungen von Geburt und Tod, Gesundheit und Krankheit im Schema des Entweder-Oder haben sich als Falle erwiesen. Die Trennung gar von leiblicher und seelisch-geistiger Krankheit haben uns dazu verführt, von der strukturellen Zwei- und

Vielseitigkeit wie von der autopoietischen Komplexität des Lebens überhaupt abzusehen und das Ganze der Einseitigkeit spezifischer Krankheits- und Gesundheitslehren zu opfern. Nur so konnte überhaupt der Irrtum entstehen, Gesundheit sei planbar und Krankheit vermeidbar. Gäbe es eine Gesundheit für alle, dann hieße das, bezogen auf unsere Anfangsdefinition: Alle Ziele und Horizonte, alle Kräfte, Antriebe und Irrtümer der Menschen sind vereinheitlicht, ziehen am gleichen Strang einer verordneten Normalität. Wir können uns leicht ausmalen, welcher Terror der Gesundheitsförderung nötig wäre, um dieses Ziel »einer Gesundheit für alle im Jahre 2000« herzustellen. Um mit Arno Grün zu sprechen: Das wäre der Weg in den Wahnsinn der Normalität. Was wir planen und verbessern können, ist nicht die Gesundheit als solche, sondern sind Bedingungen, die es den Menschen ermöglichen, die für sie notwendige Gesundheit zu entwickeln.

Der andere Irrtum, Krankheit sei vermeidbar, ist nicht weniger folgenreich. Diese Vorstellung ist die Ersatzformel für die ebenso folgenreiche medizinische Allmachtsphantasie, der Tod sei letztlich besiegbar. Die Tabuisierung des Todes auf allen Ebenen unseres Lebens, die Verhinderung der Bewußtheit wie der Erfahrung unserer Endlichkeit und Verletzlichkeit durch die Definition der Krankheit als reparierbaren Defekt einer Maschine oder als Folge unangemessener Lebensführung unterläuft den Prozeß einer tieferen, existentiellen Wandlung in und nach jeder Krankheit. Unglaube, Bagatellisierung und Gleichgültigkeit sind Formen der Verdrängung, mit der Menschen auf die Begegnung mit dem Tod reagieren, der z.B. durch eine Diagnose angedeutet wird.

Ein 53jähriger Bauingenieur in beamteter Stellung, dem der Arzt andeutet, an seinem ein Jahr zuvor erlittenen Infarkt hätte er sterben können, bricht in ein Gelächter aus und gibt triumphierend zurück: »Ich bin aber nicht gestorben!« Die Diagnose hat er nicht geglaubt und glaubt sie im Grunde auch heute noch nicht. Denn er hat sehr auf seine Gesundheit geachtet: »Seit zehn Jahren ißt die ganze Familie nur am Wochenende Butter, sonst leben wir nur von Diät-Margarine. Die ganze Familie hat immer Sport getrieben, ich bis zuletzt Leichtathletik. Alkohol gab es bei uns nicht. Orangensaft, Johannisbeersaft, Meraner Traubenzucker gingen bei uns nie aus. Abends, wenn im Fernsehen die

Uhrzeit angegeben wird und das Zifferblatt mit dem vorrückenden Zeiger erscheint, ertönt im Hause der Ruf: »Puls«! Dann versammelt sich die ganze Familie vor dem Schirm, und jeder zählt bei sich den Puls.« (Huebschman)

Die Sorge um die Gesundheit ist nicht immer eine Sorge um das Leben, und schon gar nicht um Wandlung. Man hält sich an Regeln, statt an das Leben. Die Todesbegegnung wird nicht in eine Lebenserfahrung verwandelt, vielmehr bemühen sich die Patienten, sich von dieser Begegnung in der Diagnose nicht beeindrucken zu lassen. In vielen Fällen ist die Todesangst durch die soziale Angst ersetzt worden. Die Angst, die Arbeit zu verlieren, nichts mehr wert zu sein, seine Daseinsberechtigung verloren zu haben, ist größer als die Angst vor dem Tod.

In der Krankheit geht eine Ordnung verloren, eine neue muß geschaffen werden. Indem wir nur Symptome zum Verschwinden bringen, schaffen wir keine neue Ordnung, wir etablieren die alte und bringen die Phänomene zum Verschwinden, die sie kritisierten. Wir schlucken und schweigen. Wir verschließen uns gegenüber dem, was sich hinter der Kritik offenbart.

Was gefährdet eine Gesundheit, was ist in der Krankheit in Gefahr? Was ist denn eine Gefahr für Leib und Leben, wie wir sehr richtig sagen? Und was nennen wir ein Risiko, bezogen auf das menschliche Leben und den Menschen im allgemeinen? Die Fragen lassen sich nicht getrennt für Gesundheit und Krankheit beantworten, denn selbst rein biologisch lassen sich »gesund« und »krank« gerade im Augenblick ihres Umschlagens nicht immer scharf voneinander trennen. Wir haben es ständig mit einem Zustand an der Grenze zu tun, mit einem Chaos des Übergangs, mit einem Zustand, der dabei ist, sich aufzulösen und zu zerfallen, oder aber bereits schon wieder in Bewegung zu einer neuen Ordnung. Der Internist F. Hartmann hat den Begriff der »bedingten« Gesundheit geprägt und macht uns darauf aufmerksam, daß wir im Blick auf die Krankheit unsere Konzentration auf die Bedingungen der Gesundheit zu lenken haben: Welche Möglichkeiten und Fähigkeiten des Lebens, der Bewegung, der Leistung, des menschlichen und mitmenschlichen Ausdrucks sind dem Kranken noch erhalten geblieben? Auch die noch so begründet erscheinende, sogenannte sachnotwendige Expertenintervention in die Krankheit eines kranken

Menschen braucht ein Bezugssystem oder eine Hoffnung, die im kranken Menschen selbst liegt, selbst wenn sie in ihrer Art von Rationalität davon absehen zu können glaubt. Wir kommen am Subjekt als dem Träger der Krise nicht vorbei. Die Leugnung der Beteiligung des Subjekts fügt diesem Schaden zu, und niemand kann einen Schritt in die Genesung tun, wenn er auf einen Datenbefund, reduziert wird. Der erkrankte Mensch wird krank bevor er krank ist. Seine Krankheit ist Teil seiner Geschichte, aber die Geschichte des kranken Menschen ist mehr als die Geschichte seiner Krankheit. Im objektiven Befund »wohnt« ein Mensch, der mit diesem etwas zu tun hat.

Befunde sind Bilder, die ein biographisches Geheimnis in sich tragen. Manchmal erscheinen sie sogar auf Bildschirmen und jagen uns Angst ein, weil wir nur noch auf einen Punkt starren. Der Befund auf dem Röntgenbild ist die statische Momentaufnahme eines dynamisch-bewegten Prozesses in die Krankheit. Wir können am Bild selbst nicht erkennen, ob der Weg dieses Menschen von seiner Gesundheit in seine Krankheit ein langer oder kurzer Weg war. Am Befund selbst können wir nur sehr begrenzt sehen, wie es zu ihm gekommen ist. Das Wesentliche hinter dem Befund bleibt zunächst unsichtbar, die Geschichte des Befundes verborgen. Der Mensch als Träger des Befundes kommt eigentlich nur als Datenträger vor, nicht aber als der, der mit der Krankheit und ihrer Entstehung zu tun hatte und hat.

Auch Diagnosen sind Bilder. Sie schaffen Ordnung in die Vielfalt menschlicher Erkrankungen und Störungen. So lange die Symptome keinen Namen haben, sind sie nichts wert, auch wenn der Patient noch so große Schmerzen hat. Wo kein Befund und keine Diagnose, da gibt es auch keinen Handlungsansatz. Diagnosen sind Bilder herrschender Ordnungen – sei es der Medizin, der Psychiatrie, der Pädagogik oder der Therapie. Sie helfen den Ärzten und Therapeuten, mit Menschen in Krisen umzugehen, aber sie sichern nicht, daß jenseits der Befunde und Diagnosen auch der erkrankte Mensch zur Sprache kommt oder die Betroffenen in die Lage kommen, die in der Krankheit manifestierten Hilferufe ihres Lebens zu verstehen. Als generalisierende und statistische Durchschnittsbilder geben Befunde und Diagnosen nicht preis, was der Sinn hinter dem Sichtbaren ist; so sinnvoll und hilfreich sie auch sein mögen, um das Chaos der Unsicherheit kurzfristig zu ordnen und den Behandlungseingriff vorzubereiten und zu begründen. In der Krankheit, die Diagnose und Befund beschreiben, begegnen wir dem erkrankten Menschen an einer bestimmten Stelle und zu einem spezifischen Zeitpunkt seines Lebens. »Um Lebendes zu erforschen, muß man sich am Leben beteiligen«, schreibt Viktor von Weizsäcker, und nur so erfahren wir vielleicht, wie das Leben eines Menschen diesseits und jenseits der Befunde lebt und ihn selbst zu einem unaustauschbaren und unverwechselbaren Original macht.

Wasser und Erde, das Fließende und das Feste bilden unter dem Rhythmus von Ebbe und Flut an der Grenze ihrer Begegnung eine Linie, die von der Geschichte einer Bewegung erzählt und eine Spur im Sand hinterläßt. Schon die nächste Bewegung verändert die Linie, treibt sie zurück und voran, lagert Neues ab, macht das Vorhandene zum Alten. Fremd- und Selbstgestaltung greifen ständig ineinander; was eben noch wie destruktive Störung schien wird zur konstruktiven Herausforderung; was sich wie ein kreativer Impuls andeutete wird zum unaufhaltsamen Destruktionsprozeß. So wie Ebbe und Flut jene Linie zeichnen, aus der wir die Gezeiten sinnhaft verstehen lernen, so sind auch Gesundheit und Krankheit Ausdruck einer unendlichen – endlichen Bewegung, der Lebensbewegung. Gesundheit und Krankheit *sind* nicht, sie *werden*, sie kommen und gehen. Dem Gestaltungsakt der Geburt und des Geborenwerdens (dem Entstehen) steht der Prozeß des Vergehens, Sterbens, des Untergangs gegenüber. Kein Befund auf einem Computer kann diese Dynamik, diesen komplexen Ordnungs- und Zerfallsprozeß angemessen darstellen. Niemand kennt die genauen Zeitabläufe, Kräfteverhältnisse oder Balanceakte zwischen Körper, Geist und Seele – wir müssen uns auf das Festhalten der Ergebnisse beschränken, der Weg dorthin ist schwer erfaßbar. Als »Weise des Menschseins« (von Weizsäcker) sind Gesundheit und Krankheit Zustandsbeschreibungen unseres Lebens und als solche kritisch auf das Milieu und die Verhältnisse bezogen, die etwas leben lassen und fördern oder Lebensmöglichkeiten behindern, gefährden oder gar zerstören. Das Wesentliche einer Gesundheit oder Krankheit ist die Tatsache, daß sie etwas darzustellen versuchen. Wie das Blau oder die Wolken den Himmel darstellen, wenn wir sagen, der Himmel ist blau oder bewölkt, so stellen Gesundheit und Krankheit den Zustand eines Lebens dar, wenn wir sagen, ein Mensch ist gesund oder krank. Das Dargestellte, z.B. der Befund, ist dabei nur ein Teil von dem, was wir als Gesamtheit eines Lebens kaum erfassen können. Jeder Herzinfarkt, jeder Tumor, jede Psychose oder Depression, an der ein Mensch erkrankt, ist bei aller Bedrohlichkeit und Überwältigung nur ein Teilaspekt unseres Seins und weist über sich hinaus. Die Wirklichkeit einer Gesundheit oder einer Krankheit ist ein vielschichtiges Gewebe, in dem viele Dimensionen der menschlichen Existenz zeitlich und räumlich miteinander verknüpft werden und sich zu einer Gestalt formieren. Erst die Erkenntnis des Zusammenhangs macht ein Verstehen möglich.

> Erkrankung und Gesundung sind Ausdruck biographischer Prozesse. Die Biographie stellt den Menschen ins Zentrum der Betrachtung. Die Biographie eines Menschen entsteht aus der Zeitlichkeit des Lebens, sie stellt die umfassende Auseinandersetzung des Menschen mit dem eigenen Werden dar. Als Inszenierung in der Zeit sind Gesundheit und Krankheit deshalb geschichtliche Akte und fordern gleichzeitig die Geschichtlichkeit des Menschen als seine Möglichkeit zur gestaltenden Veränderung heraus. Mit den Fragen »Warum passiert das gerade jetzt«?, »Warum gerade diese Krankheit an diesem Ort?« oder »Werde ich an dieser Krankheit sterben«? befragt das Subjekt in der Krise das eigene Lebensgeschehen und bringt selbst seine Geschichtlichkeit ins Spiel. »Der Mensch ist zweifellos auch ein biologisches Wesen, aber vor allem ein geschichtliches, und dies nicht nur ‚vor allem', sondern in erster Linie. Als zur Geschichte Berufener transzendiert er das Biologische.« (Wyss)

Die Frage, welche Bedeutung die Vergangenheit für die Entwicklung der lebensgeschichtlichen Gegenwart hat, ist immer wieder neu zu stellen. Eine kausale Antwort zu erwarten, würde jedoch in die Irre führen. Diesseits und jenseits der Befunde gilt die Suche nicht nur den Bedingungen ihrer Entstehung, sondern auch den in den Erfahrungsschichten der Vergangenheit enthaltenen Ressourcen für eine Genesung. Jede Genesungsgeschichte verbindet über die Gegenwart Vergangenheit mit Zukunft. Unabhängig von der Art des Leidens, das die Gegenwart mit einer spezifischen Ausdrucksgebärde und Symptomatik ans Licht bringt, bedarf es der biographiegeschichtlichen Überprüfung des Geschehenen, der Erinnerung, der Anamnese, um die Tendenz der Perspektive eines Lebens wahrnehmbar zu machen. Die Beschreibung der Krankheit oder einer Störung ist nicht identisch mit dem Verständnis des erkrankten oder gestörten Menschen. Die Fragen, was denn eigentlich die Krankheit ausmacht, an der der Mensch leidet, und an was er eigentlich gesunden soll und schon gar wie, rücken zwangsläufig in den Mittelpunkt des Erkenntnisinteresses, wenn man sich gleichzeitig fragt, wie denn Leben lebt und zur Achtung seiner selbst kommt.

Gesundheit und Krankheit gehören zum Betätigungsfeld des Subjekts und daher gehören die Befunde ihm, sind nicht Eigentum des Computers und auch nicht des Arztes. Die Befunde sind das Material, über das sich Arzt und Patient miteinander in Verbindung setzen. Um sie zu verstehen, brauchen beide ein Gegenüber. Die Krankheit ist Ausdruck einer gattungsgeschichtlichen Bedingung – der Mensch ist biologisch verletzbar, und auch seine Seele kann Schaden nehmen. Und gleichzeitig sind Krankheiten Ausdruck lebensgeschichtlicher wie gesellschaftlicher Konstruktionen und Gestaltungen.

Das Subjekt ist nicht nur krank, es macht seine Krankheit auch, formuliert V. v. Weizsäcker. Beides, Gesundheit und Krankheit, bleiben an die lebensgeschichtliche Arbeit gebunden, die wie jeder lebendige Prozeß jenseits der Kausalität stattfindet. Diesseits und jenseits der Organbefunde sind wir mit der Einmaligkeit der gesamten individuellen Biographie konfrontiert. Was heute gilt, kann morgen seine Gültigkeit verloren haben. Werden ist die Wesensbestimmung des Lebens und so auch die des Subjekts. Es ist immer unterwegs, wir werden seiner nicht habhaft, so sehr wir uns dies auch in zuwendender Liebe oder aufopfernder Behandlung wünschen mögen. Mit dem Begriff der Antilogik fordert von Weizsäcker unsere Öffnung für diese Art der Geschichtlichkeit des Menschen und gleichzeitig eine andere Betrachtung des kranken Menschen, nämlich als einen Menschen, der selbst Geschichte macht. Die Reduktion des erkrankten Menschen auf seinen Befund hat den Menschen zum Fall gemacht. Er steht im Verdacht, die Kopie eines anderen Falles mit ähnlichem Befund zu sein. Seine Originalität tritt für die Medizin manchmal erst dann zutage, wenn die Behandlung nicht mehr anschlägt, wenn der Patient aus der Reihe tanzt. Wenn wir aber diesseits und jenseits der Befunde genauer hinschauen, dann betritt der Einzelfall von Anfang an als kasuistisches Original (von Weizsäcker) die Bühne der Erkenntnis. Er wird jenseits seiner Vergleichbarkeit vor allem zum Beispiel für die Vielfältigkeit menschlicher Lebens- und Krankheitsgestaltung. Was erfahren wir eigentlich über eine Patientin, deren Befund sich beispielsweise so liest? Und wie wird sich diese Frau selbst fühlen, wenn sie diesen Befund liest?

Diagnose:

1989 Mamma Ca. Rechts.
1994 Corpus Ca.
1995 Scheidenstumpfrezidiv.

Histologie:

Corpus Npl.: 11/1994, 1/1995: Maligner Müller´scher Mischtumor, diagnostiziert im Corpus abradad, im nachfolgenden Hysterektomiepräparat keine sarkomatösen Geschwulstanteile, daher Diagnostizierung eines wenig differenzierten Adenokarzinoms mit überwiegend undifferenzierten Abschnitten des Endometriums.
PT1 b GII
11/1995 mäßiggradig differenziertes, vorwiegend tubuläres Adenokarzinom im Scheidenstumpf, Differenzierungsgrad GII
1/1996 degenerativ verändertes, sarkomatöses bzw. chondrosarkomatöses Infiltrat, vereinbar mit einem Rezidiv eines malignen Müller´schen Mischtumors (PE am Scheidenstumpf unter laufender Therapie).

Wie und wo befindet sich diese Patientin diesseits und jenseits der Befunde? Was ist das Spezifische in der Geschichte ihrer Krebserkrankung – worauf will sie hinaus?

Jeder »Fall« ist die Uraufführung eines »Originals«

»Wer die Reise in die Landschaft der Leidenschaft nicht mitmachen möchte, sollte nicht dazu gezwungen werden. Wir sagten: wer das Leben verstehen will, muß sich am Leben beteiligen. Wir sagen aber auch, wer sich am Leben beteiligen will, muß es verstehen.« (von Weizsäcker)

> Eine 64jährige Polizistenwitwe litt seit der Beerdigung ihres Mannes unter einem anhaltenden Blinzeltic, bei dem sie abwechselnd die Augen zukniff und weit aufriß. Dieser Tick, der mit Naserümpfen und Grimassieren verbunden war, hatte akut begonnen, als die Polizeikollegen am Grabe sangen: »Ich hatt´ einen Kameraden, einen besser´n find´st Du nit«. – Der Mann war ein unnachsichtiger Haustyrann gewesen, vor dem die Patientin auch die kleinsten Streiche der Kinder hatte verbergen müssen. Sie hatte bei der Beerdigung weder weinen noch ihrem Impuls folgen können, das Lied zu unterbrechen. (Kütemeyer, Masuhr)

Auch in der Krankheit inszeniert sich das Leben; es erfindet über das Krankheitsgeschehen und die Symptome der Krankheit seine Ausdrucksform, eine Art Physiognomik, über die der Sinn der Inszenierung wahrgenommen werden kann. Die Organe, die im Zustand der Gesundheit schweigen, beginnen über die Symptome ihr Schweigen zu brechen. Symptome sind Hilferufe des Lebens, sozusagen Redewendungen, in denen zur Sprache kommt, was dem Leben widerfahren ist. Ihr Ursprung kann aber lange zurückliegen

Kehren wir zu unserer Patientin mit dem anhaltenden Blinzeltic, ihrem Naserümpfen und Grimassieren zurück. Warum kneift sie ihre Augen zu, um sie dann wieder aufzureißen? Und warum jetzt, zum Zeitpunkt der Beerdigung ihres Mannes? Was spielte sich hinter dem Vorhang ihrer Ehe ab, welche Geschichte wartete auf die Inszenierung und ließ bei der Beerdigung den Vorhang aufgehen: Im ersten sichtbaren Akt entgleist das Gesicht, ohne daß der Schauspielerin der Sinn des Geschehens klar ist, der da anschaulich wird.

Funktionellen Krankheiten – und der Tic gehört dazu – liegt, wie uns Psychoanalyse und Psychosomatik lehren, eine Konversion zugrunde, eine Verdrängung von peinlichen Erinnerungen, von unerträglichen, verbotenen oder unangenehmen libidinösen oder aggressiven Impulsen aus dem Bewußtsein in den Körper. Im Symptom drückt sich das Leben mit seinen verdrängten Impulsen aus. Auf der Bühne der Krankheit appelliert der Tic, den verdrängten Impuls zu erkennen – er stellt szenisch den mit dem Impuls verbundenen Konflikt dar. Der Tic operiert mit einem Bühnenbild – dem entgleisten Gesicht, das sich in Grimassen Luft verschafft, indem es mechanische, erstarrte Bewegungen ausführt. Vor was werden die Augen verschlossen, wem die Zunge ausgestreckt, wem eine Grimasse geschnitten? Tics – so Kütemeyer und Masuhr – treten auffallend häufig bei Beerdigungen oder in vergleichbaren Trennungssituationen auf. Situationen, in denen Aggression mit Trauer konkurriert und sich um so mehr verbietet, als die Patienten vor anderen das Gesicht nicht verlieren wollen. Statt dessen macht sich die Gesichtsmuskulatur selbständig und zwingst die Patientin gleichsam zu dauernd wiederholter Trauer- und Drohgebärden. Die Geschichte in die Krankheit, das Werden der Krankheit, um im Bild der Inszenierung zu bleiben, das Drehbuch wird aus der Unterdrückung von Impulsen geschrieben, die dazu gemahnt hätten, sich dem unnachsichtigen Haustyrannen gegenüberzustellen, von Angesicht zu Angesicht die Meinung zu sagen, die Streiche der Kinder nicht zu verbergen, aus ihm – wenn möglich – einen guten Kameraden auch für die Kinder und für sich zu machen und nicht nur für die Polizeikollegen. Was gesagt werden mußte, wurde nicht gesagt; wo gehandelt werden mußte, wurde nicht gehandelt; wo konfrontiert werden mußte, wurde verborgen. Durch Verschweigen und Verheimlichen wurde das Gesicht gewahrt – und gleichzeitig gab es die Ahnung, daß dies nicht das Gesicht des »aufrechten Ganges« war, sondern eher eine Maske im gebeugten Gang. Der Gesang der Polizeikollegen »Ich hatt´ einen Kameraden ...« bringt die »Wahrheit« des Konflikts an den Tag. Oft bringt der Körper zum Ausdruck, was die Seele verschweigt: Er verweigert beispielsweise die Tränen, und weil sozialer Anstand und Höflichkeit verbieten, die Zeremonie zu unterbrechen, erstarrt das Gesicht zur vielsagenden Maske.

»Hinter deinen Gedanken und Gefühlen, mein Bruder, steht ein mächtiger Gebieter, ein unbekannter Weiser – der heißt Selbst. In Deinem Leib wohnt er, dein Leib ist er. Es ist mehr Vernunft in Deinem Leibe, als in deiner besten Weisheit. Und wer weiß denn, wozu dein Leib gerade deine beste Weisheit nötig hat?« Nietzsche

Der Leib ist in der Inszenierung Stück und Bühne zugleich. Es hat seinen Sinn und seine Geschichte, daß es schließlich der Leib ist, der auf die unterdrückte, verratene Selbstbestimmung und Bestimmung eines Lebens aufmerksam macht. Das auf der Bühne der Krankheit am Leitfaden des Leibes leibhaftig inszenierte Körpergeschehen, die Krankheitsgestaltung gibt uns einen Zugang zur Drehbuchautorin, ihren unbewußten Motiven, den unterdrückten Impulsen. Krankheit ist eine unvollendete Schöpfungstat (von Weizsäcker), ein Beitrag zur wilden und unberechenbaren Freiheit des Lebens. Weder Gesundheit noch Krankheit gibt es an sich, sagt Nietzsche, der viel von den Inszenierungen der Krankheit verstanden hat, und wie eine Drehbuchempfehlung mutet seine Beschreibung von Gesundheit an: »Es kommt auf dein Ziel, deinen Horizont, deine Kräfte, deine Antriebe, deine Irrtümer und namentlich auf die Ideale und Phantasmen deiner Seele an, um zu bestimmen, was selbst für deinen Leib Gesundheit zu bedeuten habe.« Krankheiten erscheinen wie Tragödien, manche sind Romane, Lustspiele, werden wie lange Gedichte inszeniert und erlebt. Auf jeden Fall sind sie subjektiv logisch, fordern zum Gespräch heraus. Dazu ein Beispiel aus dem Bereich der seelischen Erkrankungen – der Heilungsversuch aus einer Psychose, deren besitzergreifende Inszenierung durch den Dialog mit ihr »aufgedeckt« wird. Eine Betroffene schreibt:

Gefräßiger Wahn, du drohst mich zu verschlucken. Du, der du alle Wahrheit an dich reißt und verfälscht. Du, der du dem Trug schmeichelst und damit der Lüge verwandt bist.
Ich wanderte durch deine Gefilde und verwandelte mich nach deiner Sucht in gar mannigfaltige Gestalten. Ich betete dich an und tanzte um dich herum, wie andere um das Goldene Kalb. Du wurdest mein Götze, und zum Dank gabst du mich der Lächerlichkeit preis und stießest mich in die Schande.

Ich vertraute deinen raffinierten Machenschaften und folgte dir, wohin du mich auch schicktest; und das alles nur, weil ich Schmerzen litt und einsam war, so daß deine Gesellschaft mir anfangs wie ein Glück erschien. Du hast mich ja auch lange genug in diesem Glauben belassen, und es kam dir zugute, daß ich dich nur vom Hörensagen, doch nicht persönlich kannte.
Ich war einfach zu naiv, um nicht auf dich hereinzufallen, zu naiv und zu bedürftig. Du trägst so viele verschiedene Gewänder und Gesichter, hüllst dich so tückisch in deine Gestalten, daß du es nicht schwer hattest, mich zu dir hinüberzuziehen und mich ganz an dich zu binden.
Daß du so bist, wie du dich mir nun offenbart hast, vermochte ich mir nicht vorzustellen. Wie du immer wieder von neuem, wenn ich dich fortschicken wollte, deine Verführungskünste anwandtest, war für mich lange Zeit undurchschaubar, und du hattest mit mir, der Verunsicherten, Wankelmütigen, Sehnsüchtigen gar leichtes Spiel.
Doch ich hasse dich nicht nur, sondern bin dir trotz deiner Bosheit auch zu Dank verpflichtet.
Du hast mich nicht nur genarrt und in die Irre geführt. Du hast mich nicht nur gepeinigt und in Angst und Schrecken versetzt, sondern mich auch geliebt. Du hast mich auf einer Wolke emporgetragen und den Sternen nähergebracht, mir das süßeste Entzücken und die wärmste Liebe beschert. Damals war ich der glücklichste Mensch der Welt und konnte mir nicht vorstellen, daß du mich eines Tages dafür auslachen würdest.
Doch das verzeihe ich dir, auch deine Torheiten und üblen Machenschaften, mit denen du mich in manchen furchtbaren Abgrund gestürzt hast. Ich verzeihe dir, weil ich glaube, daß auch du gar nicht anders konntest, auch du bist ja an deine Natur gebunden und nicht bar aller Zwänge.
Doch obwohl du Verlockendes versprichst, habe ich dich jetzt durchschaut. Du forderst einen zu hohen Preis für das Glück. Du bist maßlos in deinen Forderungen nach Tribut, und darum habe ich beschlossen, mich von dir abzuwenden.
Glücklicherweise kenne ich deine Trickkiste jetzt ganz gut und hoffe, du wirst mich nicht in einem schwachen Moment doch wieder

überrumpeln. Gegen dich heißt es, ein Leben lang auf der Hut zu sein. Auch wenn du beleidigst sein solltest, daß ich dich ab heute verschmähe, so weiß ich doch, daß es mein gutes Recht ist. Du hast mich lange genug besessen und lange genug gequält. Geh und such dir ein neues einfältiges Opfer. (Bock)

Auf der Bühne der Krankheit kommt das ungelebte Leben zur Aufführung und wenn Patienten im Gespräch mit dem Arzt einmal aufgefordert würden, bewußt ihre »Symptome« zu »spielen«, Hintergrundinformationen einzublenden und vielleicht ein Bühnenbild davon zu malen, Ärzte und Psychotherapeuten wie die Patienten selbst würden ein tieferes Verständnis von der Geschichte wie der gegenwärtigen Verfaßtheit des erkrankten Menschen entwickeln können. Wer könnte den Befund und die Befindlichkeit besser darstellen als der Betroffene selbst? Die medizinische Diagnosebeschreibung ist in ihrem Reduktionismus auf die Krankheit als Datenbank dagegen in der Regel ebenso unverständlich wie nichtssagend, und mancher Arztbericht liest sich so rätselhaft wie jene merkwürdige Gebrauchsanweisung, die irgendwelchen Haushaltsgeräten beiliegen und die auch niemand versteht. Das, was diesseits und jenseits der Befunde geschehen ist und geschieht stellt die Landschaft dar, aus der der Befund erst verstehbar wird und als Bild Sinn macht.

Die Galle bildet Steine, die Haut blüht in der Akne, das Herz rast oder verschließt sich im Infarkt, der Krebs ist angeblich heimtückisch und böse, der Magen wird sauer, die Menschen haben die Nasen voll, die Augen sehen zu weit oder zu kurz und die Frage ist: Was von all dem erscheint auf der Bühne der Krankheit und wann, weil ihm der Auftritt auf der Lebensbühne verweigert wurde? Das eigentlich Wirksame in unserer Lebensgeschichte ist das ungelebte Leben, formuliert Viktor von Weizsäcker, und es scheint, als ob Krankheiten oft das letzte Mittel oder die einzig verbleibende Chance sind, das Drama des eigenen Lebens darzustellen. Daß die Behandelnden den Sinn des Stückes in der Regel nicht entziffern, weil sie im Bann der Befunde nicht hinschauen und diese in alle Richtungen befragen, macht das Geschehen für den Patienten um so tragischer.

In unserem ersten Beispiel appelliert der Tic auf der Bühne der Krankheit daran, den verdrängten Impuls zur Aussprache und Auseinandersetzung mit dem Ehemann zu Lebzeiten zu erkennen. Er stellt szenisch dar, was im Leben der Patientin verborgen werden sollte. Der Tic operiert mit dem Bühnenbild des entgleisten Gesichts, das sich einerseits in Grimassen Luft für die innere Spannung schafft und gleichzeitig in mechanischen Ausdrucksbewegungen erstarrt. Die Platte hat einen Sprung! Die spontane Bewegung des Anfangs läuft plötzlich unkontrollierbar und mechanisch ab und ist nicht mehr zu stoppen. Der ursprünglich lebendige Impuls wird unbewußt »auf Band« gelegt und stottert nun einen dauernden Appell, der aber gleichzeitig nicht bewußt oder sinnstiftend wird und in der Wiederholung verhallt. Wenn ein Mensch im Gespräch wütend wird, könnte er spontan viele Reaktionen zeigen, z.B. auch eine Grimasse schneiden, die Zunge herausstrecken, dem Gegenüber eine Ohrfeige geben – was auch immer! Er könnte seine Wirkung erkennen und sich seinen nächsten Auftritt überlegen, ihn verändern oder verstärken. Wenn ein Mensch wie unsere Patientin mit einem Tic reagiert, verliert sie – so richtig die Ausdrucksgeste auch sein mag – die Kontrolle. Es geht nicht darum, daß der Kranke auf der Lebensbühne nicht etwas sehr realistisches, eine wirkliche Lebenserfahrung und Empfindung darstellt, sondern daß es nicht willentlich und bewußt beeinflußbar ist. Besser als Irmhild F. ihren Wahn-Sinn darstellt, könnte es kein Psychiater tun, aber ihre Welt ist ver-rückt, weil sie im Stadium der Krankheit nicht mehr einfach von der Bühne abtreten kann und der Wahn die Regie übernimmt.

Soma und Psyche sind ein Paar, und wir sollten verstehen lernen, wie sie miteinander spielen, sich gegenseitig vertreten oder umfassende Geschichten erzählen. Der Einbezug des Körpers und seines Darstellungsvermögens hat die Psychotherapie in den letzten Jahrzehnten bereichert und »schauspielerische« Elemente in die Seelen-Anamnese gebracht. Bioenergetische Therapie oder die Vegetotherapie Wilhelm Reichs, Gestaltungstherapie und Psychodrama, Verhaltenstherapie oder paradoxe Intervention sind Beispiele dafür, wie viele darstellerische oder schau-spielerische Elemente das therapeutische Feld beherrschen, ohne daß die meisten Psychotherapeuten Körpersprache wirklich und tief verstehen und den Körper eher als didaktisches Vehikel denn als autonome Gestalt ansehen. Ein ewig lächelnder Patient, den ich auffordere, dieses Lächeln zu verstärken oder seine leicht gekrümmte Hand zur Faust zu ballen, gibt hinter dem Lächeln vielleicht plötzlich die Verzerrung oder die gefletschten Zähne preis, dahinter seine Wut und Trauer, seinen Ekel oder gar Haß, und dahinter vielleicht die eigentliche Sehnsucht, nämlich geliebt zu werden. Wilhelm Reich hat in seinen Arbeiten viel von diesen Charakter-Schichten offengelegt und dargestellt, was es heißt, von der Oberfläche des Menschen zu seinem Kern vorzudringen. Wer nur am »Gesicht des Schauspielers« hängenbleibt, wird seinen Text und dessen Fragen um Sinn nicht verstehen.

Tod, Abschied, Trennung sind als erschütternde Lebensereignisse im Leben vieler Menschen der Anlaß, mit den inneren Inszenierungen nach außen zu gehen. Enttäuschung, Entwertung und unterdrückte Wut sind Gefühle, die manchmal als Dauerbelastung dazu führen, daß die Sicherung durchbrennt und das Herz sich im Infarkt Luft verschafft. »Ich muß schneller, besser, perfekter sein als andere« – kommt es aus dem Souffleurkasten, und die meisten Menschen wissen nicht, daß sie mit den 180%, mit denen sie angeblich ihre Aufgaben erledigen müssen, ihr Konto in jedem Augenblick um genau 80% überziehen. Nicht nur finanziell geht man bei einem solchen Gebaren pleite. Die Krankheit meldet oft einen Konkurs an, der auch die Zulieferer, die Familien und die Gesellschaft mit auf die Bühne bringt und ihre Rolle darlegt.

Als unvollendete Schöpfungstat ist die Krankheit ein Beitrag der wilden und unberechenbaren Seite unseres Lebens. Wir sind keine logischen, sondern lebendige Beispiele des Lebens, und jedes aufgeführte Stück ist ein Original, auch wenn die Krankheit selbst beispielsweise immer wieder Krebs, Rheuma, Migräne oder Psychose heißt. Um unsere Gesundheit immer wieder neu zu erfinden, müssen wir Befund und Befindlichkeit in den Dialog miteinander bringen, müssen Irrtümer erkennen und Ideale und Phantasmen herbeiholen, um die Drehbuchempfehlung für Gesundheit aus dem beschädigten Leben zu gewinnen! Was wurde in Szene gesetzt und was wurde verschwiegen, ist eine der Fragen. Wer spielt mit wem, und um was geht es in unserem

Leben? Welche Kostüme wurden geschneidert und wie heißt die Hauptrolle, die ich spiele? Ist das Stück ein Drama, eine Oper, ein Lustspiel und wie sind die Nebenrollen besetzt? Wer beleuchtet die Szene und wer führt Regie? Und nicht unwichtig: Wer sind die Zuschauer? Sitzen sie wie gebannt und betroffen auf ihren Stühlen oder langweilen sie sich? Gibt es Zuschauer in meinem Leben, die auf Abonnement kommen oder tingele ich als Wanderbühne übers Land? Wie ist es zum Stück gekommen, welches Motiv spielt die Leitmelodie? Mit dem Namen für die Krankheit wird aus den Befunden manchmal ein Titel für das aufgeführte Stück, den niemand versteht.

Spiel aber ist die eigentliche Aufgabe wie Struktur des Lebendigen. Das Lebendige ist kein Reflexsystem und keine Mechanik und schon gar nicht ist Leben eine Art »Dauerwurst«, von der wir uns ein Leben lang täglich eine Scheibe abschneiden können. Leben ist ein Prozeß zwischen Wahrnehmung und Bewegung, eine dauernde Erfindung und Inszenierung, jeden Tag neu! Leben arbeitet nicht mit Kopien, sondern mit Originalen, und kein Atemzug oder Herzschlag ist die Kopie eines anderen. Jeder Atemzug ist eine neue Antwort auf das, was unser Leben genau in diesem Augenblick von uns verlangt. Wir haben nur die Möglichkeit zu atmen, atmen müssen wir schon selbst! Das Leben selbst wird eine authentische Geste oder fordert uns dazu heraus, wenn wir seine Ästhetik verstehen. Daß die gesellschaftliche Inszenierung des Lebens es immer mehr beschädigt und abwürgt und aus »Kostengründen« ein Theater nach dem anderen, wo wir uns zeigen könnten, schließt, ist eine andere und gleicherweise wichtige Sache.

Was wir diesseits der Befunde aber auch begreifen müssen, ist die Tatsache, daß wir Leben nicht nur gestalten müssen, sondern auch erleiden. Nicht nur das von uns selbst Gestaltete kann zur Erfahrung von Leiden werden, Leben selbst wird und muß in wesentlichen Aspekten erlitten werden. Mit dem Begriff des Pathischen hat von Weizsäcker auf diesen Umstand aufmerksam gemacht. Leben ist ein Weg durch die Fremde im Angesicht der Endlichkeit, Wesentliches fällt uns zu, ohne daß wir hätten wählen können. Unser Geburtsjahr, unsere Eltern, unsere Hautfarbe gehören dazu. Auch die Krankheit gehört zu jenen Notwendigkeiten.

Mit allem, was wir uns so sehnlich als Sicherheit wünschen, können wir nicht fest rechnen. Das Pathische verweist auf den Tatbestand, daß der Mensch sein Leben nicht fest in der Hand hat, sondern daß ihm Leben geschieht und zugemutet wird. Freiheit wie Notwendigkeit liegen dem Leben zugrunde. Wir erhalten Potentiale, die es zu entwickeln gilt und sind mit Notwendigkeiten konfrontiert, die wir akzeptieren müssen. »Wir leben nicht, weil wir Funktionen haben, sondern wir haben Funktionen, weil wir leben. Wir werden auch nicht krank, weil wir eine Funktions- oder Betriebsstörung bekommen, sondern weil wir krank werden, werden auch die Funktionen und der Betrieb gestört«, so noch einmal V. von Weizsäcker dazu.

So gedacht, kann Heilung nicht allein oder wesentlich im Verschwinden von Symptomen bestehen. Im pathologischen Befund, jenem Objektiven, an das wir uns verzweifelt oder hoffend klammern, daß er als Befund doch nur verschwinden möge, sitzt doch gleichzeitig das Subjekt, das an der Entstehung des Befundes lebensgeschichtlich beteiligt war. Was immer wir in der Operation entfernen, das Subjekt ist nicht zu entfernen, solange der Mensch lebt. »Nicht ein Organ ist krank, sondern der ganze Mensch«, heißt es bei v. Weizsäcker, und für ihn gibt es eigentlich gar keine Krankheiten, sondern nur kranke Menschen, denn was sollte die Krankheit auch ohne den Menschen tun?

Das Tun wie das Erleiden des Menschen, seine Geschichte wie sein Auftrag sind nicht auszuschließen, wenn wir über Heilung nachdenken. Heil-werden wollen ist Wunsch nach Integration, nach der Wiederherstellung einer Ordnung, die in der Krise des Subjekts zunächst verloren gegangen ist: sei es eine körperliche, seelische, geistige, soziale oder spirituelle Ordnung. In der Nähe des Untergangs entdeckt das Subjekt oft die Not wie die Möglichkeit des Aufbruchs, kommt zur Besinnung durch erneute Sinngebung, heilt den Sinnverlust.

Wer sich um die körperliche oder seelisch-geistige Gesundheit eines Menschen bemüht, indem er in der Rekonstruktion des Biographischen nach Anhaltspunkten für das Ziel der Lebensbewegung oder dem Auftragsgeschehen sucht, stößt unweigerlich auf das »ungelebte Leben«. In jeder Entscheidung, die wir für unser Leben treffen, ist eine andere enthalten, die sich gegen etwas richtet. Weil wir einen Gedanken fassen, verzichten wir möglicherweise auf einen anderen. Bezogen auf die Grenzenlosigkeit der Möglichkeiten, verwerfen wir im Laufe der Biographie viele Möglichkeiten. Der Bereich des Versäumten und Verlorenen übertrifft bei weitem den schmalen Bereich des wirklich Gewordenen, schreibt Jaspers in seiner »Allgemeinen Psychopathologie«. Für von Weizsäcker ist das Konzept des ungelebten Lebens zentrale Kategorie seiner biographischen Medizin. Das Ungelebte, das Versäumte, das Verlorene in der Lebensgeschichte bringt sich in der Krankheit zur Sprache. Die Symptome sind Hilfeschreie eines Lebens, das im Untergrund lebt – diese Sichtweise enthält eine ungeheure Provokation gegenüber all jenen Krankheitstheorien, die vor allem in den stattgefundenen Lebensereignissen die traumatische Auswirkung auf den Menschen analysieren. Das Ungelebte ist aber mehr als die Verdrängung – es ist auch ein Nicht-Wahrnehmen von Gestaltungsmöglichkeiten, eine Nicht-Gestaltung der eigenen Lebensgeschichte. Gerade in dieser Bedeutung wird die Kategorie des ungelebten Lebens für die Frage nach dem Prozeß der Wiederaneignung wichtig. Nicht das Vorhandene in der Vergangenheit wird wieder aufgegriffen, sondern das, was damals neben dem Vorhandenen vielleicht auch noch da war, nicht aufgegriffen werden konnte – aber vielleicht jetzt möglich wird, weil sich die Bedingungen verändert und Zugriffe ermöglicht haben. Das Subjekt konstituiert seine Wirklichkeit immer durch Entscheidung aus der Fülle aller Wahrnehmungsmöglichkeiten, es kann gar nicht allen Möglichkeiten nachgehen, wenn es sich nicht selbst zerstören würde. Entscheidung und Einschränkung von Wirklichkeit sind notwendige Prinzipien des Überlebens. (Hanses)

Aber dies ist nur der eine Teil dieser komplexen Wahrheit. Angesichts der totalen Geschichtlichkeit des Menschen sind auch Einschränkungen und Entscheidungen geschichtlich, das heißt veränderbar. Das Ungelebte stellt sich in der Kategorie des Möglichen, weniger nur in der Kategorie des Verdrängten dar und wird damit möglicherweise für die Gegenwart der Gesundung im Prozeß der Rehabilitation nutzbar.

Wenn die Krankheit ihren Sinn nicht nur aus den vorhergehenden Tatsachen, sondern auch aus dem zog, was nicht Tatsache wurde, so kann die Gesundheit ihren Sinn nicht nur daraus ziehen, daß ein Symptom verschwindet oder ein Traumata aus der Verdrängung gehoben wird, sondern auch daraus, daß im biographischen Kontext in der Gegenwart etwas Tatsache wird, was in der Vergangenheit eben nicht mögliche Tatsache wurde.

Das Faktische der Vergangenheit ist eben nicht die einzige Wirklichkeit. Auch das ungelebte Leben wirkt und strukturiert eine Wirklichkeit, die immer noch offen ist. Dem Biographischen steht in der Rehabilitation und Genesung diesseits und jenseits der Befunde der Raum der unbekannten Zukunft, wie die Fülle und Offenheit des Vergangenen zur Verfügung, um das bisher Unmögliche zu ermöglichen oder bewußt zu verabschieden und damit die gebundene Lebensenergie zu befreien.

Wie die Krankheit ist auch die Gesundheit in ihrer Wesenheit biographisch. Gesundheit ist mehr als das Schweigen der Organe, wie die Medizin glaubt. Gesundheit ist die Sprache, die das Lebendige spricht, sie drückt sich in Würde, Achtung und Selbstachtung aus – und das konkret über die Lebensweise und Lebenswahrnehmung eines Menschen. Gesundheit ist kein vorgegebenes und feststehendes Kapital des Menschen, daß durch Schonung oder medizinisch festgelegte Lebensweise zu bewahren ist oder durch die schlichte Behandlung von Krankheiten wiederherzustellen ist. Sie ist keine Ware, die man in einem noch so teuren Gesundheitssystem kaufen kann. Sie entsteht in jedem Augenblick neu – solange wir leben.

Gesundheit, um die es im Prozeß der Rehabilitation geht, ist eine Art Lebenskompetenz, die Liebes- und Arbeitsfähigkeit ebenso umschließt wie Genuß- und Erkenntnisfähigkeit, Beziehungsfähigkeit ebenso wie die Fähigkeit zur Distanz. Gesundheit ist nur aus den Bewegungen des Subjekts zu verstehen, aus seiner Fähigkeit, sein Leben zu gestalten und zu bewältigen, aber auch aus seiner Not, zu scheitern und Schiffbruch zu erleiden. Jeder Schritt wagt Fall, das gilt für die »autopoietische« Struktur des aufrechten Ganges ebenso wie für die Gesundheit als Ganzheit. Das Gesundwerden ist in die biographische Bestimmung des Lebensprozesses eingebunden. Gesundheit ist nur dort vorhanden, wo sie in jedem Augenblick des Lebens erzeugt wird. Was wir fördern, wenn wir den erkrankten Menschen begleiten, ist nicht die Gesundheit selbst, sondern die Suchbewegung nach der spezifischen Lebenskompetenz oder Lebenserfahrung, die aus der Befindlichkeitsstörung herausführt.

»Die Geschichte einer Gesundheit ist der einer Liebe, eines Werkes, einer Gemeinschaft oder Freundschaft ähnlicher und wesensverwandter als etwa dem Ablauf einer mechanischen Reaktion oder dem Vorgang einer physiologischen Erregung. Gesundheit hat mit Liebe, Freundschaft, Werk und Gemeinschaft die Bejahung gemeinsam, die eindeutige Richtung, die nicht umgekehrt werden kann«, schreibt von Weizsäcker und sieht damit Gesundheit weniger in einer biologischen als in einer sozialen Realität des Lebens begründet.

Krankheit als die uns akzeptierende und zugewandte Lebenskritik und Gesundheit als die mit Liebe zum Leben und mit dem Mut auf Zukunft ausgestattete Lebenskompetenz agieren wie Zwillinge, sind Geschwister ein- und derselben Lebensgeschichte. Die in der Gesundheit sich gestaltende Lebensgeschichte hat eine Tendenz nach vorn, zielt nicht nur auf das direkt Mögliche, sondern auch auf das Unmögliche oder bisher noch nicht Mögliche. Nicht das Realitätsprinzip führt die Kraft der Gesundheit, sondern die unbewußte Hoffnung und die wirksame Überzeugung, daß etwas sein kann und sein wird.

Gesundheit und Krankheit stehen sich nicht fremd und sich gegenseitig ausschließend gegenüber. Der konkrete Entwurf oder die Ordnung eines Lebens ist Anlaß zur Kritik, die Kritik des Lebens und seine Ordnung ist Ausgangspunkt für einen neuen Lebensentwurf, Aufbruch in eine neue, notwendige Ordnung. Kein Magengeschwür aber gleicht dem anderen, und keines hat die gleiche Geschichte. Gesundheit und Krankheit sind Gestaltungsakte des Subjekts, sie sind Ausdruck von Bewegungsformen des Lebendigen, die sich dem Kausalprinzip und dem linearen Nacheinander verweigern. Die Ordnung des Lebendigen in Gesundheit und Krankheit nennt v. Weizsäcker antilogisch, die fröhliche Freiheit des Lebens ist mehrdeutig. Um eindeutig zu werden, können und müssen wir wählen. Der Mensch steht in der Entscheidung. Begegnung und Umgang von allen mit allem sind Kernbegriffe des Lebendigen. Störung und Krise sind jene anderen Bedingungen dieses Lebens. Die Harmonie und das Gleichgewicht der Beziehung zur Umwelt werden immer wieder unterbrochen. Jede Krise bringt die Instabilität oder Auflösung einer bisher stabilen Ordnung. Das Leben ist Risiko. Bedrohung, Überwältigung und Hilflosigkeit stehen im Mittelpunkt des Krisenerlebnisses. Das Subjekt selbst ist in der Krise. Gleichzeitig ist die Krise die vitalste Herausforderung für das Subjekt. Gesund ist deshalb, wer regelmäßig schwankt. Wird Zeit, daß wir diese ungeheure Bewegung unseres Lebens zwischen den Polen Gesundheit und Krankheit in all ihren Schattierungen begreifen und ihr immer wieder neu zu folgen lernen.

3

Wenn Leben Angst macht

Die Angst als Partnerin des Lebens

Die Angst ist ein dorniger Stachel in unserem Leben. Sie ist die Partnerin unserer Lebenslust und begleitet uns von der Geburt bis zu unserem Tod. Die Lust, sich in das Leben hineinzubegeben ist gepaart mit der Angst, es zu verlieren oder zu gefährden. Die Leidenschaft, sich auf eine Liebe einzulassen, wird von der Angst vor Trennung begleitet. Angst ist Bedrohung und Herausforderung zugleich, und niemand kann vorhersagen, ob das Wagnis zu leben, das uns abverlangt wird, gut oder schlecht endet. Als Bedrohung und überflutende Angst kann sie unsere Lebensfähigkeit und Lebenslust auf das äußerste gefährden, als Herausforderung stärkt sie unseren Mut und unser Vertrauen in unsere Lebenskraft. Angst ist eine Art Lebensbegleiterin, die mit uns ins Gespräch kommen möchte und die nicht abgewiesen werden will, weil sie mit den in ihr enthaltenen Fragen nach Antworten sucht, die unser Leben braucht. Die Fähigkeit des Menschen, Angst zu entwickeln und mit ihr wie auf sie zu reagieren, ist ein Stück unserer biologischen wie sinnhaften Ausrüstung.

Wir treten mit der Geburt in eine Welt ein, die uns total unbekannt ist, nachdem wir unter Schmerzen eine Welt verlassen haben, die uns bekannt war und die im Idealfall all unsere Bedürfnisse gestillt hat. Trennung vom Vertrauten und Geliebten und Ausgesetztsein in der Fremde umstellen als Angst den Augenblick, in dem wir das Licht der Welt erblicken. Der Mensch, der geboren werden will, der zu sich selbst kommen und auf eigenen Füßen stehen will, kommt nicht darum herum, die Angst vor der Ungewißheit des Ausgangs seines Lebens einzugehen. Die Geburt zum Leben ist immer wieder neu ein Risiko, und so wird die Angst zu einer Art Wächterin über dieses. Gegenüber dem, was wir schon kennen, ist jedes »Neugeborene« ein Risiko, ein kleines Kind genauso wie eine geistige Idee, eine soziale Veränderung ebenso wie ein spirituelles Erwachen, die Gesundung nach einer Krankheit genauso wie die Entwicklung eines neuen Gefühls oder einer anderen Verhaltensweise. Als Tor zum Leben ist der physische wie jeder andere wirkliche Geburtsakt eine Begegnung mit dem Tod und dabei die Überwindung der Angst vor dem Leben, das herausfordernd und risikoreich als Arbeits- und Gestaltungsaufgabe vor uns liegt. Die Notwendigkeit zum Wandel und zur Veränderung unserer Situation erfahren wir immer auch als Angst, als Unsicherheit, Erregung und Spannung, als Störung unseres Wohlbefindens, als Unruhestiftung. Von einer Sekunde auf die andere, aber manchmal auch im Lauf der Jahre kann aus einer sicheren Welt der Ruhe, Befriedigung und Geborgenheit eine Welt voller Unlust und angstmachender Bedrohung werden: Hunger und Durst, Kälte, Einsamkeit, Trennung, Demütigung, Verfolgung können den Schutz und die Bedingungen aufheben, die wir zum Leben brauchen. Dann macht uns unsere Hilfsbedürftigkeit Angst und stürzt uns in der nicht immer leichten Suche nach Kontakt und Austausch in Unsicherheit.

In einer Welt, in der sich die Menschen vor allem mit Besitz und Leistung vor den Lebensängsten zu retten versuchen, gibt es ständig eine Angst um etwas: um das Eigentum, die berufliche Position, die Beziehungen. Fast jedes Tun hat mit der Reduktion von Angst zu tun, fast jedes Genußmittel dient der Betäubung von Angst. Je größer die Angst, desto größer die Gier, diese mit allen möglichen Mitteln zu narkotisieren, statt ihr zu begegnen und sie als Lebenspartnerin zu akzeptieren und in den eigenen Lebensdialog einzubeziehen. Statt Lebenswelten, die sich der Unsicherheit stellen und Neues zulassen, sehen wir Überlebenswelten, die alles absichern und sich im Leerlauf erschöpfen. Von der Wiege bis zur Bahre, Formulare, Formulare. Die Angst vor der Ohnmacht verwandelt sich in Allmachtsphantasien. Zum Beispiel in emotionale Allmacht, die sich gleichermaßen gegen das Risiko, zu lieben und geliebt zu werden, verteidigt und alles in der Hand zu behalten sucht. Oder um die Allmacht des Geldes, mit der man die Welt kaufen und sich alles leisten kann: das Hotel, das Essen, die junge Frau und die Sonne. Kommt das Geld in Gefahr, besteht Lebensgefahr. Oder in die Allmacht der Gedanken und der Wissenschaft, die davor bewahren sollen, mit dem Unbeantworteten oder Unbeantwortbaren in Kontakt zu treten.

Angst ist als Erlebnis von Gefährdung ein umfassender psychosomatischer Erregungszustand, der durch die Bedrohung des Wohlgefühls hervorgerufen wird. An diesem Zustand ist der gesamte Organismus und der ganze Mensch beteiligt. Er ist in Erregung, Spannung, Unruhe und Unwohlsein, aber dennoch muß dieser Zustand nicht als Angst bewußt sein. Die Angst ist zunächst eine heimliche Mitbewohnerin.

Es gibt Ängste, die durch körperlichen Schmerz erzeugt werden oder aus der Erinnerung an einen erlebten Schmerz entstehen. Es gibt die verzweifelte Angst des alleingelassenen Säuglings oder all die Ängste, die aus den Bedrohungen und Unterdrückungen des sozialen Lebens entspringen. Es gibt Gewissensängste und Ängste um die Selbstverwirklichung.

Zu den normalen, uns herausfordernden Ängsten gehören vor allem die alters- und entwicklungsmäßigen Ängste, die wir in einem ständigen Ringen zwischen Lebenslust und Lebensangst durchstehen müssen, weil sie für unsere Entwicklung wichtig sind. Dazu gehören unsere ersten Laufschritte als Kind, bei denen wir erstmals die haltende Hand der Mutter loslassen und unsere Angst überwinden müssen, im großen Raum alleingelassen zu werden. Die Angst vor dem Alleingang ist die Angst vor der Trennung. Das Allein-gehen-lernen ist aber auch die Voraussetzung für Autonomie, nämlich auf eigenen Beinen stehen zu können!

Eine der spezifischen altersmäßigen Ängste ist der Schuleintritt, jene bedeutungsvolle Zäsur im Leben, bei der wir im Alter von sechs Jahren in die Staatspflicht genommen werden. Wir müssen lesen, schreiben und rechnen lernen, wenn wir die Welt der Erwachsenen erkennen, erobern oder gar verändern wollen. Aus dem bergenden Schoß der Mutter und der Familie müssen wir in eine fremde Gemeinschaft hineinwachsen. Das ist neu und bedrohlich. Die Neugier der meisten Kinder aber hilft, die Angst zu überwinden: sie wollen auch lernen, was die Eltern, Geschwister und anderen, die sie lieben, schon können und sind bereit, einiges in Kauf zu nehmen. Wenn Kinder an dieser Herausforderung wachsen und reifen sollen, dann brauchen sie Zeit, individuelle Zeit, denn jedes Kind tritt mit anderen und mehr oder weniger großen Ängsten in die Schule ein. Für manche Kinder ist die Schule ein rettender Ort für alle Ängste, die ihr Leben zu Hause begleiten. Andere kommen mit der Drohgebärde ihrer Eltern und dem erwartungsschwangeren Satz: »Komm Du erst mal in die Schule!« im Klassenzimmer an. Andere wieder schleppen im Schulranzen die ganzen Erwartungsängste und Hoffnungen ihrer Eltern mit oder stehen schon vom ersten Schultag an in Konkurrenz zu ihren älteren Geschwistern, die ohnehin immer alles besser machen. Manche sind mit Lehrern konfrontiert, für die jeder Tag, den sie mit Schülern zusammensein müssen, ein Tag voller Ängste ist oder die Angst als Mittel der Disziplin einsetzen.

Neben die »normale« Angst vor dem Neuen in der Schule tritt also sehr schnell die spezifische Angst, die das Leben eines Kindes ergreifen kann, weil in irgendeiner Weise mit Schule oder in der Schule gedroht wird. In der Erziehung und Begleitung von Kindern wird ständig mit Angst »manipuliert«, und es gibt offenbar fast keine Form der Pädagogik, die völlig angstfrei wäre und ganz ohne Repression auskommt.

Über die Angst werden wir schon als Kinder sehr früh mit einem wesentlichen Machtmechanismus unserer Gesellschaft konfrontiert: Über Rivalität und Konkurrenz, Leistungsdruck und Bewertung, über Unterordnung und Überordnung Verhältnisse zu schaffen, die den einzelnen Menschen verunsichern und ihn in die Angst treiben, wenn er der Norm und dem Durchschnitt nicht entspricht. Die Schule zielt sehr schnell darauf ab, die Einzigartigkeit jedes Kindes in die Vergleichbarkeit zu überführen und aus dem »Original« einen Schüler zu machen, der sich auf diese Rolle reduzieren läßt. Was der Schülergemeinschaft dienlich ist, kann für die Persönlichkeit des einzelnen Kindes angstmachend sein.

Nehmen wir die Pubertät und die ersten Begegnungen mit dem anderen Geschlecht als ein anderes Beispiel dafür, wie Angst natürlicherweise unser Leben begleitet.

Unter dem Drang erotischer Sehnsucht, sexuellem Begehren und dem Wunsch nach anerkennender Partnerschaft liegt das Angstmachende auf der Hand, zumal in einer Gesellschaft, in der die erste Begegnung mit Sexualität primär unter dem Aspekt der Verhütung steht, also der Androhung einer Gefahr, die mit Sexualität verbunden ist. Im Aids-Zeitalter ist die Gefahr sogar tödlich, eine unglaubliche Bedrohung für die Lust auf Leben. Sexualität erscheint öffentlich viel weniger als eine zu bewältigende und beglückende Herausforderung, sondern vielmehr als eine Bedrohung, auf die man sich erst später – wenn überhaupt – einlassen sollte. Wie wird man reif in dieser Frage? Wie erfährt man, daß die Fähigkeit zu lieben die Fähigkeit ist, sich ohne Angst und Vorbehalte, aber auch ohne Bedingung, hinzugeben?

Wir können die Beispiele fortsetzen: Berufsbeginn, die Gründung einer eigenen Familie oder auch der bewußte Verzicht darauf, Mutter- und Vaterschaft, das Erreichen der gesteckten Ziele in der Mitte des Lebens, das Altern und die Begegnung mit dem Tod – immer ist an einen Anfang auch eine Angst gesetzt, eine Angst, die uns scheitern lassen kann und eine Angst, die uns aktiv macht, von uns angenommen und gemeistert wird. All diese Ängste gehören gleichsam organisch zu unserem Leben, sie sind der Prozeß des Lebens selbst, weil sie mit körperlichen, seelischen, geistigen, sozialen und spirituellen Entwicklungsabschnitten zusammenhängen, mit der Übernahme von Aufgaben, mit der Veränderung in uns selbst. Solche Schritte in das Leben sind immer Grenzüberschreitungen und fordern uns auf, uns vom Gewohnten, Vertrauten, von den uns selbst auferlegten Grenzen zu lösen, um Neues und Unvertrautes zu wagen.

Dieser heilsamen Angst, die uns in der Auseinandersetzung mit den Verhältnissen, in denen wir leben, zu Kritik und Aktivität auffordert, steht die neurotische, oft destruktive Angst gegenüber. Die destruktive Angst überwältigt, geht an die Grundfesten, raubt das lebensnotwendige Vertrauen zum Anderen und das Vertrauen zu sich selbst, zerstört die mitmenschlichen Bezüge. Sie unterbricht Sein und Werden, verstört den klaren Blick, verwirrt die Gedanken, besetzt den Betroffenen. Sie hat oft etwas terroristisches, wenn sie die Folge von Terror ist, Folge der totalen Ächtung und Entwürdigung eines Menschen. Als namenloses Grauen erzeugt die destruktive Angst ein undeutliches Gefühl drohender Vernichtung, man kann ihr nicht ausweichen. Körperlich drückt sich diese Angst vielfach in Herzklopfen, Herzjagen, Beklemmungsgefühlen, Zittern, Schwindel, Schwitzen, innerer Unruhe aus, in Symptomen also, die wir manchmal unter der Sammelbezeichnung »psychovegetatives Syndrom«, »Herzneurose« oder »Herzphobie« als Krankheit übersetzt wiederfinden.

In der phobischen oder gebundenen neurotischen Angst werden bestimmte Situationen gefürchtet: allein auf die Straße zu gehen, Plätze zu überqueren, in einen Fahrstuhl zu steigen, einen Tunnel zu durchfahren, Spinnen, Schlangen, Katzen oder Hunden nahezukommen. Man weiß dann, woran man ist und kann sich darauf einzustellen versuchen. Die frei flottierende Angst überfällt die Menschen jäh, sie wissen plötzlich nicht vor noch zurück, können aber auch keinen konkreten äußeren Anlaß ausmachen. Die »freie« Angst wählt meistens die Sprache des Körpers: Der Betroffene glaubt etwa, sein Herz würde stillstehen, ihm wird schwindelig, er muß plötzlich erbrechen oder erleidet einen Anfall heftiger Atemnot.

Der Grund diffuser Angst bleibt in der Regel verborgen, und die Körpersymptome werden als Sprache der Angst nicht erkannt. Wenn die Angst auftaucht, versuchen wir ihr auszuweichen, sie zu vermeiden oder eine schnelle Lösung herbeizuführen. So wollte ein aus Angst vor sexuellem Versagen impotenter Mann zum Beispiel mit einer neuen Bekannten sofort Sexualverkehr haben, versagte und hatte nun gesteigerte Angst vor dem Versagen.

Jede Angst hat eine Geschichte

Wir alle erleben diese organischen, seelischen und sozialen Ängste höchst unterschiedlich. Niemand wird einfach nur eingeschult, sondern bringt eine höchst unterschiedliche Schulung im Umgang mit Ängsten mit. Niemand fängt einfach an zu lieben, sondern hat bereits Erfahrungen im Umgang mit der Liebe. In die normalen Ängste verwoben ist die Fülle individueller, lebensgeschichtlich geprägter Erfahrungen – und diese Prägung beginnt, wie wir heute wissen, lange vor der Geburt. Noch ehe ein Kind geboren wird oder gar den Begriff Angst zur Verfügung hat, hat es als Embryo die körperliche Erfahrung der Angst im Zusammenhang mit dem mütterlichen Organismus gemacht.

Die individuelle Lebensgeschichte erzeugt auf bewußte und unbewußte Weise Ängste, die wir bei anderen deshalb oft nicht verstehen können, weil wir ihre Geschichte bei uns selbst nicht einmal kennen. So kann erfahrene Einsamkeit bei dem einen schwere Ängste auslösen, für den anderen ist sie die Voraussetzung, zu sich selbst zu finden. Der eine fürchtet sich vor jeder Art von Menschenansammlungen, der nächste badet sich am liebsten in der Menge. Der eine kann sich nicht in geschlossenen Räumen aufhalten, ein anderer Mensch wiederum findet enge Räume gemütlich.

Angst ist eine Erfahrung des Lebens – und weil sie nur als erlebte und empfundene erfahrbar ist, gibt es nicht *die* Angst schlechtthin, so wie es auch nicht *das* Leben schlechthin gibt. Leben manifestiert sich konkret in den Lebenden, Angst wird erlebt von historisch konkreten Menschen, von jedem von uns auf die ihm spezifische Weise. Wir können allgemein über das Thema Kriegsangst sprechen, aber die persönliche Kriegsangst hängt mit unseren biographischen Erfahrungen und individuellen Lebensbedingungen zusammen.

Jede Angst hat ihre Entwicklungs- und Entstehungsgeschichte, die schon vor und mit unserer Geburt beginnt, und sie ist eingebettet in die Zeitgeschichte und Kulturepoche, in der wir aufwachsen. Ob unsere Geburt und Kindheit zeitgeschichtlich in der Nachkriegszeit unter dem Stichwort Katastrophe, Überleben, Wiederaufbau oder Überfluß stattfindet, entscheidet auch darüber, wie wir unsere Angst erleben. Ob unsere Angst uns lähmt oder aktiv macht, ob wir sie körperlich, seelisch, geistig oder sozial ausdrücken, ob wir sie anderen Menschen mitteilen können oder sie verschweigen, hängt wesentlich davon ab, welche Lebenserfahrungen mit unserer Angst verbunden sind.

Angst wird als Signal der Bedrohung und als biographische Aufforderung erlebt, sie zu überwinden. Wir alle aber wissen, daß wir Hoffnung und Lebensmut verlieren können. Damit verschwinden aber auch die lebensentscheidenden Impulse, die Angst zu überwinden. Das Annehmen und Meistern der Angst bedeutet Entwicklung und Bewegung, das Ausweichen vor ihr läßt uns stagnieren. Wir erstarren dann wie das berühmte Kaninchen vor der Schlange. Keine oder nie Angst zu haben, ist bei denen, die so siegessicher und selbstbewußt davon sprechen und die Ängstlichen für Panikmacher halten, eher Ausdruck der Bannung der Angst, denn ein Ausdruck ihrer Überwindung. In dem Satz: »Mich kann man nicht bange machen« spürt man den Trotz, sich nicht überwältigen zu lassen.

Ein Mann, Ende dreißig, bekommt während der Arbeit einen schweren Herzanfall und wird von der Arbeitsstätte weg sofort in die Klinik gebracht. Der Arzt fragt den Kranken, dessen Anfall noch nicht vorüber ist, ob er Angst habe. Der Kranke antwortet sachlich, als ob es sich gar nicht um ihn selbst handele: »Sterben muß jeder.« Die Stationsschwester fragt ihn, ob sie seine Frau benachrichtigen solle. Der Kranke beruhigt sie (!). Das sei nicht nötig, das würde schon sein Betrieb besorgen (!). Zwei Stunden später ist er tot. Er hat seine Frau nicht mehr gesehen. (Huebschman)

Was wie Angstlosigkeit erscheint, ist Gleichgültigkeit gegenüber sich selbst. Wer keine Angst mehr hat, hat seine Wächterin verloren.

Die Verschiebung der Angst ins Symptom

Angst ist fast immer Ausdruck einer Überforderung. Wir sind einer Situation nicht gewachsen und werden ängstlich. Immer wieder lassen wir uns in solche Situationen treiben: Wir wollen perfekter, schöner und schneller sein, höher und weiter hinaus; wir sind ehrgeizig und konkurrenzbereit. Wir lassen uns wider besseres Wissen zwingen und werden gezwungen. Wir holen unsere Maßstäbe nicht aus uns selbst, sondern von außen, vom Nachbarn, von den Eltern, von den Partnern, von den Autoritäten, die das gesellschaftliche Interesse an uns und unserem Leben mit so viel Nachdruck vertreten. Durch unsere Erziehung lernen wir die Unterdrückung unserer Gefühle, wir verbergen unser Schutzbedürfnis, wir schämen uns unserer Weichheit und erst recht unserer Angst. Diese Abwehr kostet Kraft, sie versetzt uns in Dauerspannung, denn überall lauern Ansprüche, denen wir nicht gerecht werden, und überall gibt es die Möglichkeit, daß wir scheitern.

Manche Menschen fürchten sich, noch ehe ein Anspruch an sie gestellt worden ist, allein vor der Möglichkeit, daß sie gefordert werden könnten. Sehr schnell werden sie als Drückeberger verurteilt. Dazu ein Beispiel aus der psychosomatischen Medizin: Zwei Patienten kommen mit krampfartigen Herzschmerzen in die Sprechstunde. Obwohl sich die Symptome ähneln, handelt es sich im einen Fall um einen ausgedehnten Vorderwandinfarkt, im anderen Fall um eine Herzneurose, ein funktionelles Syndrom bei organisch gesundem Herzen. Die scheinbar identischen Symptome entstammen ganz unterschiedlichen Lebenswirklichkeiten, Lebenswünschen und Lebensängsten. Im Fall des Patienten mit der Herzneurose ist die persönliche Wirklichkeit vollständig von einem ängstlichen, rücksichtsheischenden Herzen eingenommen. Jede Anforderung der Außenwelt wird ängstlich umgangen, jede körperliche Beschwerde als gravierendes Alarmsignal überbewertet. Der Herzinfarktpatient dagegen leugnet die Alarmmeldung seiner Körpers. In seiner Wirklichkeit haben die Arbeits- und Leistungsanforderungen von außen einen absoluten Vorrang. Der Körper muß erst zusammenbrechen, das Herz sich verschließen, bevor sie die Chance bekommen, gehört zu werden.

Freud hat die Angst eine Selbst-Impfung des Ich genannt, und in der Sprache der Krankheit erleben wir, wie unterschiedlich die Energie wirkt, mit der die Angst in Charaktermerkmale, Verhaltensweisen oder Körpersymptome verwandelt wird. Angst kann sich als Scheu, Scham, Verlegenheit und übertriebene Vorsicht zeigen, sie kann sich als Platzangst, Angst vor dem Fliegen, als Angst vor bestimmten Tieren, aber auch als Angst vor Krankheit wie in der Krebsangst manifestieren. Jede seelische Angst hat ihre körperliche Seite, Zittern, feuchte Hände, Muskelspannung, Magenbeschwerden, weit geöffnete Augen, leise oder stotternde Stimme, unbewegte Mimik oder starre und gebeugte Haltung gehören zur alltäglichen Körpersprache der Angst.

Die vielfältigen Gesichter der Angst mögen Ursache dafür sein, daß es heute noch nicht gelungen ist, ein einheitliches Angstverständnis zu entwerfen, das die emotionalen, geistigen, körperlichen, aber auch sozialen und spirituellen Aspekte der Angst umfaßt. So wissen Menschen, die in Angst sind und darum erkranken, vor allem dann, wenn ihre Angst sich über Körpersymptome ausdrückt, oft nicht, daß sie Angstpatienten sind. Obwohl Angst wie Trauer, Freude, Aggression und Ärger zu den sogenannten Grundgefühlen des Menschen gehören, ist sie gesellschaftlich wie medizinisch ein eher geleugnetes und verdrängtes Gefühl, das von den Patienten »versteckt« wird – zum Beispiel hinter Luftnot, Konzentrationsstörungen, Sehstörungen, Heißhunger, Schwindel, Müdigkeit und Erschöpfung, Lähmungs- und Engegefühlen und Schmerzen im Rücken, Nacken, Kopf, in den Gelenken, den Armen und Beinen, wie die psychosomatisch arbeitende Neurologin Mechthilde Kütemeyer in verschiedenen Untersuchungen an ihrer Klinik nachweisen konnte.

Die Mehrheit der Patienten, die in Unkenntnis und Hilflosigkeit gegenüber ihren Angstsymptomen die Hilfe eines Allgemeinarztes in Anspruch nehmen, leiden an einer Störung, für die nachweisbare Veränderungen der Gewebe oder Organe fehlen und die daher keinem medizinischen Krankheitsmodell im engeren Sinn entsprechen. Körper, Geist und Seele funktionieren einfach nicht mehr so, wie sie sollten.

Die Hälfte der Patienten einer Allgemeinpraxis leidet an Symptomen, die dem Formenkreis der Funktionsstörungen zugeordnet werden. Was hier funktioniert ist die Energie der Angst, und die Störungen sind Ausdruck der Verunsicherung des Lebensgefühls und Zeichen für die Störung des Wohlbefindens eines Menschen auf allen Ebenen seiner Existenz.

Am stärksten davon betroffen sind Menschen des dritten bis fünften Lebensjahrzehnts; Frauen mehr als Männer. Die Patient(inn)en erleben ihre Beschwerden ausdrücklich körperlich und wünschen, daß das Mißbefinden und die Erschöpfung, die Schlafstörung und die Kopfschmerzen, die Magenbeschwerden und das Herzjagen auch so interpretiert werden. Nicht umsonst haben sie schließlich ihre Angst psychovegetativ in körperliche Symptome verwandelt. Die seelischen Hintergründe werden von den Betroffenen selten angesprochen, und um so angstmachender ist dann für sie die Tatsache, daß die somatischen Befunde unauffällig sind, daß, wie die Medizin sagt, lediglich Funktionsstörungen an strukturell intakten Organen vorliegen. Psychovegetative Störungen sind also nur Störungen des Allgemeinbefindens, aber was wäre umfassender als dies? Kaum eine andere Patientengruppe hat so viele Beschwerdekomplexe und klagt so viel. Die innere Angst und die mit ihr verbundene Verleugnung der Gefühle, die unerträglichen inneren Spannungen und die Zunahme zwischenmenschlicher Konflikte stellen die Betroffenen so unter Druck, daß sie händeringend nach einer somatischen Diagnose suchen. Sie können sich angesichts der Vehemenz der Beschwerden gar nicht vorstellen, daß sie nichts Körperliches haben.

Wird diese Erklärung nicht akzeptiert, gehen die Betroffenen in den Widerstand, fühlen sich unverstanden, das Leid vermehrt sich, die Symptome verstärken sich. Versuchs- und Fehlbehandlungen, Dauertherapien, medizinische Odysseen und abwertende wissenschaftliche Analysen, in denen die Menschen mit psychovegetativen Störungen als Angsthasen, als phantasiearm und erlebnismäßig eingeschränkte Querulanten beschrieben werden, sind die Folgen und heben nicht gerade das Selbstgefühl. Gereizt, erschöpft, niedergeschlagen und voller Angst – je länger die Symptome dauern – kommen die Patient(inn)en in die Sprechstunden. Einerseits wird die Angst als unheimliche »Anspannung in der Brust«, »Benommenheit im Kopf«, »immer Zittern«, also körperlich beschrieben, werden die Betroffenen aber ernsthaft nach dem Zustand ihres Allgemeinbefindens befragt, so sprechen doch viele von ihrer Neigung zum Weinen.

Sieht man sich die Aufgaben der relativ jungen Patient(inn)en an, die diese zwischen dem dritten und fünften Lebensjahrzehnt zu lösen haben, so ist die Neigung zum Weinen und die Angst zu versagen nicht unerklärlich: Berufswahl, Ausbildung und berufliche Bewährung, Partnerwahl und Eheschließung, Geburt von Kindern und Partnerschaftskrisen, Trennung und Neuorientierung, von allgemeinen Zukunfts- oder Kriegsängsten mal ganz zu schweigen. Wer bleibt da nicht einmal abgeschlagen, matt, gereizt und angstvoll auf der Strecke? Manifestiert sich die Störung aber zur Krankheit, dann ist das Krankheitsgefühl stark von Angst und Besorgnis begleitet. Die Krankheit chronifiziert, wird zu einem Dauerzustand.

Die Symptomatik ist daher eher wellenförmig als kontinuierlich, aber es kommt auch zu ausgesprochenen Anfällen wie bei Kopfschmerzen und Migränen, bei anfallsartigen Magenbeschwerden oder periodisch auftretenden Durchfällen. Es gibt Phasen der Beschwerdefreiheit, aber fast immer existiert eine Angst vor der Wiederholung des Krankheitsgeschehens. Die Patienten sitzen im Teufelskreis ihrer Krankheit fest. Sie liegen auf der Lauer vor dem nächsten Symptom, und bekanntlich zieht die Angst vor der Angst die Angst herbei. Die Chronifizierung der Symptome hängt vielfach mit dem Zustand der »Enthoffnung« zusammen, und diese Verstrickung läßt auch in symptomfreien Zeiten nur schwer Freude aufkommen.

Die Ich-Verstrickung führt zu Kontaktstörungen und in der Folge auch zu Liebesunfähigkeit, was besonders schlimm deshalb ist, weil diese Patienten fast alle die Erfahrung gemacht haben, nicht genug geliebt worden zu sein. Süchtigkeit ist an der Tagesordnung: rauchen, essen, trinken, betäuben.

Die »Angstkranken« sind die Asozialen in der naturwissenschaftlichen Medizin. Die Heilungsquote ohne Psychotherapie ist gering. Patient(inn)en mit Störungen der Befindlichkeiten sind auf Wanderschaft – zu den Ärzten, zu Drogen, auf der Suche nach Hilfen. Befindlichkeitsstörungen sind Suchbewegungen zum Leben. Das regulative System, das uns immer noch ein großes Geheimnis ist, bringt die Unruhe des ungelebten Lebens zum Ausdruck, gibt der Angst einen Ort.

Angstpatienten bilden eine Art Flüchtlingsstrom, der im gegenwärtigen Medizinsystem zwischen der Organmedizin und der Psychiatrie als »Seelenmedizin« heimatlos umherirrt. Sie sind konfessionslos. Die unkontrollierbaren Rückenschmerzen, das Herzjagen, die Unterleibsbeschwerden und ständigen Entzündungen, die überempfindlichen Hautreaktionen, die Kopfschmerzen und viele andere Formen des unbewußten Körperstreiks sind Grenzgänger und Verschiebungen: An die Stelle der Über- oder Unterforderung im Leben tritt die Flucht vor allem in die somatische Krankheit oder körperlichen Beschwerden, denn die sind gesellschaftlich akzeptiert und legitimieren bei ärztlicher Anerkennung zum Ausstieg aus Familie und Beruf und zur Niederlegung der Pflichten. Die verdrängte Angst hämmert dann als Migräne im Kopf, liegt als Geschwür im Magen, nimmt als Asthma die Luft, durchbohrt den Rücken mit unerträglichen Schmerzen. Angst und Aggression, Wut und Trauer haben der aktiven Auseinandersetzung mit der Welt den Rücken zugekehrt und sich nach innen, in den eigenen Körper und die eigene Seele verlagert, um dort ihre Kritik auszuleben.

Ängste, die in Symptome verwandelt werden und deren Inhalte und Fragen man nicht mehr erkennt, sind konvertiert, haben sozusagen eine andere »Konfession« angenommen. Sie beschwören etwas anderes zu sein, als sie sind: nämlich Kinder der Angst. Der Inhalt und Anlaß der Angst wird verkleidet, bis zur Unkenntlichkeit verstümmelt, dann aber als Abgewertetes in symptomatischer Weise zur Darstellung gebracht. Der Betroffene lebt nicht mehr in Angst, sondern er lebt die Angst.

Aus Unerlaubtem ist Erlaubtes geworden, aus der abschätzig behandelten Angst eine legale und gesellschaftlich anerkannte Krankheit. Die Angst hat sich Seele und Körper gekauft und ihren verdrängten Inhalt von der seelischen, geistigen, sozialen oder spirituellen Fragestellung im Leben eines Menschen in eine körperliche Symptomatik abgewandelt. Der Organismus reagiert auf den gequälten Ruf der Seele und bietet ihr über die Symptome eine Entlastung an.

Bei einem 26jährigen Patienten waren drei Monate nach einer Hodenentfernung wegen Seminoms und anschließender Bestrahlung deutlich angstgetönte Anfälle mit Schwindelattacken und multiplen Schmerzen aufgetreten. Unter zahlreichen Befunden, die erneuten Metastasenverdacht nicht bestätigen, findet sich einmal kometenhaft – ohne Bezug auf die Körpersymptome – die Bemerkung »unbegründete Angstgefühle«. In den Krankenblättern der folgenden Jahre wird statt dessen der Alkoholabusus wiederholt vermerkt. »Die Angst taucht in der Diagnose erst sechs Jahre später in unserem Haus auf«, schreibt die Ärztin Mechthilde Kütemeyer über die Krankengeschichte eines Mannes, dessen Angstanfälle eigentlich nicht verwunderlich sind.

Wenn Krankheit zum unbewußten Körperstreik wird und Körper und Seele ein kompliziertes Beziehungsgeflecht eingehen, ist die offene Frage immer psychosomatisch: Sind die seelischen Probleme, die mit der Krankheit verbunden sind, Ursachen oder Folge des Leidens? Wie drückt sich Angst überhaupt im Feld der Krankheit aus und kann, wenn das geschehen ist, überhaupt noch eine Entscheidung zwischen organischer oder psychischer Genese oder Entstehungsursache fallen? Victor von Weizsäcker hat das für die Interpretation des Krankheitsgeschehens für sich klar entschieden. Er hält die Frage, wer angefangen hat, Körper oder Seele, letztlich für die Leugnung des Gesamtzusammenhangs, in dem Leben sich gestaltet. Nicht ein Organ erkrankt, sondern der ganze Mensch und zu diesem gehören Körper, Geist und Seele.

Im medizinischen Alltag ist somatisierte Angst ein Kind auf Trebe, also ständig unterwegs und auf der Suche nach einer diagnostischen Unterkunft. Nicht nur die Medizin selbst, sondern auch die Patienten verdrängen konsequent. Angst ist nicht hoffähig – für Diagnose und Therapie offenbar nicht interessant genug.

Wer nach der Angst eines Menschen fragt, müßte sich um sein Leben kümmern, sie als Begleiterin und Informantin akzeptieren. Statt Leugnung oder Angstbekämpfung mit der Chemiekeule brauchen Menschen mit und in Angst eine annehmende und verstehende Auseinandersetzung mit der in den Symptomen sichtbar werdenden Gestaltungsarbeit ihrer Angst.

Die Konversion der Angst nimmt nicht immer den direkten Weg ins Organ. Manchmal flieht sie von einem Gefühlsbereich in einen anderen, produziert Verhaltensweisen und Charaktereigenschaften, mit denen ein Mensch sich gegen das verpanzert, was ihn überfordert. Das Gefühl, ein leistungsstarker, immer aufgeschlossener und den Herausforderungen des Lebens gewachsener Mensch zu sein, ist als Bild von sich selbst leichter anzunehmen als die Einsicht, daß hinter jedem dieser glänzenden Auftritte in der Öffentlichkeit eine Schlacht mit den eigenen Ängsten steht. Es ist nicht leicht, hinter dem Konkurrenzbemühen, dem fröhlichen und lauten Verhalten eines Menschen die Angst zu entdecken, die dieser vor seinen verdrängten Wünschen nach Ruhe, Schutz, Passivität und Hingabe hat. Über den hart arbeitenden, erfolgsgetriebenen, ruhelosen und nur selten ängstlichen Menschen, den wir des öfteren auf den Herzinfarktstationen antreffen, schreibt der Arzt und Psychotherapeut Horst Eberhard Richter: »Es ist nicht echter Überschuß an Kraft und Unternehmensfreude, die sich hier lustvoll Ausdruck verschafft. Sondern ganz im Gegenteil: Dieser Typ steht unter der Folter eines fortwährenden Messens. Er ist es nicht, der aus freier Selbstbestimmung nach Erfolgt jagt. Sondern er ist selbst der Gejagte.« (Richter)

Durchhaltesyndrome aller Art stehen in einer erfolgreichen Leistungs- und Fortschrittsgesellschaft hoch im Kurs, die gleichzeitig die »Ängstlichen«, »Erfolglosen« stigmatisiert und diskriminiert, damit der Antrieb ja nicht gefährdet wird. Der Verinnerlichung des Leistungszwangs steht die Angst als kritische Lebensbegleiterin des Menschen im Wege, da sie nach den Bedingungen, Fähigkeiten und Bedürfnissen eines Menschen und damit nach den Voraussetzungen für Leistungsbereitschaft fragt. Nicht Leistung und Motivation stellt sie in Frage, sondern die Art und Weise, wie sie erbracht werden soll. Sie befragt das Menschenbild einer Gesellschaft, die Menschen dazu antreibt, zu jeder Zeit an jeder Stelle, zu jedem Preis und gegenüber jeder Anforderung von außen alles zu geben, was sie haben, nicht nur ihre Kraft und ihre Gesundheit, sondern vielleicht auch ihr Glück, die Beziehung zu ihren Kindern oder den Sinn ihres Lebens.

Die Stillegung der Seele

Das Haus der Angst hat viele Zimmer. Wenn man den Raum der Depression betritt, sind die Fenster meistens mit schweren Vorhängen zugezogen, die Luft ist stickig, das Leben scheint stehengeblieben, und obwohl die Bewohner frei sind, scheint alles mit Käfigwänden umgeben zu sein, um jede Herausforderung abzuwehren und jeden Hoffnungsschimmer zu ersticken. Die Depressionen haben aufgehört, der Angst die Stirn zu bieten. Was sie drückt, ist die Aufforderung, das Leben durchzuhalten, weil sie keine Möglichkeit mehr sehen, sich im eigenen Interesse und mit eigenen Motiven aufzumachen. Das Leben hat sich auf »Gefahren« reduziert, die überall lauern und die den Satz »Wird Zeit, daß wir leben« in eine Aufforderung zur Höllenfahrt durch alle Ängste dieser Welt verwandeln. In der Depression sind selbst die Ängste still geworden: Sie liegen einfach schwer auf der Seele der Betroffenen herum. Ob Versagen schlimmer ist als Blamage, Beschämung oder Spott; ob Zurückweisung schlimmer ist als ein einfacher Auftritt in der Öffentlichkeit; ob Kontrollverlust schlimmer ist als die Erfahrung einer Niederlage kann nicht entscheiden werden. Die Angst hält Entscheidungsspielräume besetzt: als Angst vor Mißverständnissen, vor aufkommendem Zorn, als Angst vor Kontrolle und Gewalt, als Angst vor Enttäuschung, als Angst vor der eigenen Schwäche. Im Zimmer der Depression liegen die Ressourcen, Fähigkeiten, Talente und die Erinnerungen an Erfolge der Betroffenen fest verschlossen in den Schubladen der alten Kommoden. Die Schlüssel sind irgendwo versteckt.

Die Depression gehört inzwischen zu den großen Zivilisationskrankheiten dieses Jahrhunderts. Schleichend und gleichzeitig epidemisch hat sie die Welt erobert und erreicht – wie der Name verspricht – mit der Zivilisation und ihren Begleiterscheinungen auch die verborgenen Winkel unseres Planeten. Nach Angaben der WHO erkranken jährlich 150 Millionen Menschen an dieser »Verdüsterung des Gemüts«, in die der Körper massiv verwickelt ist.

Der niedergedrückten Seele ist der »drive« abhanden gekommen, auf den die Zivilisation der Schnelligkeit und Effektivität doch so viel Wert legt. Die Ängste und ihre Verleugnung kosten so viel Kraft, daß die Betroffenen wie in einer Art »slow motion« durch den Film ihres Lebens wandern und mit verlangsamten Schrittfolgen dennoch irgendwie da zu sein versuchen. Die Aktivitäten erscheinen gelähmt, und tatsächlich fühlen sich viele depressive Menschen ihrem Leben gegenüber wie erstarrte Kaninchen, die darauf warten, von der Schlange verschluckt zu werden. Der Tonfall ist monoton, und falls ein Lächeln zum Vorschein kommt, wirkt es müde. Mimik und Gestik verarmen, das Denken dreht sich im Kreis, ist geblockt und bietet kein hoffnungsvolles Motiv für die Zukunft. Der Blick richtet sich nach hinten oder zu Boden, die Lebenslust hat Hausverbot. Die Depression ist eine Art Leiden an der Gegenwart, in dem die Energie der Angst und ihr Verbrauch an Lebenskraft zu einem Leben auf Reserve führt. Sie erscheint als eine Form gefrorener Wut (frozen rage), die im Kleid dressierter Unterwürfigkeit daherkommt.

Die Sprache der Angst und ihrer Niedergeschlagenheit in der Depression ist offenbarend; die Menschen sprechen von sich als dem Bündel Unglück, als lebendem Tod, als dumpf und stumpf, als gefangen. Sie fühlen sich bleiern, das Lebensgefühl ist ausgelöscht, die Freude gestohlen, sie sind abgestürzt. Alle diese Worte sagen etwas über die Art und Weise der Kraft und der Energie, mit der die Angst wirkt. Wenn die Angst in der Depression ertränkt ist, dann empfinden Menschen nicht einmal mehr Traurigkeit, dann herrscht ein Gefühl der Gefühllosigkeit vor, eine Art Weinen mit trockenen Augen. Gesteigert führt diese Angst auch zum Tod, als letztem Ausweg: der freiwillige Untergang als Heimkehr zu sich selbst. Lieber ins Wasser gehen als in die Sprechstunde, lieber einschlafen, als sich wach gegenübertreten.

Nicht jeder Mensch ist in gleicher Weise depressiv. Während die einen sich kaum noch bewegen, das Bett zum Lebensort machen oder nur noch teilnahms- und interessenlos herumsitzen, sind die anderen ängstlich überaktiv, ohne wirklich etwas zu bewegen. Sie finden vor Schuldgefühlen und Selbstanklagen keinen Schlaf, versuchen aber, alles pünktlich zu erledigen. Manchen depressiven Menschen überrollen die Schuldgefühle wie wahnhafte Bilder, und wieder andere flüchten in permanente Befindlichkeitsstörungen oder Krankheitsphobien, die ihnen das Ende des Lebens von morgens bis abends vor Augen halten. Die meisten, die in dieser Weise an der Gegenwart ihres Lebens leiden, denken immer wieder auch an Selbstmord, und das Gefühl der Ausweglosigkeit verstärkt sich durch die Reaktion der gesellschaftlichen Umwelt auf die Krankheit der Depression, die oft keinen Grund für all das Leiden sieht und schlicht »zusammenreißen« empfiehlt. Jeder möchte, daß die Symptome einfach verschwinden und das gemeinsame Leben wieder leichter wird, aber die depressive Schwere ist hartnäckig und nur schwer beeinflußbar.

Anders als der Herzinfarkt, der mehr oder weniger plötzlich in das Leben eines Menschen einbricht und lokalisierbar ist, entwickelt sich die Depression meistens Schritt für Schritt. Wer hatte nicht schon mal depressive Verstimmungen? Aber selbst in diesen steckt etwas Unheimliches. Es ist, als ob die Depression aus dem Nichts kommt und die Menschen regelrecht anspringt oder überrollt. Viele Menschen wissen deshalb zunächst gar nicht, daß und wie sie unter depressiven Ängsten leiden. Hinter den Aktivitäten des Tagesgeschäfts versuchen die dunklen Stimmungen zu landen und ihren Platz zu erobern. Die Betroffenen spüren, daß die Lebenslust abnimmt und immer mehr Ängste auftauchen, die sie so vorher nicht kannten. Der wirkliche Umschlag in die Krankheit ist oft nicht auszumachen. Zunehmende Hilflosigkeit, Gefühle des Alleingelassenseins und der Gleichgültigkeit sind die Einstiegstore depressiver Ängste. Das Gefühl, mehr und mehr zu versagen, sich nicht mehr auf sich verlassen zu können, die Umgebung ständig zu enttäuschen, den Ansprüchen nicht gerecht zu werden, läßt sich bleischwer in allen Poren von Körper und Seele nieder.

Auch die Depression hat in der Regel einen Anlaß, geht oft auf eine als Bedrohung erlebte Situation zurück, auch wenn diese länger zurückliegt und erst am Ende der Krisenbewältigung offenlegt, daß der depressiv gewordene Mensch einfach überfordert war, auch wenn er aufrichtig gekämpft hat. Viele Migranten erleben erst nach Jahren durch ihre Depression, daß sie den Heimatverlust nicht verkraftet haben. Manche junge Mutter kann nicht begreifen, daß das gerade geborene Wunschkind zum Auslöser einer Depression geworden ist, weil das Gefühl der Überforderung unbewußt blieb.

Wird Zeit, daß wir leben, ist eine besondere Herausforderung, wenn ein Mensch mut- und kraftlos geworden ist. Das schlechte Gewissen und die Schuldgefühle des Depressiven umlagern diesen Satz, so daß er eher wie eine ironische Keule wirkt. Die moralischen Normen und Hetzjagden auf das Leistungs-Ich in uns jagen schon die »Gesunden« manchmal vor ihrem Leben her, wie soll dann der erkrankte Mensch das Ruder herumreißen und sich die Fragen stellen: Warum will ich leben und wie möchte ich leben? Mit wem und mit welchen Zielen, die mir Sinn machen? Welchen Ängsten werde ich begegnen und welche kleinen Mutproben könnten mich voranbringen? Ein wichtiger und erster Schritt aus dem verdunkelten Zimmer der Depression könnte allerdings die Erkenntnis sein, daß die Angst nur dann zu einer Begleiterin auf dem Weg in die »fröhliche Freiheit« des Leben werden kann, wenn wir erkennen und akzeptieren lernen, daß es ohne sie gar keine Lust auf Leben gäbe und daß die Grundformen der Angst den profanen Grundformen des Lebens entsprechen, die alle Menschen begleiten. Der Unterschied zwischen der Angst als Teil eines Lebens, das sich gut fühlt, und die Angst als Teil eines Lebens, das sich von der Depression eingesperrt fühlt, liegt darin, daß letzteres aus der Schwingung gekommen ist und vereinseitigt an einer Angst festhält, die auch das Leben festhält.

Grundformen der Angst

Es gibt nichts, wovor wir nicht Angst entwickeln könnten, und auch ihre Ausdrucksform hat so viele Gesichter wie es Menschen gibt, die Angst haben. Dennoch entwickeln sich inmitten all der Verschiedenheiten Grundformen des Lebens wie der Angst, die uns auf das Gemeinsame in der menschlichen Existenz verweisen. Bei genauerem

Hinsehen geht es im Leben von Menschen immer wieder um ähnliche Konflikte und Fragen, und auch in der Angst geht es deshalb um Varianten bestimmter Ängste, die mit diesen Lebensaufgaben und -fragen zu tun haben.

Fritz Rieman hat in diesem Zusammenhang von »Grundformen der Angst« gesprochen, die auf der Tatsache der Polarität alles Lebendigem beruhen. Wie der Tag die Nacht braucht, um sich zu zeigen, braucht die Schwerkraft die Fliehkraft, um ihre Wirkung zu verdeutlichen. Das Männliche ist eine andere Lebensform als das Weibliche, aber nur zusammen machen sie die ganze Form des Lebens aus. Zum Licht gehört der Schatten, zur Gesundheit die Krankheit, zum Himmel die Erde, zur Lust die Angst, zur Kraft der Dynamik die der Statik. Leben vollzieht sich als Spannungsbeziehung zwischen diesen Polen, zwischen Geburt und Tod, Distanz und Nähe, Hoffnung und Verzweiflung, Stärke und Schwäche – auf keine Seite könnten wir je ganz verzichten, und je besser wir die Balance und den Ausgleich finden, desto befriedigender wird sich unser Leben anfühlen.

Unser lineares Weltbild des Entweder-Oder ist lebensfeindlich, denn Leben als Prozeß in der Polarität ist eher gekennzeichnet durch das Sowohl-als-auch. Eine Welt, die aber Eindeutigkeit, Objektivität, Rationalität, einfache Ursache-Wirkung-Relation bevorzugt und um jeden Preis fördert, muß Menschen, die immer wieder mit der Gegensätzlichkeit und Komplexität konfrontiert sind und in Entscheidungsprobleme kommen, ängstigen. Als Menschen sind wir grundlegenden Forderungen ausgesetzt, die wir einerseits als einander widersprechende und andererseits als sich ergänzende Strebungen empfinden und in uns wiederfinden. In wechselnder Gestalt durchziehen diese auch den Kosmos prägenden Prinzipien unser ganzes Leben und wollen in immer neuer Weise von uns beantwortet und ausgehalten werden.

So wie die Erde in bestimmtem Rhythmus die Sonne umkreist und sich gleichzeitig um die eigene Achse dreht, das heißt eine Eigendrehung ausführt, so wie die Schwerkraft unsere Welt gleichsam zusammenhält, indem sie in die Mitte strebt, sozusagen »festhält« und die Fliehkraft, die Mitte fliehend, nach außen drängt, sozusagen »losläßt« – so gibt es Gegenimpulse in unserem eigenen körperlichen, psychischen und geistigen Organismus, auf deren Ausgewogenheit wir angewiesen sind. Nur die Ausgewogenheit aller Impulse im tätigen Zusammenspiel und unter Beibehaltung ihrer gegensätzlichen Wirkung garantiert die lebendige Ordnung. Ohne Ausatmen gibt es kein Einatmen; ohne Aufnahme keine Verdauung; ohne Anspannung keine Entspannung. Abhängiges Sicheinfügen und unabhängige Eigenbewegung sind die Spannungspole, zwischen denen wir unser Leben gestalten. Wir sind gefordert, ein einmaliges Individuum zu werden, unseren Eigensinn zu bejahen und kein austauschbarer Massenmensch zu werden. Im Prozeß dieser Individuation, wie C. G. Jung diesen Entwicklungsvorgang genannt hat, fallen wir immer wieder aus der Geborgenheit im Anderen heraus, gehören nicht mehr dazu – und erleben diese Einsamkeit des Individuums mit Angst. Der Schrei des Kindes, wenn die Zimmertür abends zugeht und es allein bleibt im Dunkel der Nacht, ist ein symbolischer Schrei, unsicher und voller Angst, nicht mehr verstanden und abgelehnt zu sein.

Riskieren wir andererseits nicht, uns zu eigenständigen Individuen zu entwickeln, so bleiben wir unserer menschlichen Würde etwas Entscheidendes schuldig. Wir sind aber nicht nur gefordert, wir selbst zu werden, sondern auch, uns einzulassen auf das Fremde, den Austausch, auf all das, was wir nicht sind. Damit verbunden ist die Angst, unser Ich zu verlieren, abhängig zu werden, uns auszuliefern. Selbstbewahrung und Selbstverwirklichung, Selbsthingabe und Selbstvergessenheit, Angst vor der Ich-Werdung, beides soll als Widerspruch und Ergänzung gleichzeitig gelebt werden.

Der Schwerkraft entsprechend sollen wir uns niederlassen und einrichten, zuverlässig sein und Dauer garantieren. Zielstrebigkeit für die Zukunft heißt Kontinuität, heißt Sicherheit, mit dem Bleiben rechnen. Und im Wissen um die Vergänglichkeit, um die Tatsache, daß unser Leben jeden Augenblick zu Ende sein kann, taucht die dieser Tendenz zugehörige Angst auf. Die Angst vor dem Wagnis des Neuen, vor Risiko, vor dem Planen ins Ungewisse, vor dem ewigen Fließen des Lebens. Wir können auf Dauer nicht verzichten, aber sie kann uns klammern, festhalten, an notwendigen Schritten hindern: Haus, Möbel, Besitz, Kinder, Partner – sie alle gehören zur Dauer und gleichzeitig zu dem, was wir jeden Augenblick verlieren können.

Der Fliehkraft entspricht die Aufforderung an uns, für Veränderung, Wandlung und Entwicklung bereit zu sein. Die Fähigkeit, Abschied zu nehmen, gehört hierher. Vertrautes aufzugeben, Tradition und Gewohntes hinter uns zu lassen, wenn es notwendig ist. Mit dieser Forderung ist die Angst verbunden, durch Konventionen, Regeln und Gesetze festgehalten zu werden, sitzen zu bleiben, zu erstarren. Wie stark dieses Moment des Verhaftetseins, der Gewöhnung, der erstarrten Wiederholung und der Eintönigkeit im Leben vieler ist, davon zeugen nicht nur die vielen verzweifelten Ausbruchsversuche, sondern auch die vielen psychosomatischen Erkrankungen, die man als »Erstickungsprozesse« kennzeichnen kann: Langeweile, Sinnlosigkeit, ewige Müdigkeit, keine Interessen mehr.

Was wir kennengelernt haben, sind Grundformen der Angst, deren Ursache und Herkunft die Polarität des Lebens ist. Dem Streben nach Selbstbewahrung und Absonderung korrespondiert das Gegenstreben nach Selbsthingabe und Zugehörigkeit. Dem Streben nach Dauer und Sicherheit korrespondiert das Gegenstreben nach Wandlung und Risiko. Zu jeder Strebung gehört die Angst vor der Gegenstrebung. Dieses Gleichgewicht aller Strebungen zu leben, fällt uns schwer, je nachdem, wie diese Grundformen der Angst vor Selbsthingabe, Selbstwerdung, Wandlung oder Notwendigkeit unser Leben geprägt haben. Die Umwelt, aus der heraus wir unser Leben entwickeln, kann bestimmte Ängste begünstigen, andere zurücktreten lassen. Wer in seinem Entwicklungsprozeß weniger gestört wird, wer auf die eigenen Beine kommen darf und dennoch geliebt ist, wird im allgemeinen leichter mit Ängsten umgehen und sie in der Herausforderung überwinden können als der, der in seiner Entwicklung durch ständige Überforderung gestört wird. Am schwersten wirken Ängste, die zu früh in der Kindheit erlebt werden, in einer Zeit, in der wir ihnen nicht gewachsen sind. Dies Prinzip gilt auch später: Wenn wir krank, arbeitslos, ohne Perspektive sind, gerade eine schwere Trennung hinter uns haben, treffen uns Ängste härter und dauerhafter. Der aktivierende, positive Aspekt der Angst fällt dann fort.

Flüchten und Standhalten

Wir können der Angst und ihren Folgen nicht ausweichen, sind auf sie angewiesen, um aus den Befindlichkeitsstörungen in unserem Leben die richtigen Suchbewegungen einzuleiten. Was Valium und Lexotanil als Ruhe versprechen, ist die Ruhigstellung des Lebens. Wer sein Leben liebt, muß sich beunruhigen lassen und sein Leben an der Hand der Angst durch seine Krisen begleiten.

Das Zentrum der Lebensstörung, die in der Befindlichkeitsstörung zunächst noch warnend und mahnend erscheint, ist der drohende Verlust der eigenen Wahrheit, die sich nicht als moralischer Anspruch von außen, sondern als eine Fähigkeit manifestiert, mit sich und dem eigenen Leben in Kontakt zu bleiben und sich nicht auf dem Opfertisch der Nation, der Familie, des Mutter-Seins aushungern zu lassen.

Die Vertreibung der mit dem eigenen Leben verbundenen Freude und Lust, deren Kern Kontakt, Berührung, Austausch, schöpferische Kreativität, Neugierde, Spannungsbeziehungen, Pulsation und Risikobereitschaft sind, hat jene Befindlichkeitsstörungen zur Folge, die genau durch das Gegenteil gekennzeichnet sind: Isolation, Abwendung, Erschöpfung, Apathie, Spannungsverlust und Verkrampfung, Vereinseitigung und permanente Suche nach Halt, Sicherheit und Absicherung, wo längst alles ins Wanken geraten ist.

Wenn unser Befinden gestört ist und Symptome diese Lebensstörung anzeigen, dann kommen wir mit den Ersatzkontakten in Berührung, mit denen wir uns und unser Leben umstellt haben. Diese Ersatzkontakte sind Ausdruck des Kompromisses zwischen Lebenswillen, gesellschaftlich bedingter Lebensangst sowie Lebens- und Arbeitsbedingungen, die wir vorfinden. Eine Behandlung von Befindlichkeitsstörungen muß zuallererst zu diesem Tatort der Störungen vordringen.

Befindlichkeitsstörungen sind Botschaften aus dem Unterbewußten zum Prozeß der Unterdrückung. Sie melden sich, um über die Angst zu berichten. Befindlichkeitsstörungen mahnen an die Zukunft mit der Geschichte der Vergangenheit und vermiesen uns die Gegenwart. Der Körper spricht, setzt sich in Szene, gibt Vermutungen preis – das Bewußtsein steht hilflos vor der Vielfalt der Signale. Die herrschende Medizin kann keine Klarheit schaffen, denn angesichts psychovegetativer

Angstsymptome ohne Organbefund verschlägt es auch ihr die technische Sprache der Diagnose. Was ist, muß man messen, sehen und greifen können. Wer ständig im Werden ist, mal da und dann wieder weg, kann leider aus methodischen Überlegungen nicht ernsthaft in Erwägung gezogen werden und muß letztlich auf Einbildung des Betroffenen beruhen. Das stofflich Unbewußte, das im Vegetativum über die Befindlichkeitsstörungen Alarm schlägt, ist der Medizin nach wie vor trotz aller Einzelkenntnisse ein großes Rätsel. Das medizinische Denken, wie überhaupt unser wissenschaftliches Denken, ist eben nicht an der Frage orientiert, wie Leben lebt und all die Phänomene und Muster erzeugt, die wir dann als unsere Biographie begreifen müssen.

Für die Beurteilung der Angststörungen, jenem körperlichen Aufruhr von innen, hat dieses Denken schwerwiegende Folgen. Weil nicht sein kann, was nicht sein darf, weil es als Befund nicht erhoben werden kann, ist die Gefahr groß, den realen Sachverhalt zu leugnen, der sich hinter der Störung verbirgt. Auf diese Weise wird übersehen, daß die Symptome als Signal dafür auftreten, daß mit diesem konkreten Leben etwas nicht in Ordnung ist, daß hier ein Mensch ist, der den Sinn seines Lebens zu verfehlen droht. Enthoffnung ist die Ursache der Angststörungen schlechthin. Der Zusammenhang zwischen »Enthoffnung« und gesellschaftlich erfahrener Unterdrückung im lebensgeschichtlichen Zusammenhang bleibt bei der Erforschung der Ursachen von Angststörungen wie bei ihrem Verlauf in der Regel außer acht. An dieser Verdrängung haben auch die Patienten teil, denn das Nicht-Bewußtsein der Unterdrückung und die Verweigerung dieser Bewußtmachung (aus welchen Gründen auch immer) sind Teil der Unterdrückung.

Unterdrückung kann auf vielerlei Arten auf das Individuum ausgeübt werden – durch Armut, Hunger, soziale Ungerechtigkeit und politische Gewalt oder durch die familiären und persönlichen Zusammenhänge, in denen sich Gewalt eher psychisch auswirkt. Der Betroffene versucht, die Erfahrung der Unterdrückung zu kompensieren: durch Abstumpfung des Bewußtseins, durch Anpassung, durch Ersatzzuwendungen, viel seltener durch Auflehnung und Kampf. Die häufigste Schwierigkeit aber, auf die Erfahrung der Unterdrückung zu reagieren, tritt uns gerade in den Befindlichkeitsstörungen gegenüber:

Die Ursachen der Unterdrückung und damit die Ursachen über die Störungen des Befindens werden verkannt. Es herrscht Verwirrung über das Wesen der Unterdrückung. Diesen Ursprung zu verkennen, bedeutet nicht nur, unglücklich zu sein, ohne zu wissen warum, sondern etwas sehr viel Schlimmeres: Es bedeutet die Annahme, daß es unsere Schuld ist, wenn wir unglücklich sind. Reißen Sie sich einfach etwas zusammen! Machen Sie sich keine dummen Gedanken! Alles geht vorbei! So die vergeblichen Aufforderungen. Die Folge: Die Betroffenen hören auf zu denken, noch ehe sie wirklich damit begonnen haben. Sie werden orientierungslos und konfus, irren sich bei der Suche nach der Verursachung, weichen auf Nebenschauplätze aus. Bleibt die wirkliche Unterdrückung und die Entfremdung von sich selbst unerkannt, dann gibt es auch wenig Hoffnung auf Veränderung. Das bedrohte Gleichgewicht geht endgültig verloren, die Pulsation schlägt in Stillstand um. Was noch ansatzweise über das Symptom einen Weg ins Leben suchte, mündet in die Chronifizierung als manifeste Krankheit. Der Aufbruch aus dieser Situation ist ungleich schwerer, weil die Angst immer tiefer in die Verdrängung geht und den Körper als Schutzschild benutzt.

In der Angst stoßen wir an die Grenzen unseres Welt- und Selbstbildes. Wir können vor dieser Grenze weglaufen, sie gar nicht wahrnehmen. Wir können aber auch die Angst benutzen, um uns diese Grenze anzuschauen. Wo sind die Bilder, die ich mir von der Welt und von mir selbst mache, unrealistisch? Wo bin ich zu eng, wo zu optimistisch oder zu pessimistisch? Die Wahrnehmung der Grenze und die Arbeit an ihr ist Arbeit am Selbst, ist Wachsen und Entwickeln, ist das Wiederaufsuchen von Möglichkeiten zu leben. Die Angst ist ein Hinweis, eine Risikobereitschaft kann sie werden. Nur so aber entsteht auch neues Leben – in der Akzeptanz der Unsicherheit.

In früheren Kulturen versuchte man, durch Rituale »die Götter« zu besänftigen. Das enthielt die Einsicht, daß der Mensch mit all seiner Weisheit nicht die Krone der Schöpfung ist. Die Fiktion, alles beherrschen zu können, hat die innere Angst ins Unermeßliche gesteigert. Und gerade dieser Zwiespalt ist der Vater unserer Angst.

Wir können der Angst nicht ausweichen, wenn wir die Lust an unserem Leben gewinnen wollen. Wir können sie verdrängen – aber das heißt auch, daß wir unser Leben verdrängen, denn die Energie, die wir für die Verdrängung der Angst brauchen, geht unserem Leben verloren. Was wir tun können, ist Antworten finden auf die Angst, sich ihr zu stellen, indem wir sie zuallererst als etwas zu uns Gehöriges akzeptieren und nicht als etwas Feiges und Böses, als etwas zu Bekämpfendes verdammen, uns der Angst schämen. Wehren können wir uns erst dann, wenn wir die angstauslösende Situation durchdenken und erkennen. Erst wenn wir wissen, woher die Angst kommt, können wir sie verstehen und nach Hilfe suchen. Erst dann können wir Gefährdungen richtig einschätzen. Erkenntnis allein ist nicht die Lösung. Oftmals brauchen wir professionelle Hilfe, um überhaupt zu erkennen, auf welcher Stufe oder in welcher Grundangst wir uns festgefahren haben.

> Wenn es jemanden gäbe, der sowohl die Angst vor der Hingabe in echtem Sinne verarbeitet hätte, und sich in liebendem Vertrauen dem Leben und den Mitmenschen öffnen könnte; der zugleich seine Individualität in freier, souveräner Weise zu leben wagte, ohne die Angst, aus schützenden Geborgenheiten zu fallen; der weiterhin die Angst vor der Vergänglichkeit angenommen hätte und dennoch die Strecke seines Lebens fruchtbar und sinnvoll zu gestalten vermöchte; und der schließlich die Ordnungen und Gesetze unserer Welt und unseres Lebens auf sich nähme, im Bewußtsein ihrer Notwendigkeit und Unausweichlichkeit, ohne die Angst, durch sie in seiner Freiheit zu sehr beschnitten zu werden – wenn es einen solchen Menschen gäbe, wir würden ihm zweifellos die höchste Reife und Menschlichkeit zuerkennen müssen. Aber wenn wir uns dem auch nur eingeschränkt nähern können, erscheint es doch als wesentlich, überhaupt das Bild einer vollen Menschlichkeit und Reife als Zielvorstellung zu haben; sie ist keine von Menschen erdachte Ideologie, sondern eine Entsprechung der großen Ordnungen des Weltsystems auf unserer menschlichen Ebene. (Riemann)

Ohne die Angst wäre die Welt ärmer – Todesbegegnung als Lebenserfahrung

Jede Angst ist zutiefst eine Angst vor der Wandlung. Wie die Hoffnung enthält auch sie ein Verlangen nach einer zukünftigen Entwicklung, auch nach Veränderung, aber gleichzeitig macht gerade die Ahnung, worum es eigentlich geht, vertiefende Angst. Menschen in Angst stehen in der Gefahr, ihren Lebenswillen zu verlieren, jenen zentralen Ausdruck der Hoffnung, über den wir verfügen. Menschen in Angst haben viele Gründe, der Anstrebung auszuweichen, die die Verwirklichung der Hoffnung verlangt, und sie fühlen sich abgekoppelt von ihrer eigenen inneren Kraft. Menschen in Angst sind mehr als andere an die Erwartungen gekettet, die andere an sie stellen, sie fühlen sich abhängig und dienen vielen anderen Herren. Menschen in Angst bringen zum Ausdruck, was ihnen fehlt, wenn man nur genau genug zuhört. Hoffnung wird genährt vom Gefühl der Akzeptanz und des Geliebtwerdens, von Kontinuität und der Bereitschaft, sich der Umwelt anzuvertrauen und mit ihr umzugehen, sie lebt von der Erfahrung, daß Freiheit und Notwendigkeit, d. h. das Gefühl der Einbindung wie das der Autonomie, das ist, was dem Leben Sinn macht. Die Zerstörung von Hoffnung und die Erzeugung von Angst ist also immer ein Akt der Verfolgung des Lebendigen. Zu den wichtigsten Formen der Zerstörung von Hoffnung gehört die Erzeugung falscher Hoffnungen, an die die Menschen mit Angst gebunden werden.

Zu einer solchen trügerischen Hoffnung gehört die Behauptung, daß man Krankheit vermeiden und Gesundheit planen kann. Wie Geburt und Tod gehören beide zum menschlichen Leben, sie sind Darstellungsbewegungen des Lebens. Worum es geht, ist die Auseinandersetzung um die Bedingungen, unter denen Menschen leben und die sie an den Rand ihrer Existenz bringen, ist die Auseinandersetzung um das, was Angst macht und die Menschen resignieren läßt.

Die größte Verführung, vom Wesentlichen abzukommen, erfolgte mit der Tabuisierung des Todes. Der Tod ist wie die Vergänglichkeit eine Tatsache des Lebens, die vielen von uns Angst macht. Mehr als wir glaubten, halten wir an der Vorstellung unserer Unverletzbarkeit fest wie an der Unerschöpflichkeit aller Ressourcen, wir sind enttäuscht und gekränkt, wenn wir an diese Grenzen stoßen. Der Tod ist gewiß, seine Zeit nicht vorhersehbar – das ist sein angstauslösendes Geheimnis. Die einzige Gewißheit unseres Lebens ist zugleich die wesentliche Ungewißheit und Unsicherheit. Und deshalb möchten wir uns um jene Erfahrung drücken, die uns gleichzeitig befreien könnte.

Den Tod oder die Vergänglichkeit halten wir für das grausame Ende all dessen, was uns so vertraut ist, und jede Veränderung im Vertrauten löst in der Regel eine Krise und Angst aus. Wenn wir fester damit rechnen, daß der Tod gegenwärtig ist, daß er täglich greift, um etwas anderes zur Geburt kommen zu lassen, dann wird auch der Verlust von Mann und Frau, von Eigentum, von Kreditkarten und Auto, der Auszug der Kinder, der Verlust einer Freundschaft wie einer Gesundheit nicht zur alles umgreifenden Krise, so schmerzhaft das auch sein mag. Der schwierige Weg eines hoffenden Lebens gleicht einer Reise durch das eigene, von uns selbst besetzte Land. Mitgerissen und fasziniert von den eigenen Lebenskonzepten, die uns Sicherheit vorgaukeln und die Planbarkeit des Lebens vortäuschen, leben wir in einer Art Hochsicherheitstrakt, der uns nun auch noch vor der Angst schützen soll, die notwendig auftreten muß, wenn wir das alles sichern und erreichen wollen, was wir uns vorgestellt haben. Solange wir uns vor der zentralen Erfahrung unserer täglichen Vergänglichkeit nicht berühren lassen, werden wir unsere Angst vor Vergänglichkeit mit Gütern und Zielen, falschen Erwartungen und Begierden ersticken. Die Angst vor Veränderung ist eine Art Todesangst. Unser Leben scheint uns zu leben, und manchmal macht die darin enthaltene Angst mit uns, was sie will. Nur um nicht auf uns selbst zurückzukommen, planen wir täglich ein neues Stück Identität, das wir zum Tausch für viele merkwürdige Dinge anbieten. Manchmal wachen wir mit einem angstmachenden Alptraum auf und fragen uns: Was mache ich da eigentlich mit meinem Leben? Aber diese Ängste dauern nur bis zum Frühstück. Dann beginnt die schon gestern beschlossene Tagesordnung.

Unsere Angst wird organisiert, genährt und gehegt: Wir sind abhängig von dem, was wir sein sollen. Wir ringen um viele Identitäten, die uns vergessen machen, wie zerbrechlich das Leben ist. Tod und Vergänglichkeit brauchen keine Legitimation und keine Begründung – sie kommen ohne Anmeldung, weil sie im Leben einfach gegenwärtig sind. Das Praktikum des Lebens findet im Laboratorium des Wandels statt. Will man im Fluß des Lebens greifen und festhalten, ist die Enttäuschung gewiß. Wenn wir dem Tod und der Vergänglichkeit begegnen, müssen wir den schweigenden Totalitarismus der Gesellschaft brechen. Distanz zum Hier und Jetzt heißt für diesen Fall auch ein soziales Widerstandsmoment, denn die Strategie des Machbaren hat versucht, sich des Todesproblems zu entledigen. Für die kollektive Selbstbehauptung hat der Tod den Stachel verloren. Damit hat der Tod die Fähigkeit eingebüßt, sich der Gesellschaft als kritische Instanz gegenüberzustellen.

Nur indem wir den Tod anerkennen und als Kraft in unser Leben einbeziehen, könnten wir uns wirklich die Frage stellen, für was wir unser Leben hergeben möchten und für was nicht. Hier könnte auch die Angst wieder zu einem Notruf für die Freiheit werden, die sich der Kraft des Faktischen gegenüberstellt und auf die Entscheidungsfähigkeit und -möglichkeit des Menschen drängt. In diesem Sinne brauchen wir alle ein momento mori, das uns hilft, durch die Angst hindurch für unser Leben einzutreten.

4

Leben braucht Lebenszeit

Alles hat seine Stunde
Für jedes Geschehen unter dem Himmel
gibt es eine bestimmte Zeit
eine zum Gebären
und eine Zeit zum Sterben
eine Zeit zum Pflanzen
und eine Zeit zum Abernten der Pflanzen
eine Zeit zum Töten
und eine Zeit zum Heilen
eine Zeit zum Niederreißen
und eine Zeit zum Bauen
eine Zeit zum Lachen
eine Zeit für die Klage
und eine Zeit für den Tanz
eine Zeit zum Steinewerfen
und eine Zeit zum Steinesammeln
eine Zeit zum Umarmen
und eine Zeit, die Umarmung zu lösen
eine Zeit zum Suchen
und eine Zeit zum Verlieren
eine Zeit zum Behalten
und eine Zeit zum Wegwerfen
eine Zeit zum Zerreißen
und eine Zeit zum Zusammennähen
eine Zeit zum Schweigen
und eine Zeit zum Reden
eine Zeit zum Lieben
und eine Zeit zum Hassen
eine Zeit für den Krieg
und eine Zeit für den Frieden.

Prediger Salomo

Die Zeit trägt das Leben

Biographie, Komma, meine; gezeugt ohne mein Zutun in der Zeit des Krieges; geboren in Unwissenheit, aber immer begierig zu wissen; lebend von Anfang an und doch nicht immer lebendig; lange Zeit ohne Tränen und dann endlich Zeit zum Weinen; immer wieder im Aufbruch und doch lange Zeiten vor Ort geblieben, viel Zeit für das Abverlangte und den Wahnsinn der Normalität vergeudet, zu wenig Geduld sich dem Verschlingen der Zeit zu widersetzen; Erfüllung gefunden in Illusionen auf Zeit, älter geworden in der Suche nach dem, was bleibt; als Kind zu früh erwachsen geworden, aber immer noch nicht ganz erwachsen. Biographie, Komma, meine, sechzig Jahre, das war mein Leben, bisher.

Jedes Leben ist eine Art des »bisher« und an ein Geschehen gebunden. Wo nichts geschieht, gibt es keine Zeit. Auch wenn die Zeit stillzustehen scheint, widerfährt dem Leben etwas durch die Zeit. Was immer geschieht, um zu geschehen braucht es seine Stunde und seine Zeit. Es geschieht überhaupt nur in der Zeit und durch sie, die Zeit ist die Trägerin des Lebens. Sie gibt dem Leben eines jeden Menschen Zeit für das Geborenwerden und Zeit zum Sterben, Zeiten zum Weinen und Zeiten zum Lachen. Das Reden braucht eine andere Zeit als das Schweigen und die Zeit der Umarmung erleben wir anders als die Stunde, in der wir uns vorläufig oder für immer aus der Umarmung lösen. Wer nicht pflanzt, kann die Zeit der Ernte nur schwer erfassen; den Zeiten der Schöpfung folgen Zeiten der Erschöpfung. Die Stunde der Liebe berührt uns auf dem Hintergrund der Erfahrung, nicht geliebt worden zu sein und die Zeiten erzwungener Einsamkeit sind manchmal von unerträglicher Länge, während das freigewählte Alleinsein nach Zeiten großer Beanspruchung viel zu schnell vergeht.

Die gelebte Zeit ist die Brücke, vor und hinter der sich die Möglichkeiten stauen, die das Leben noch hat oder die zur Vergangenheit gewordenen Wirklichkeiten sich häufen. Im Drängen, Schieben und Ziehen der momentanen Machtverhältnisse versucht der Mensch seine eigene Zeit zu finden.

Leben entsteht dort, wo es die Möglichkeit zu leben erhält – das heißt, wo es Zeiten erhält; Zeiten, die die Potenz des Schöpferischen zur Selbstorganisation und die Fähigkeit zur Selbstbewegung zulassen. Die Ungewißheit des Ausgangs solcher Bewegungen ist konstitutiv für reales Geschehen überhaupt. Soll sich Leben entfalten, so darf die Zeit nicht schon für etwas anderes vorgesehen sein. »Leben ist da, wo jederzeit Unbestimmtes, Unabänderliches wird.« (von Weizsäcker) Das Leben hat keine festen Vorstellungen davon, was in der Zukunft geschehen wird. Es beginnt nicht mit der Erfüllung, sondern wächst in die Erfüllung hinein, allerdings nur dann, wenn wir diesem Leben jene Zeiten geben, von denen der Prediger spricht. Das Leben bringt im ausgedehnten Stoffwechsel zwischen Mensch, Natur und Gesellschaft das zurück, was es bekommt. Zeiten des Gebens folgen Zeiten des Nehmens und Zeiten der Integration. Von Natur aus ist das Leben keine Einbahnstraße und vor allem: es ist schon da. »Leben finden wir als Lebende vor, es entsteht nicht, sondern es ist schon da, es fängt nicht an, denn es hat schon angefangen.« (von Weizsäcker) Seine Zeit ist ewig, denn Leben selbst stirbt nicht, nur die einzelnen Lebewesen sterben. Im Rhythmus von Geburt und Tod bedeutet auch Sterben, zeitliche Wandlung zu ermöglichen. Alle Flüsse fließen ins Meer, sagt der Prediger, das Meer aber wird trotzdem nicht voll. Zu dem Ort, wo die Flüsse entspringen, kehren sie zurück, um wieder zu entspringen. Die Sonne, die auf- und wieder untergeht, zieht zurück an den Ort, wo sie wieder aufgehen wird. Und auch der Wind kehrt zurück, weil er sich immerzu dreht. Was wiederkehrt ist der Wind, nicht die Zeit, die er brauchte, um eine Brise oder ein Sturm zu sein. Was wir im Laufe der Zeit vergessen oder was die Zeit heilt, ist geschehen. Die Zeit trägt das Leben und ist gleichzeitig die Urheberin des Verfalls. Während wir einen Gedanken fassen und noch nach Worten suchen, um ihn auszusprechen, ist die Zeit schon über ihn hergefallen. Die Zeit, die plötzlich mit einer Krankheit ein Leben überrumpelt und sich ihren Raum erobert, ist mit nach außen gerichteten Sinnen nicht wahrnehmbar, auch wenn der Befund noch so klar und deutlich auf dem Bildschirm erscheint. Die Zeit und Dynamik dieses komplexen Geschehens bleibt auf eigentümliche Weise unfaßlich: alles Vergangene scheint auf ein Ergebnis, hier den Befund, reduziert, das Zukünftige der Heilung ist noch nicht in Sicht. Leben ist der Fluß der Zeit. Die Gegenwart, dieser kleine Augenblick, muß erst in Vergangenheit übergehen, damit Zukunft geschehen kann. Eigentlich hat die Gegenwart gar keine eigene Zeit, ist lediglich Kreuzungspunkt der beiden anderen Dimensionen.

»Nackt geboren worden zu sein, das sind Wurzeln und Stamm, die allen Menschen gemeinsam sind«, sagt Wilhelm Reich. Das bedeutet nicht bedrohliche Leere, sondern Hoffnung und Gewißheit, daß Leben immer wieder entstehen kann und daß zu allen Zeiten – solange diese Erde existiert – Kinder immer wieder alle Möglichkeiten zur Entwicklung mit auf die Welt bringen. Wir kommen mit nichts und gehen auch wieder nackt, aber zwischen Geburt und Tod gestalten wir die Zeit, die wir am Ende unser Leben nennen. Weil wir mit Fähigkeiten wie Kontakt, Offenheit, Spontanität, Vertrauen, Selbstregulierung und vor allem mit der Lust und dem Willen zu leben ausgestattet sind, nutzen wir die Zeit, die uns zur Verfügung steht, eigentlich wie von selbst, denn der Atem weiß, daß er im Rhythmus kommen und gehen muß und ebenso mühelos schlägt das Herz, wenn wir es nicht stören.

Die Zeit tickt

Der Zeitbegriff, an dem unser Leben hängt, entstammt der Physik. Sternenuhren, Sonnenuhren, Sanduhren, Wasseruhren, mechanische, elektrische Uhren und die maßgebende »Atomuhr« mit ihrer inneren Schwingung in Cäsium-133-Atomen halten uns in Schwung, und mancher wundert sich, warum wir alle so durch unser Leben hetzen, nur weil irgend jemand die Uhr erfunden hat. Seit Einstein haben die modernen Physiker zwar die Frage nach dem Wesen der Zeit aufgegeben, aber die praktikable Zeitdefinition konnte um so besser durchgesetzt werden. »Zeit ist, was unsere besten Uhren anzeigen.« Seither gibt es keine Zeit, die sich nicht messen ließe: das Alter des Kosmos vom angenommenen Urknall bis heute beträgt 18 Milliarden Jahre. Die kürzeste Zeit ist die Lebensdauer eines sogenannten Top-Quarks, eines der Ur-Elementarteilchen. Sie beträgt 10, 25 sec. Diese Zeiten sind meßbar, aber nicht vorstellbar. Sie fordern uns aber ein Staunen darüber ab, wie unterschiedlich Dauer sein kann. Wer könnte sich schon diese längste und kürzeste Zeit vorstellen, die Qualität ihrer Dauer empfinden? Wie schnell erscheint uns eine besondere Minute in unserem Leben als ewig?

Die physikalische, lineare Zeit strukturiert die uns zugängliche Welt in zeitlicher Hinsicht und parzelliert unsere Lebensspanne in Termine, Sequenzen und Zeitabschnitte. Wir leben mit dem immer wiederkehrenden Blick zur Uhr und zum Kalender, jener anderen »Uhr« für Jahreszeiten, sich wiederholende Jubelzeiten und Gedenktage, die aber auch daran erinnert, daß unser Leben nicht nur läuft, sondern auch abläuft. Keine lineare Zeit kann sich unserer Bemächtigung entziehen, aber die Zeit in ihren vielfältigen Schattierungen ergreift auch uns.

Zeit ist subjektiv

Der physikalische Zeitbegriff, aber auch die Zeitbegriffe der Philosophie sind subjektiv, von der subjektiven Erfahrung abgeleitete sekundäre Konstruktionen. Wo nichts geschieht, gibt es keine Zeit. Zeit aber erscheint in uns nur als wahrgenommene und erlebte Zeit. Wenn wir »Jetzt« sagen, erleben wir für einen Augenblick die Zeit der Gegenwart. Unser Bewußtsein kann das Erleben »dehnen«, den Augenblick des Jetzt im Gefühl verlängern und die Grenzen zwischen Vergangenheit, Gegenwart und Zukunft durchlässig machen. Der Mensch kann das Empfinden von Dauer verändern. Was uns langweilt, läßt die Zeit schleichen, was uns beflügelt, läßt auch die Zeit fliegen. Unser Zeitempfinden hat ein Gedächtnis, erinnert sich und strukturiert Zeit als Lebenszeit. Wird Zeit, daß wir leben, ist ein Satz, der das Phänomen des »subjektiven Zeitparadoxes« umstellt. Erlebte Entfernungen und Zeitspannen, die sich in der subjektiven Zeitempfindung eingerichtet haben, entscheiden über erfüllte Zeiten, über Zeitenwenden, über günstige Zeiten und Zeiten der Entscheidung. Jeder Mensch entwickelt, indem er lebt, seine eigene Zeitenwelt, aber inwieweit diese subjektive Zeitenwelt ihn mit der bestehenden öffentlichen Zeitordnung und der verobjektivierten Zeit in Widerspruch bringt oder ob er sich fremden Zeitordnungen unterwirft oder anvertraut, ist offen. Die Frage, ob es

Zeit zu leben wird, kann sehr unterschiedlich beantwortet werden. Im rationalen Zeitkalkül wäre zu fragen: Habe ich meine Zeit optimal genutzt? Womit habe ich sinnlos Minuten, Sekunden, vielleicht aber auch Jahre verloren? Das subjektive Zeitkalkül kann sich aber auch auf eine andere Zeitauffassung richten und fragt dann: Wo habe ich meine Zeit mit Genuß vergeudet? Wo habe ich ohne Bedauern mein Zeitbudget verschleudert?

Die Zeit bewußt zu gebrauchen meint auch zu entscheiden, was mit der Zeit geschieht, die ja immer Lebenszeit ist. Bewußt zu leben heißt, die zur Verfügung stehende Zeit einerseits gut zu nutzen, sie nicht ungenutzt verstreichen zu lassen, schon um äußeren Notwendigkeiten nachzukommen und eigene Vorstellungen zu realisieren und nicht eines Tages auf die Suche nach der verlorenen Zeit gehen zu müssen. Bewußt zu Leben heißt andererseits aber, Zeit mit Absicht dahingehen zu lassen und mit sinnlosen Beschäftigungen zu vertreiben, die Kunst des Müßiggangs zu pflegen oder einfach in den Tag hineinzuleben und sich der Gewalt der rücksichtslos auf jeder Uhr voranschreitenden Zeit zu entziehen. Der bewußte Gebrauch von Zeit heißt nicht einfach Ausfüllung der Zeit, sondern die Fähigkeit zum Wechselspiel zwischen erfüllter und leerer Zeit. Nur die leere Zeit erlaubt uns Distanz zum Gedränge der Gegenwart. Die erfüllte Zeit aber erlaubt uns, zwischen beiden zu unterscheiden und Überfüllung zu erkennen. Zeit zu haben heißt mehr zu haben als nur Zeit. Es ist eine Art und Weise zu sein, eine Lebensform, mit sich und andern Menschen anders umzugehen. Die leere Zeit ist die Zeit der Aufmerksamkeit und Achtsamkeit, die überfüllte eine der Gleichgültigkeit. Wer eine Krankheit ertragen muß, braucht die Geduld der leeren Zeit. Leere Zeit brauchen wir für die Suche nach einer Vision, die uns in die Zukunft trägt. Wer sein Leben leben will, braucht aber auch die erfüllte und gefüllte Zeit, um ihm Wirklichkeit zu verleihen.

Der Gebrauch der Zeit

Wer Zeit nur verbraucht, verkürzt sein Leben. Nur vom bewußten Gebrauch der Zeit bekommt das Leben, was es lohnend erscheinen läßt. Auch wenn wir nicht wissen, was Zeit jenseits der Uhr wirklich ist und wie spät es wirklich ist, wissen und erleben wir in jedem Augenblick, daß der gegenwärtige Zustand und Augenblick nicht nur vergeht, sondern nicht wiederherstellbar ist. Als existentielle Zeit ist die Lebenszeit auf den bewußten Gebrauch der Zeit angewiesen, auf unseren Versuch, uns unser Leben inmitten all der Zeitansprüche von außen anzueignen. Lebenszeit ist also die kostbarste Ressource, mit der wir behutsam umgehen müssen und die wir nicht einfach hergeben und verschleudern dürfen, wenn unser Leben uns nicht gleichgültig ist. Wir können unser Leben nicht verlängern, aber durch die Erweiterung des geistigen Horizonts und die Vertiefung unseres seelischen Vermögens können wir es »länger« und wirksamer machen, indem wir das Vergangene bewußt mit der Perspektive der Zukunft verbinden. Die Erweiterung der Bewußtheit von Leben bewirkt eine Verdichtung des Lebens in der jeweiligen Gegenwart. Als Fundus für unsere Orientierung in der Gegenwart verbindet sich gelebte Vergangenheit mit dem unendlichen Horizont des Künftigen und wirbt um Hoffnung für ein noch nicht gelebtes Leben, das der Gegenwart den Mut zur Öffnung schenkt.

In der jeweiligen Gegenwart ist ein zeitlicher Anfang zu machen, um mit der Realisierung der Möglichkeiten von morgen zu beginnen, denn nur die Gegenwart besitzt die Zeit zur Veränderung. Setzt diese aber die Schere der Zeit an und entscheidet sie sich für den schlichten Verbrauch der Zeit in der Beschäftigung mit Vergangenem oder mit den Notwendigkeiten der Gegenwart, wird die Zeit für das Neue, das Möglichkeit werden will, immer enger. Wer zu viele Möglichkeiten aufgreift, um der Entscheidung zu entkommen, kommt in Streß, weil er sich nicht auf den Gebrauch der Zeit versteht. Wer andererseits nicht begreift, daß die Schere der Zeit sich im Lauf der Lebenszeit zunehmend schließt und die Spannweite des Möglichen enger wird, weil im Prozeß des Älterwerdens nicht die Anhäufung der Möglichkeiten, sondern ihre Auswahl und ihre Vertiefung zählt, gerät in Todesangst, weil ihm die Zeit durch die Finger rinnt.

Die Lebenszeit vervielfältigt sich für den, der sie gut gebraucht. Wird Zeit, daß wir leben – zwischen Distanz und Nähe, Kontinuität und Unterbrechung, Aufbruch und Zusammenbruch, zwischen Genuß und Verdruß, zwischen Euphorie und Tristesse. Leben ist ein ständiger Versuch, seine Widersprüche zu erkennen, zu akzeptieren und zu leben. Wenn das, was uns in der Zeit unseres Lebens zufällt, sich nicht nach uns richtet, müssen wir uns von ihm lenken lassen. Dem Zufall entkommen zu wollen, lohnt nicht die Zeit. Sich dagegen aufzulehnen und von Zorn erfüllt dagegen anzurennen, trägt alle Zeichen der Vergeblichkeit an sich.

Der Gebrauch der Zeit bedarf des weisen Umgangs mit der Zeit, eines Umgangs, der die Anstrengung so gut kennt wie die Entspannung; der Aktivität und Passivität als komplementäre, sich ergänzende Prinzipien zu schätzen weiß und Bewegung ohne Ruhe oder Ruhe ohne Bewegung als Weg in die Krankheit erkennt. Im weisen Umgang mit der Zeit kommen Körper, Geist und Seele zu ihren Rechten, und der Orientierung im Außen folgt die Fähigkeit, bei mir selbst sein zu können. Wer die Muße mit dem Verdacht belegt, sie sei nur aller Laster Anfang, macht darauf aufmerksam, daß er selbst nichts mehr fürchtet als eine stille Stunde mit sich selbst. Sie könnte ja nutzlos verstreichen, ohne daß man etwas dafür in der Hand hat.

Die Instrumentalisierung der Zeit

Die Zeit wird eingeteilt, für Ziele präpariert, den Sachnotwendigkeiten in den jeweiligen Arrangements von Arbeit, Konsum oder Therapie unterworfen. Verplanbarkeit wird zum Wesen der Zeit, Nützlichkeit zu ihrem Charakter. Erfüllt ist die Zeit, wenn das Geplante eingetreten ist. Die quantitative Verfügung über Zeit folgt ihrer eigenen Rationalität. Einem solchen Zeitverständnis wird beispielsweise der Patient bei der Einweisung in die Klinik unterworfen, der Schüler beim Eintritt in die

Schule. Daß Zeit nicht gleich Zeit ist, gerät aus dem Blick. Die Zeit, die auf dem Operationsplan für den Patienten vorgesehen ist, muß nicht »seine« Zeit sein. Nicht jede Zeit ist für das Heilen gleich gut. Viele Patienten finden im Wechsel von blitzartigem Zugriff und langen Wartezeiten in den Kliniken »ihre« Zeit nicht. Nur selten gelingt es, die zeitliche Situation des Patienten mit der der Klinik abzustimmen, die Wartezeiten nicht nur mit Erwartungsangst zu füllen, sondern für die Mitteilung, das Gespräch, die existentielle Verarbeitung der Diagnose, den Weg der Heilung zu öffnen.

Mit der Kurzformel »Zeit ist Geld« kommt die Instrumentalisierung der Lebenszeit auf den Begriff. Die Identifikation des Lebenserfolges mit seinen meßbaren und in Geld verwandelten Erfolgen macht das Leben für viele Menschen zur Hölle, vor allem auch dann, wenn ihnen dieser Erfolg im Falle von Arbeitslosigkeit verwehrt wird und als zusätzliche Bestrafung für die, die nun so viel nutzlose Zeit haben, gesellschaftliche Verachtung und Diskriminierung folgt. Zeit ist Geld, das heißt: Leben ist Arbeit, und zwar Erwerbsarbeit! Noch besser ist, wenn das Geld alleine arbeitet und auf die eigene lebendige Arbeitskraft verzichtet werden kann. Dem Leben wird auf diese Weise ein klares Ziel vorgegeben, an das es sich in und mit seiner Zeit, also rund um die Uhr zu halten hat. Seine Offenheit für das Unbekannte und die Ungewißheit wie Unbestimmtheit menschlicher Entwicklung, die auch Zeit brauchen, werden geleugnet, und aus dem Können, Dürfen, Wollen, Sollen wird ein umfassendes Müssen: Du mußt Geld verdienen, denn Geld erhält die Welt. Das Gelingen oder Scheitern eines Lebens mißt sich zunehmend am Bankauszug und am vollen Terminkalender, der keine Zeit für nichts signalisiert. Die Ökonomie des Lebens wird der Ökonomie der Waren in Form des Tauschwerts Geld unterstellt. Die Öffnung des Menschen für die Möglichkeiten seiner Selbstbestimmung wie die Möglichkeit des Scheiterns ist als Leitidee für den auf das Geldverdienen und seine Arbeitskraft reduzierten Menschen eher hinderlich. Ihr liegt eine andere Vorstellung vom Menschen und dem menschlichen Leben als umfassend gestaltetem Werk zugrunde. Ohne frei verfügbare Zeit ist das Leben in Gefahr, zum nackten Überlebensmechanismus zu werden.

Wenn Zeit Geld ist, dann muß sie umgesetzt, eingesetzt, effektiv genutzt werden. Es kommt weniger darauf an, wie sie erlebt wird, sondern ob sie dem Ziel entsprechend richtig verplant ist und ohne Reibungsverlust eingesetzt werden kann. Alle Lebensstationen werden zu einer Art Durchlauferhitzer zur Erreichung des zentralen Ziels: Eindrücke, Erfahrungen und Lebensprozesse relativieren sich in bezug auf das zu Erreichende. Was immer ein solcher Durchlauferhitzer an Entfaltungsmöglichkeiten verhindert hat, angesichts des zu erreichenden Ziels ist das irrelevant. Vom konkreten Leben wird abstrahiert; die Ergebnisse zählen, nicht die Prozesse. Wenn wir Zeit zu Geld machen, verkaufen wir nicht irgendeine Zeit, sondern Lebenszeit. Diese Art des Umgangs mit der Zeit bleibt uns nicht äußerlich, sie prägt uns seelisch, körperlich, geistig und sozial bis auf die Ebene der Zelle. Als ganze Person nehmen wir die Ausdrucksform des Zieles an, mit dem wir uns identifizieren. Diese totale Identifizierung mit dem Arbeitsfeld und ihre Folgen finden wir in vielen Krankengeschichten wieder. Dazu ein Beispiel eines Herzinfarktpatienten:

> Ein 50jähriger Oberförster aus Ostpommern, der nach Verlust seiner ganzen Habe mühsam im Westen wieder Fuß gefaßt hatte, und seit 17 Jahren mit großem Pflichtbewußtsein einen herzoglichen Privatforst verwaltete (seine Maxime dabei war »Immer etwas mehr tun als andere und als verlangt wird«), teilte mit, was seine Ehefrau dazu sagte: »Erst kommt dein Wald. Dann kommt nochmal dein Wald. Dann kommt dein Hund. Dann kommt eine lange Pappelallee. Und dann komme vielleicht ich.« Dieser Oberförster hatte einmal folgenden Traum: »Ich bin ein Langholzwagen, der mit beiden Seiten im Dreck steht.« (Huebschman)

Im Infarkt verschließt sich das Herz, es hat seine eigene Zeit verloren, macht dicht, zerspringt. Nichts anderes drückt das Bild aus, das die Psychosomatik heute nicht nur mit der sogenannten Infarktpersönlichkeit verbindet. Erfolggetrieben, ehrgeizig und konkurrenzbereit treibt sie sich ständig selbst zur Arbeit an, zwingt sich zu Dauerleistungen, gönnt sich keine Zeiten zur Ruhe, leugnet bis in die tiefe Erkrankung hinein jedes Gefühl der Schwäche, hetzt sich statt dessen pausenlos ab und erschöpft sich in unsinniger Expansivität.

Was in der Erfolgsjagd des gesunden Menschen noch wie freie Selbstbestimmung aussieht, entpuppt sich im Streik von Körper und Seele des erkrankenden Menschen als Folge eines fortwährenden Müssens. Der Jäger ist in Wirklichkeit ein Gejagter, dem man die Bereitschaft zu ständiger Leistung von Kindesbeinen angequält hat. Fragen nach dem Sinn der Leistung für das eigene Leben halten nur auf. Die Teilhabe am Leben hat sich auf die sichtbare und berechenbare Leistung reduziert. Mit unendlicher Anstrengung versucht das Leistungs-Ich sich über dem Abgrund zu halten, in den es fallen würde, wenn es erkennt, wie wenig gehalten und getragen es ist. Solange es sich für allmächtig hält, anschiebt, schuftet, schleppt, sich am Riemen reißt und die Hand am eigenen Schopf hat, um sich im Notfall selbst aus dem Sumpf zu ziehen, hat der Leistungsmensch das sichere Gefühl, keine Zeit zu vertrödeln. Das Leistungs-Ich muß ständig kämpfen. Nach innen um das Gefühl, durch Leistung das Recht auf Leben erworben zu haben, nach außen um den Nachweis, seine Leistung über Geld und Erfolg abgesichert zu haben. Geld und Besitz zeigen, daß jemand notwendig für die Gesellschaft ist, daß er begriffen hat, worum es geht. Armut ist Schande, das Mal fehlender Existenzberechtigung. Auch geistige Erfolge werden wie materialisierte Besitzlandschaften und Aktien gehandelt. Zum Nachdenken bleibt immer weniger Zeit.

Dem Leistungs-Ich wird oft schon als Kind das Leben nicht geschenkt. Viele Menschen machen die Erfahrung, daß ihr Dasein nur bedingt akzeptiert wird. Sie halten sich allmählich selbst in dem Bewußtsein fest, alles bezahlen zu müssen. Daß alles seine Zeit hat und der Zeit für die Klage eine Zeit zum Lachen, zum Weinen und für den Tanz folgen muß, geht im Trubel der Leistungsbeweise unter. Das instrumentalisierte und vereinseitigte Leben gibt den Menschen nicht mehr frei.

> Der 59jährige Hotelbesitzer (ehemals Bäcker und Metzger) erlitt den Herzinfarkt am ersten freien Tag seines Lebens. Bis dahin hatte er sich niemals eine Ruhepause gegönnt, sondern all seine Kräfte für die existentielle Sicherung eingesetzt. Auch seine Frau und den 17jährigen Sohn zwang er, sich ausschließlich der Arbeit im Hotel zu widmen ... An dem ersten Urlaubstag seines Lebens war er zusammen

mit anderen Hotelbesitzern weggefahren, hatte einen lustigen Tag verbracht und abends getanzt. (Moersch)

Im Satz »Zeit ist Geld« verbirgt sich die meßbare Moral der Macht. Symbolhaft steht der Begriff für alles, was meßbar ist, was sich als sichtbarer Beweis für eine effektiv verbrachte Lebenszeit anführen läßt: das vom Munde abgesparte Häuschen, das die Kinder einst erben sollen, steht neben dem vollen Terminkalender, der keine Zeit für nichts demonstriert; der Ehrgeiz, keinen Fehler zu machen, neben der Ungeduld, seine Zeit mit Kindern unnötig zu verplempern. Indem rastlos die Existenz abgesichert wird, wird die tödliche Verunsicherung, die das Herz bedroht, übersehen, der erste Urlaubstag wird zur existentiellen Gefährdung, obwohl er eigentlich Ruhe bringen sollte. An die Stelle von Offenheit, Rhythmus, Überraschung, Spontaneität und Unverfügbarkeit, die als Prinzipien die konstitutiven Bedingungen darstellen für die immer wieder neu zu gestaltenden Lebensprozesse, sind Verschlossenheit, Takt, Planung, permanente Verfügbarkeit und Leistungsbereitschaft getreten. Auf diese Weise wird das Leben blockiert. Es wird in Etappen zerlegt, die die Voraussetzungen und Bedingungen für das Leben von morgen schaffen sollen. Das eigentliche Leben wird vertagt, soll erst dann stattfinden, wenn die Ziele erreicht sind. Der früheste Termin ist oft die Pensionierung. Manchmal macht der Pensionstod dann einen Strich durch diese Terminplanung.

Die Maxime »Zeit ist Geld« entpuppt sich als Kriegserklärung gegen das Leben. Nichts scheint gefährlicher als die Möglichkeit, daß die Zeit für das Leben vertrödelt wird; nichts bedrohlicher als die Tatsache, daß es unverplante Lebenszeit gibt, die man spontan für den Augenblick nutzen könnte. Wenn die Unbestimmtheit, die Ungewißheit des Ausgangs von so großer Bedeutung für das Geschehen des Lebendigen ist, wenn Leben und Lebendiges nur dadurch entsteht, daß es dazu auch Gelegenheit erhält, dann müssen wir Entscheidungen für das Leben treffen und ihm Stunden geben für alles, und das zu seiner Zeit. Was keine Zeit erhält, kann sich nicht entwickeln, weder eine Arbeit noch eine Liebe, weder ein Körper noch eine Seele oder ein Denken. Wenn der Raum des eigenen Lebens aber leer wird, wir nicht mehr wissen, was sinnvoll für uns ist, dann kommt die Stunde der Interessenvertreter, der Parteiprogramme für das »richtige« Leben oder der Idealverkünder für das Leben von morgen oder ein Leben danach. Das ist dann das Betätigungsfeld für jene Moral, die uns ständig beizubringen versucht, daß wir nicht für uns, sondern für irgend etwas und irgendwen auf dieser Welt da zu sein haben. Nicht daß wir üben, Menschen im aufrechten Gang zu sein, ist hier von Interesse, sondern daß wir den vorgegebenen Trampelpfaden folgen. Die eigene innere Wahrheit aber geht nicht auf fremden Wegen, sie muß den eigenen suchen und auf eigenen Füßen daherkommen.

Die Wahrheit ist konkret und biographisch

Die Wahrheit kann man nicht predigen. Sie ist ein Stück von uns selbst. Sie braucht in unserem Leben ihre Gelegenheit, ihre Zeit. Wir können nur unter Verlust des eigenen Lebens eine fremde Wahrheit leben – und genau davon zeugen viele Krankengeschichten. Wahrheit ist immer der Weg zur eigenen Quelle, zu den eigenen Wurzeln. Die Menschen müssen ihre eigene Wahrheit leben, ihre eigene Sprache sprechen, ihre eigene Zeit haben. Sie können sich nicht hinter einer abstrakten Wahrheit verstecken, die ihnen die Entscheidung für ihr eigenes Leben abnimmt, so bedrohlich dies oft genug auch ist. Der trügerische Wunsch allerdings, aus Sicherheitsgründen und Ruhebedürfnis diese ständig neu und selbstverantwortlich zu treffende Entscheidung für das eigene Leben loszuwerden, macht die Ersatzwahrheiten so verführerisch und den Versuch, die Menschen nicht die eigene Wahrheit, sondern andere Wahrheiten leben zu lassen, so machtvoll. »Es stimmt, daß alle Bäume Wurzeln in der Erde haben, aber kein Baum könnte die Wurzeln eines anderen Baumes benutzen, um damit Nahrung aus dem Boden zu ziehen, weil sie nicht ihm gehören.« (Reich) Es stimmt, daß alle Menschen Zeit benötigen, um zu wachsen und sich zu entwickeln. Aber kein Mensch kann auf Dauer ohne Schaden im Zeitmaß eines anderen Menschenleben – geschweige denn im präparierten Zeitmaß einer Gesellschaft, die seine Lebenszeit zu Geld machen will.

Die Moral der Macht kann auf das konkrete Leben verzichten. Sie ist nur auf Leistung ausgerichtet und lebt von der instrumentalisierten Zeit. Wo es um die besonderen Bedürfnisse unseres Lebens geht, versucht sie uns auf allgemeine Ziele zu verpflichten, und wo wir unsere Unterschiede bewahren müßten, werden wir gleichgeschaltet.

Die Zeit wird als Ware getauscht und damit ihrer Möglichkeit beraubt, sich in der Gestaltung unseres Lebens spezifisch und konkret zu bewähren. Als Zeit für die Entfaltung unserer Lebenskompetenz kommt sie außer Übung, entwickelt keine Werkzeuge, und ihre Wahrnehmungsfähigkeit ist so eingeschränkt wie ihr Bewegungsraum. Als Ware ist Zeit abstrakt und verliert ihren Bezug zu den konkreten Subjekten, die aus ihr und mit ihrer Hilfe ihr Leben gestalten.

Als bewußte Wesen sind wir Menschen aber dem Fluß der Zeit ausgeliefert, vor das erregende Moment konkreter Entscheidung gestellt. Lebendige Wirklichkeit ist immer nur in der Gegenwart, wenngleich mit Vergangenheit und Zukunft verbunden. Wer nur von der Perspektive des Morgen lebt, verkümmert an Leib und Seele, im Denken und in den sozialen Bezügen. Es gibt kein Leben, das sich nur aus dem Vorgriff ernährt. Leben erfüllt sich nur dort, wo es die Spielräume zwischen dem Vorgegebenen nutzt oder Wachsen einfach zuläßt. Die Zeit, die ich meiner Angst verweigere, läßt mein Herz rasen, während ich äußerlich noch als Inbegriff der Ruhe erscheine. Die Mißachtung meiner vielleicht ängstlichen Sexualität läßt mich zum falschen Zeitpunkt in vielfältige Geschäftigkeit verfallen, um der Begegnung auszuweichen, sie auf einen späteren Zeitpunkt zu verschieben, der dann möglicherweise aus anderen Gründen wieder unpassend ist. Daß die Nacht die Zeit der Sexualität ist, ist eine Erfindung der Arbeitsgesellschaft, die das Bedürfnis hat, sich vor Überraschungen zu schützen.

Lebenszeit ist wie die Wahrheit kein Ideal, sondern die Art und Weise, in der wir unser Leben gestalten. Lebensvollzug und Lebenswirklichkeit bestehen nicht nur aus sichtbaren Ergebnissen, in denen sich Erfahrungen objektivieren, nicht aus dem Vollzug von Terminen der linearen Zeit und ihren Erfolgen, sondern aus der höchst widersprüchlichen Mischung, die entsteht, wenn wir als lebendige Personen den uns vorgegebenen Strukturen begegnen und uns mit ihnen auseinandersetzen. Lebensvollzug ist ein schöpferischer Prozeß wechselseitiger Auseinandersetzung mit allen Aspekten der verschiedensten Dimensionen von Wirklichkeit. Die Biographie eines Menschen gibt Auskunft über seine Fähigkeit und Kunst, seine eigene Zeit zu finden und sich nicht auf eine Definition von Arbeit einzulassen, die das Selbst entweder auf die käufliche Arbeitskraft reduziert oder zum Arbeitslosen stempelt. Insofern ist Biographie die zeitlich begrenzte sichtbar gewordene Selbstgestaltung eines Individuums. Anders als beim freien Fall, den man im Experiment wiederholt, weiß man zu Beginn seines Lebens nicht, wo dieser »Fall« enden wird. Der Begriff der »biographischen« Zeit ist gekoppelt an die Unbestimmtheit, an die Überraschung, an das Abenteuer, an Momente von Offenbarung, über die man nicht vorab verfügen kann. Die Liebe, das Glück, die Trauer, der Haß sind solche Beispiele von Offenbarung. Biographie ist nicht der monologe Vollzug von Terminen, sondern Dialog mit dem eigenen Selbst auf verschiedenen Stufen der Wahrnehmung und offene Begegnung mit der Zeit. Leben erfüllt sich da, wo es den Spielraum zwischen äußerer Struktur und Individualität, zwischen linearer Zeit und Zeitlosigkeit nutzt. In der Hetze der Termine nehmen wir unserem Bewußtsein wie unserem Leben die Möglichkeit und die Zeit zur Offenbarung, zur Wahrnehmung des noch Unverfügbaren, aber auch des Mißlungenen. Solange wir von Abstraktionen in Atem gehalten werden, verweigern wir unserer Biographie das, was sich ereignen will. Biographische Erfahrung braucht ihre Stunden. Wirkliche Freundschaft, Freundschaft, die wirkt und bewirkt, braucht Zeit. Sie wächst. Man kann sie nicht herstellen, nicht wachsen machen.

Der Weg der Liebe verlangt Originalität, Geduld und zielstrebige Ausdauer. Eine erfüllte Beziehung ist deshalb nicht Ausdruck und Ergebnis einer Leistung, sondern ein Geschenk der Teilhabe, eine Überraschung oder ein Akt der Gnade. Das größte Geschenk an die Liebe zum Leben ist die Zeit, die wir ihr und ihren offenen Möglichkeiten geben. Besetzen wir die geschenkte Zeit aber gleich mit unserem Wunsch nach Selbstdarstellung, mit unseren Überlegenheitsansprüchen, Klagen und Vorwürfen, so wird sie zur verlorenen Zeit und verstärkt die Enttäuschung, die alle Liebenden mit sich herumschleppen. Wir reden so viel von der Zeit für die Liebe und fürchten uns gleichzeitig unendlich davor, mehr als einen Augenblick lang von unserem Bedürfnis nach Liebe gefangen zu werden. Würden wir dem Bedürfnis wirklich nachgeben, könnte es uns tatsächlich aus dem Sattel heben, in dem wir anscheinend so sicher sitzen. Die Lust auf die Befriedigung anderer Lebensbedürfnisse als dem der Leistung bringt uns in die Gefahr, für die Verplanung nicht mehr wie berechnet zur Verfügung zu stehen. Dabei hätten wir es so nötig, von Zeit zu Zeit auf unsere Unberechenbarkeit zurückzugreifen und unzuverlässig zu werden, dafür aber authentisch.

Die lineare, mit der Uhr gemessene Zeit dient mit der Vielfalt ihrer Notwendigkeiten und Begegnungen, mit all dem, was wir zu bestimmten Zeiten zu erledigen haben, der Bewältigung und Gestaltung der Wirklichkeit. Sie dient aber gleichzeitig auch der Vermeidung eines anderes Teils von Wirklichkeit, nämlich jenen Seinsweisen und Lebensformen, die sich der linearen Zeitwahrnehmung verschließen. Wer das Wachsen erleben will, das Sich-der-Trauer-Stellen, wer Hilflosigkeit zu akzeptieren lernen will, der muß bereit sein, lineare Zeit zu verlieren. Der Trost, den wir dem Kind geben, läßt sich nicht auf die Minute berechnen, denn Leiden hat ein anderes Zeitmaß. Der Mediziner weiß, daß er einem Patienten in kürzester Zeit eine Diagnose mitteilen kann. Der Betrieb setzt während der Visite vielleicht fünf Minuten dafür an. Ein Arzt aber müßte ahnen, daß es einer anderen Zeit bedarf, um die Diagnose existentiell zu verkraften. Alles braucht seine Zeit.

Die Integration, die Verarbeitung, das Wachsen eines neuen Autonomiegefühls, die Trauerarbeit brauchen eine Seinswahrnehmung, die ich im Gegensatz zur linearen Zeiteinteilung mit »weiblich« umschreiben möchte. Diese andere Form des Umgangs mit der Zeit ist dem Frauengeschlecht nicht einfach angeboren, wenngleich Frauen durch bestimmte Tätigkeiten, beispielsweise durch den Umgang mit Kindern und mit Gefühlen, viel häufiger mit der Notwendigkeit einer solchen Zeitwahrnehmung und Zeitpraxis konfrontiert werden und sie dabei eher üben können. Für die alte chinesische Philosophie waren Yin und Yang, weiblich und männlich, Energie- und Lebensformen, die sich nicht ausschließen, sondern in rhythmischem Wechsel ständig ablösen, ergänzen und unterstützen. Jeder Anstrengung und aktiven Hinwendung nach außen muß ein Ausruhen, eine passive, das heißt in anderer Weise aktive Hinwendung nach innen in die Integration folgen. In unserer Gesellschaft, die darauf ausgerichtet ist, Zeit zu Geld zu machen, Ergebnisse vorzulegen, Lebenszeit effektiv zu nutzen, ist die Pause, das Einhalten, das Abwägen nicht gern gesehen. Der dauerhafte Zwang zur Leistung ist das Kreuz von Frau und Mann. So entsteht ein unersättliches Bedürfnis nach Lob und Beifall, was wiederum ständige Versagensängste hervorlockt. Das Gefühl des Schiffbruchs darf gar nicht erst aufkommen, obwohl es die Rettung bedeuten könnte. Erfolg und Effektivität sind der Maßstab dieser Art von Zeit; nicht die Fähigkeit zu lachen, zu spielen, zärtlich zu sein. Und schwieriger noch: jeder lineare Erfolg eines Menschen gründet letztlich auf dem Versagen eines anderen, des Konkurrenten in der Sache wie des Konkurrenten um die Macht. Selbst im Traum darf keine Zeit verloren gehen. Wer ausweisbaren Erfolg will, muß nachts vom Siegen träumen und sich tagsüber immer beeilen.

Die Unterstützung des Lebens und der lebendigen Strukturen in uns erfordert andere Formen der Zeitwahrnehmung und eine andere Form der Zeitpraxis, in der die Teilhabe der Leistung gegenübertritt. Wir müßten mehr leben, um zu leben, und nicht nur leben, um nicht zu sterben. Dies nicht nur privat und hinter vorgehaltener Hand, sondern öffentlich und in Form eines anderen kulturellen Lebensentwurfs als dem, der vorherrscht, aber viele Menschen krank macht. Eine solche andere, ergänzende Zeitpraxis wäre der Ernte näher als dem Pflanzen, der Freude, der Ekstase, dem Genuß näher als dem Erbringen von Leistungen, dem Durchleiden der Schmerzen näher als ihrer Verdrängung, dem Wachsen näher als dem Machen. Möglicherweise könnte eine solche Entwicklung stärker von den Frauen ausgehen, selbstverständlich oder naturgegeben ist das nicht, denn auch die Frauen haben auf den Straßen der »männlichen« Zeitstruktur ihre Spur gefunden, sind inzwischen der verplanten Zeit mehr verbunden als dem Leben und seinen Prozessen. Nur wenige von uns verstehen, mit ihren inneren Möglichkeiten umzugehen.

In der objektivierten sozialen Zeitordnung finden viele Ausdrucksformen des Lebendigen keine Zeit und keinen Raum. Sie verstümmeln oder gehen als Unruheherd in den Untergrund, von wo aus sie beispielsweise als Krankheit, als Sucht, als Abweichung, als Auffälligkeit wieder aufsteigen. Lebendige »Energie« läßt sich unterdrücken, vernichten jedoch läßt sie sich nicht. Das ungelebte Leben sucht sich einen anderen Weg für seine Zeit. Wie schmerzhaft das ist, sehen wir beispielsweise an den Zeitplänen. Die Pläne rund um die Uhr erzeugen den manischen Blick auf die Uhr, den schon kleine Kinder üben. Die Einteilung der Zeit durchzieht das Leben und nicht immer tut sie ihm gut.

Fahrpläne für das Leben

Zeitpläne sind Fahrpläne, nach denen gefahren und verfahren wird. Sie enthalten Gleise, von denen nicht abgewichen werden darf, weil sonst der Plan nicht eingehalten werden kann. Die Macht der Moral verläuft auf einer Schiene; die Orte, an denen angehalten wird, sind bekannt. Ebenso das Ziel. Als anständig gilt, wer nicht vom Weg abkommt und pünktlich ist. An der letzten Station kommt er möglichst mit der durchschnittlichen Lebenserwartung an und stirbt den normalen Tod. Die Moral dieser Macht ist die Normalität, nichts darf überraschen. Der Zug fährt bei der Geburt ab und spätestens beim Tod stellt sich vielleicht heraus, daß das Leben in einem Sackbahnhof endete, weil niemals die Richtung geändert wurde und man immer auf Züge gesprungen ist, die so schöne Ziele versprachen. Die zeitlich vorherbestimmenden Fahrpläne sehen vor, zu welchen Zeiten man normalerweise die Schulbank drückt, die Berufsausbildung abschließt, auf dem Höhepunkt der Karriere ist, heiratet, Kinder in die Welt setzt. Auch die Zeit des normalen Sterbens wurde mit Hilfe der durchschnittlichen Lebenserwartung errechnet.

Wie sehen diese Fahrpläne aus, die unser Leben in Besitz nehmen? Es gibt Fahrpläne für pünktliche Kinder. Das fängt schon bei der Geburt an. Sie wird zur Not eingeleitet, unter anderem auch dann, wenn der Zeittakt der Institution den Vorrang vor der Zeit von Mutter und Kind hat. Im Fahrplan für Kinder steht aber auch, wissenschaftlich abgesichert, wann das erste Lächeln anzukommen und der dritte Zahn abzugehen hat. Alle Abfahrtszeiten für erste Schritte, Streifzüge und phasenspezifische Streiche sind festgehalten. Das zeitgerechte Zurückhalten oder Festhalten dessen, was man zu verdauen hatte, hat ganze Generationen von Psychologen und Pädagogen unter dem Aspekt von Sauberkeitserziehung, Ordnungsliebe und Disziplin beschäftigt. Noch heute verstehen wir schwer, warum sich unser Körper in Augenblicken von Angst und Aufregung schnell noch eine Pause auf der Toilette sucht. Wenn unsere Kinder noch etwas früher lesen lernen, können sie bald selbst nachschlagen, wann ihnen der Trotz, die erste Widerrede, das Stapeln von acht Bauklötzen und das Legen von Puzzeln, der erste Rausch oder die erste Liebe zustehen. Ehrgeizige Eltern werden vor allem bei den ersten Stationen der Zugfahrt nervös, wenn ihr Kind mit zehn Monaten noch nicht auf eigenen Füßen steht, sich mit fünf Jahren noch immer nicht gern die Zähne putzt und nach der Einschulung die Schule immer wieder mit dem Spielplatz verwechselt. Bei der ersten schlechten Note, dem ersten Streit mit den Lehrern, der ersten Verweigerung der Kooperation taucht furchterregend im Zeitraffertempo die weitere Schulkarriere auf. Für manche ist der Zug schon sehr früh abgefahren. Und andere geraten schon nach dem ersten Zusammenstoß aufs Abstellgleis.

Die Uhr, die hier tickt, raubt schon früh nicht nur den Mut für den längeren Atem des Wachsens, sondern auch den Mut für das Akzeptieren des Ungewöhnlichen, des Ungeplanten, der Spontanität. Bei diesem Fahrplan werden Kinder krank. Mit 32 Jahren, aber bereits sterbend, setzt sich der schwer an Krebs erkrankte Fritz Zorn zum ersten Mal gegen das Nichtlebendürfen in diesen Fahrplänen für die Normalbiographie zur Wehr.

> Ich war nun also ein ziemlich guter, wenn auch ziemlich uninteressierter Schüler, ich hatte die besten Manieren von der Welt und gab in der Schule nie Anlaß zu Verstimmung oder Tadel; nur im Turnen war ich von einer fast unvorstellbaren Schwäche. Meine Kameraden haßten mich nicht und quälten mich nicht, aber ich hatte keine Freunde. Ich ging in mehrere Tanzkurse, um auch den Umgang mit

Frauen zu lernen, aber ich konnte das Tanzen durchaus nicht erlernen, und den Umgang mit Frauen noch viel weniger. Ich war gescheit, aber ich konnte nichts. Ich war nach außen von einer fast widerwärtigen Normalität, aber ich war alles andere als ein gesunder normaler junger Mann. Ich war in der Öffentlichkeit abgestempelt als einer, der es mit dem »Höheren« zu tun hat, aber innerlich ahnte ich, daß ich weit zurückgeblieben war und mich eigentlich zu den ganz kleinen Schülern aus der ersten Klasse zählen müßte. Ich hatte überhaupt keine Probleme und ahnte, daß das auch besser so war, weil ich mich noch nicht hätte damit auseinandersetzen können, wenn ich welche gehabt hätte. Kurz: Ich erfüllte alle Voraussetzungen, um ein unglücklicher Mensch zu werden. Gesagt, getan. Ich wurde krank.

Es gibt andere Fahrpläne, z.B. für Arbeitsbienen, die nicht fliegen, sondern rennen. Um 6.48 Uhr rennt Frau F. zum Bus. Sie ist so müde, daß es ihr vor den Augen flimmert. Sie hat Frühstück gemacht, dem Mann belegte Brote mitgegeben, den älteren Kindern das Vorgekochte für mittags erklärt. Der Kleine wollte sich nicht waschen und hat im Bad vor sich hingeträumt, die Große hat gemault, weil der Lieblingspullover noch nicht gewaschen war. Frau F. kommt gerade noch rechtzeitig durch das graue Tor. In der Montagehalle setzt sie sich zu den anderen Arbeitsbienen ans Band. Sie muß jetzt acht Stunden lang im Akkord pro Minute acht bis zehn Schweißstellen an einer Röhre anbringen. Die Arbeitsbienen reden nicht. In einer abgestoppten Pause reicht die Zeit gerade, um tief Luft zu holen. Frau F. ist alt. 27 Jahre alt. Eine Akkordarbeiterin gilt nach zehn Jahren als »verbraucht« und wird offiziell als »Risikogeschäft« geführt. Arbeitsbienen werden selten kesse Bienen, dafür haben sie keine Zeit. Nach der Arbeit rennt Frau F. zum Supermarkt, holt den Kleinen aus dem Kindergarten, macht Abendessen, schaut Schulaufgaben nach, spült Geschirr, kocht für den nächsten Tag vor, räumt auf und setzt sich halbblind vor Müdigkeit mit dem Nähzeug noch ein wenig zu den anderen vor den Fernseher. Auch schlafen muß sie schneller, denn um 5.30 Uhr ist die Nacht zu Ende.

Verschleißkrankheiten nennt man die Folgen dieses Zeitraubs: Kreislauf- und Magenschäden, chronische Krankheiten des Rückgrats, des Unterleibs, der Gefäße, Schlaflosigkeit und Depressionen. Manchmal dauert es nur zehn Jahre, um aus einem jungen Mädchen eine alte Frau zu machen. Nur für die Fremdnutzer ist die Zeit abstrakt; am eigenen Leibe ist sie konkret und hinterläßt deutliche Spuren.

Es gibt Zeitpläne für Komplexe. Zum Beispiel für den »Nur-Hausfrau« zu sein. Das Alibi für den morgendlichen Ausgang sind Einkaufstasche oder Kinderwagen. Aus dem Fenster wird mit dem Staubtuch gegrüßt. Von der Teppichstange gibt man pflichtgemäße Klopfzeichen. Jeder dümmste Zeitvertreib mit bezahlter Arbeit um die Nur-Hausfrau herum, dient der Selbstverwirklichung. Sie kommt auch nicht auf die Idee, daß der Briefträger schließlich ja auch nur ein Briefträger ist. Alles ist voller Nur-Leute, denn nur so läßt sich Zeit effektiv einsetzen. Gerade Männer sind ausgezeichnete Nur-Menschen. Sie konzentrieren sich, haben Erfolg im Nur-Sein. Hausfrauen leiden unter der Reduktion ihrer Betätigung und wollen aufholen. Nur-Hausfrauen brutzeln und putzen mehr als Hunger und Hygiene es erfordern. Mit Hochglanzhaushalten beweisen sie ihre Daseinsberechtigung. Und wenn schon ihre Männer nicht da sind, so lächelt ihnen doch wenigstens Meister Propper aufmunternd-kontrollierend zu. Zeitvergeudung und Luxus scheinen ihnen zu gehören. Wenn sich allerdings Nur-Hausfrauen wirklich einmal Zeit für sich nehmen, dann allenfalls für die Migräne, die Erschöpfungszustände, die Schlaflosigkeit, die Depression. Auch mancher tote Mann war ein verhinderter Lebenskünstler, einer, der sich für das andere Leben außerhalb der Arbeit in seinem Lebensfahrplan keine Zeit nehmen konnte.

Viele Terminkalender lesen sich wie Fahrpläne, aus denen ersichtlich ist, daß die An- und Abfahrtszeiten so knapp kalkuliert sind, daß es notwendigerweise zu Zusammenstößen kommen muß. Die Zeitpläne von Angestellten und Arbeitern, von Ärzten und Lehrern ähneln sich im Prinzip auf verteufelte Weise. Zwar mit unterschiedlichem Gewinn und Prestige versehen, sind die Erfordernisse der Arbeitswelt zu absoluten Bestimmungen, zur absoluten Moral geworden. Die Gesetze der Produktion, der Gewinnsteigerung und der effektiven Nutzung – sei es in Form der Kapitalakkumulation, des Patientendurchlaufs, der verhandelten Fälle vor Gericht oder betreuten Sozialfälle, der Kneipenbesuche oder der eroberten Liebschaften – beherrschen das Bewußtsein und die Lebenszeit in einem Maße, daß für andere Bewußtseinsinhalte und andere Formen der Zeitwahrnehmung oder gar Zeitpraxis kaum mehr Raum vorhanden zu sein scheint. Das, was den Menschen erst zum vollen Menschen macht, verkümmert. Die Kräfte des Gemüts und der Gefühle bleiben unterentwickelt. Die großen Themen des Lebens – die die Arbeit umgeben und deren Lösung für sie von zentraler Bedeutung wären – die Liebe, der Tod, das Verhältnis zu den Vorfahren und Nachkommen, zu Eltern, Partnern, Kindern, aber auch das Verhältnis zur Natur und Gesellschaft erscheinen nur schemenhaft. In der »linearen« Zeit stehen die täglichen Feldzüge im Mittelpunkt. Die Fakten zählen. Für Kreativität, Offenbarung, Geduld und Überraschung ist in solchen Lebensstrategien kein Platz, sie sind zu langsam.

Geschwindigkeit ist eine Tugend

Der zeitliche Zugriff auf das Leben über die Fahrpläne hat System. Er setzt gute Planung voraus. Diese besteht zunächst im Registrieren aller Daten, die für die massenhafte Verplanung von Menschen notwendig sind. Das Wissen muß zusammengefaßt, geordnet und vor allem auf Möglichkeiten von Pannen, Verspätungen, Widerständen und Ausfällen hin abgeklopft werden. Erst wenn die Weichen gestellt sind, kann die Fahrt beginnen. Der Mensch als machbares Gesamtprojekt kommt auf festen Gleisen pünktlich ins Ziel.

Schulen, Kliniken, Altenheime, Gefängnisse – sie alle verfügen über die Zeit nach festen Fahrplänen. Je nach gesellschaftlicher Funktion und inhaltlicher Aufgabe muß die Qualität der Zeitnutzung oder eher die Kontrolle über die Zeit gewährleistet werden. Da Gewinn oder Erfolg sich wesentlich über die Zeit ausdrücken, werden die Zeitgitter immer enger. Die Zeitwahrnehmung wird an die Institution gebunden, sie wird eindimensional. Die Wirklichkeit wird verengt. Hauptsache ist, daß es schnell geht. »Die Leute schieben sich in die Schnellzüge, aber sie wissen gar nicht, wohin sie fahren wollen. Nachher regen sie sich auf und drehen sich im Kreis...«, sagt Saint-Exupérys »Kleiner Prinz«.

Blitzartig ereilen uns Krankheiten, blitzschnell sollen die diagnostischen und therapeutischen Antworten erfolgen, schnell soll vor allem auch die Heilung sein. Schnell wie der Blitz – dies ist das Motto einer elektrifizierten Gesellschaft, die schon deshalb immer unter Hochspannung stehen muß. Blitz-Züge sind Züge, deren einziges Problem darin besteht, daß sie anhalten müssen. Die Terminkalender in den Institutionen halten die Zeit fest – für die Erbringung von Leistungen, für Liefer- und Zahlungstermine, für Zinsberechnungen, für Operationstermine und effektive Bettennutzung. Der schnelle Durchlauf ist das Planziel. Der Terminkalender rastert die Zeit, gliedert sie verbindlich und gibt sie zur Benutzung frei. Die Gliederung des Jahres in Monate, Wochen und Tage aber reicht nicht aus. Der Tag wird in Stunden, Minuten und Sekunden zerlegt. Genauigkeit und Zuverlässigkeit, Erfassung immer kleinerer Intervalle, ständig präsent, zur schnellen Kontrolle über die Zeit bereit: Die Uhr heizt uns zeitlich auf, macht uns kalkulierbar und verfügbar. Die Uhr hängt weniger an unserem Arm als wir am Arm der Zeit.

»Geschwindigkeit« ist an das Zeitmaß der Institution gebunden und kann viele »Wartezeiten« enthalten. Die Bearbeitung eines Bauantrages kann Jahre dauern, die diagnostische Rasterung eines tödlichen Leidens nur wenige Stunden. Die Tugend der Geschwindigkeit entpuppt sich schnell als Tugend der Disziplin. Das Tempo wird im Reglement vorgegeben. Jede Institution hat ihren Stundenplan oder ihre Satzung, die die Gefahr der Verschwendung bannen sollen. Die Zeitdisziplin organisiert eine Ökonomie, die von der Unerschöpflichkeit der Ressourcen ausgeht. Nicht Einsatz von Zeit, sondern Ausschöpfung und Ausnutzung des geringsten Augenblicks ist das Ziel. Die große Frage der Zeitbeherrschung lautet: Wie lange muß man die Zeit zersplittern, bis die größte Schnelligkeit mit der höchsten Wirksamkeit eins ist?

Zur Tugend der Geschwindigkeit gesellt sich der Kult der Anstrengung. Was leicht fällt, kann nichts wert sein. Macht ist also mehr als eine Frage der Ausdehnung, das gilt auch für die vollautomatisierte Küche, in der Frau in Sekundenschnelle ein Essen zaubert und nebenbei schnell nachholt, was sie durch andere Belastungen versäumt hat. Je differenzierter die Zeiteinteilung, desto mehr Termine sind unterzubringen. In der Anzahl der Termine manifestiert sich das Motiv der Macht nach Ausdehnung. Je mehr man die Lebenszeit zerlegt, um so besser hat man die verschiedenen Unterteilungen im kontrollierenden Blick. Die Teilung der Zeit in Arbeitszeit und Freizeit erlaubt eine bessere Kontrolle, Planung und Ausschöpfung von beiden. Die Aufteilung der Lebenszeit in die Phase der Kindheit, der Jugend, des Erwachsenen und des Alters erleichtert den Versuch, die Lebensphasen so effektiv wie möglich zu gestalten und den Zeitverlust zu verringern, den der Übergang von einer Phase zur anderen immer mit sich bringt. Mit 18 Jahren ist jemand alt genug, mit Eintritt der Pensionsgrenze zu alt für was auch immer und wie jung oder alt er auch immer sei. Im Rhythmus von Signalen, Pfiffen, Befehlen, Uhren, Stundenplänen und Fahrplänen werden die zeitlichen Normen aufgezwungen, die die Lebensenteignung beschleunigen und die dafür erforderliche Geschwindigkeit als Tugend lehren. Disziplin ist die Spezialistin der Zeit. Man rechnet mit allem, nur nicht mit dem lebendigen Leben. Es gilt das Prinzip der Zerlegung, der Ausschöpfung, der Beherrschung, der Zuspitzung. Partikulares, nicht umfassendes Denken ist angesagt. Wer schnell und effektiv ein Magengeschwür entfernen will, greift zum Skalpell und nicht zu den zeitaufwendigen Fragen: Warum geschieht das jetzt? Und warum gerade hier an diesem Organ? Die Vernunft der linearen Zeit ist die Leistung, ihre Bezugspunkte sind der zerlegende Verstand und die Fähigkeit zur Abstraktion von der Komplexität des Lebens! Ihre Methoden sind hart, ihre Konzentration liegt auf der Hauptwirkung. Nebenfolgen und Rückwirkungen müssen dafür in den Hintergrund treten, von wo sie – meistens unerkannt und unbewußt – ihre eigene Effektivität entfalten, um die Hauptlinie und das erwartete Ergebnis zu durchkreuzen.

»Zyklische« Zeit ist solch geradlinigen Verläufen nicht günstig, weil sie davon ausgeht, daß alles aufeinander bezogen ist und immer wieder von vorn anfängt. Ihre Bezugspunkte sind Körper und Natur, ihre Prinzipien sind Integration, Entfaltung und Erhaltung. Hier gilt der sinnvolle Gebrauch, nicht der achtlose Verbrauch der Ressourcen. Ihre Methode ist eher weich und offen, dem Prozeß des Wachsens unterworfen. Wie bereits erwähnt, nenne ich diese Zeit und die ihr zugehörige Zeitpraxis »weiblich«. Sie bildet den Gegenpol zur linearen,

»männlichen« Zeit, wie umgekehrt auch diese den Gegenpol zur »zyklischen« bildet. Keiner der beiden Pole kommt in der Gestaltung von Lebensprozessen ohne den anderen aus. Werden sie zum ausschließenden Gegensatz des Entweder-Oder, verlieren sie die Möglichkeit, miteinander eine Einheit zu bilden.

Unser Körper enthält die Weisheit dieses Prinzips. Dem Einatmen folgt das Ausatmen, dem sympathischen Teil des Nervensystems steht der parasympathische gegenüber. Die linke Gehirnhälfte garantiert nur einen Teil unserer Denkfähigkeit, wir brauchen die rechte Seite ebenso notwendig, um das Ganze zu begreifen. Wer die Zeit ausschöpft, verbraucht, muß auch für leere Zeiten zur Schöpfung von neuer Zeit sorgen. So wie sich die Vernunftideale unter Ausschluß des Weiblichen gebildet haben, so haben sich die Zeitideale unter Ausschluß der zyklischen Zeit konstituiert.

Wo Zeit zu Geld wird, werden Körper leicht von lebendigen Organismen zu Maschinen und Patienten zu maschinengleichen Körpern, die sich geweigert haben zu funktionieren. Die Idee der Zukunftsbeherrschung und -planung durch Vorausberechnung und lineares Fortschrittsdenken hat den Wunsch, die Zukunft zu erleben und im Erleben mitzugestalten, an den Rand gedrängt. Wo Geschwindigkeit eine Tugend ist, bleibt wenig Zeit für die Weise eines besonnenen Lebens, in dem die Menschen über die unmittelbare Umgebung ihrer Umwelt weit hinausblicken, um die eigene Existenz in übergreifenden Zusammenhängen wahrzunehmen. Der schnelle Verbrauch von allem, was greifbar ist, versperrt den Blick zu den Menschen künftiger Generationen und deren Lebensverhältnissen. Die Disziplin als Lehrmeisterin der Zeit kann die Antreiberin zum rastlosen Einsatz und endlosen Verbrauch sein. Sie kann uns aber auch zur Besinnung und zur Reflexion der eigenen Gewohnheiten bringen, mit der wir vom bloßen Konsumverhalten und verschleißenden Verbrauch zum achtsamen Gebrauch der Dinge übergehen, die wir zum Leben benötigen. Das lineare Zeitmanagement hat nicht nur in unsere Lebenszyklen eingegriffen, sondern das Wissen von den Zyklen des Lebens und der Kreisläufe zwischen Mensch und Natur gemindert und an den Rand gedrängt. Leben braucht einen Lebensstil, der auf Dauer aus ist, der nicht sämtliche Bedürfnisse schon im Augenblick ihres Auftretens befriedigen will, der einen Horizont vom Künftigen aufbaut, der Kreisläufe ernst nimmt und den Menschen selbst in diese eingebunden weiß. Die Vertreibung der Zyklen und der Zyklizität der Stoffe und Elemente aus der Konzeption der Zeit hat auch in die Leibhaftigkeit der menschlichen Existenz eingegriffen und zu einer Krankheit mit der Zeit geführt.

Die Krankheit mit der Zeit

»Alles hat seine Stunde. Für jedes Geschehen unter dem Himmel gibt es eine bestimmte Zeit.« (Prediger Salomo) Die Behauptung ist klar und grundsätzlich richtig. Im Leben vieler Menschen aber gibt es nur Zeit für etwas Bestimmtes für die Arbeit, für die Leistung und die Pflicht. Die Entschuldigungen, für diesen Zwang zu leben, ähneln sich: »Ich arbeite gern, ich lebe nur dafür.« Oder: »Ich kann nicht herumsitzen, ständig muß ich in Bewegung sein!« Oder: »Oft habe ich das Gefühl, innerlich zu explodieren.« Zeit ist Geld. Zeit ist Erfolg. Zeit ist da zum Durchhalten. So lauten die Gebote der Stunde. Erzwingt der Körper im Zusammenbruch eine Pause, so kann man auch nach der Entlassung aus dem Krankenhaus sein berufliches Verhalten nicht ändern, gerade jetzt muß man voll einsteigen, nachdem durch die Krankheit größere Mengen von Arbeit liegengeblieben sind. Der nächste Zusammenbruch ist vorprogrammiert.

Die Abfolge linearer Zeit erfahren wir am eigenen Leib eine Art Gefängnis, das um so bedrohlicher wird, je weniger Spielraum wir für Entscheidungen haben. Der innere Zwang zum Schnellsein wird zur körperlichen und seelischen Bedrohung, wenn er sich mit dem Gefühl des Unwiederbringlichen verbindet. Die Zeit »entschlüpft uns«, »rinnt uns durch die Finger«. Die Erfahrung, Zeit sei vergänglich, verbrauche sich, verrinne gar ohne erkennbaren Sinn, ruft auf allen Ebenen der menschlichen Existenz, vor allem aber auf der körperlichen Ebene eine ständige Alarmbereitschaft hervor. Seelisch schlägt sich diese Alarmbereitschaft als subtile Angst nieder, »nie genug Zeit zu haben« oder »nichts richtiges mit der Zeit anfangen zu können«. Viele dieser Ängste sind die Gespenster des Zeitgeistes, jener geistigen Einstellung zur Zeit, in der immer etwas Geplantes, Effektives, Nützliches, Produktives, Verwertbares passieren muß. Wir hetzen von Termin zu Termin und machen Pläne, die wir in keinem Fall erfüllen können. Wer Zeit hat, kann kein wichtiger Mensch sein.

Angesichts des Terrors, Zeit immer effektiv und für besondere Zwecke, aber nicht für das ganze eigene Leben zu nutzen, werden manche Menschen »flügellahm«. Sie erstarren und wissen bald gar nichts mehr mit sich und ihrer Zeit anzufangen. Für sie geht die Zeit überhaupt nicht herum, sie bleibt stehen. Fritz Zorn nennt die Depression eine populäre Krankheit und beschreibt dieses Gefühl, daß die Zeit stehengeblieben ist, folgendermaßen.

> Alles ist grau und kalt und leer. Nichts macht mehr Freude, und alles Schmerzliche wird übertrieben schmerzlich empfunden. Man hat keine Hoffnung mehr und sieht nicht mehr über die unglückliche und sinnlose Gegenwart hinaus ... Alle Pläne, die man schmiedet ... läßt man wieder fallen, weil es ja doch nichts nützt.

Niemand möchte sich freiwillig einer solch niederdrückenden Selbsterfahrung aussetzen. Inbegriff der Normalität ist deshalb der ständig tätige Mensch, der immer mit der Zeit etwas anzufangen weiß. Der eher untätige, depressive Zeitgenosse wird schnell als Drückeberger enttarnt. Mit Arbeit schafft man schließlich alles weg, auch das Grübeln, denn dazu hat man dann keine Zeit. Wo aber keine Zeit zum Grübeln bleibt, ist auch keine Zeit zum Träumen. Der Zeit für die Klage muß die Zeit für den Tanz folgen. Rastlosigkeit wird zu einer betäubenden Droge, mit der man das Vergessen und Verdrängen anderer Lebensdimensionen im Erfüllen der unendlichen Anforderungen linearer Zeit üben kann.

Verdrängt werden in der Rastlosigkeit vor allem all jene Dimensionen des Lebens, die nicht zu unmittelbaren Zwecken benutzt werden können. Die physikalische Zeit ist eine Zeit, die sich für alle sichtbar und gleichzeitig objektivierbar in Ergebnissen manifestiert. Hier hat jemand etwas mit seiner Zeit »gemacht«. Der Zeithorizont dieser linearen Zeit ist eindimensional, er erklärt uns nicht, wie es zu dem gekommen ist, was jemand mit seiner Zeit gemacht hat, was seine Motive waren, worin die Bedeutung liegt.

Die zeitliche Struktur der Krankheit ist mit den Maßstäben linearer Zeit nicht zu fassen. Schaut man auf die Geschichte einer Krankheit, so schaut man auf die Geschichte eines kranken Menschen, wird sich seiner biographischen Zeit und seines Erlebens bewußt. Von Weizsäcker beschreibt die der Krankheit innewohnende Zeitstruktur so: »Eine Situation ist gegeben, eine Tendenz kommt auf, eine Spannung steigt an, eine Krise spitzt sich zu, ein Einbruch der Krankheit erfolgt, und mit ihr, nach ihr, ist die Entscheidung da; eine neue Situation ist geschaffen und kommt zur Ruhe ... Das Ganze ist wie eine historische Einheit.« Man ist nicht plötzlich krank und ein Patient, sondern man wird es im zeitlichen Verlauf der Organisation und Gestaltung des Erkrankungsprozesses. Es springt ins Auge, was passiert, wenn man diese historische Einheit, diese in der biographischen Zeit entwickelte und gestaltete »Vernunft des Leibes«, nicht als ganzheitliches Geschehen, sondern als punktuellen Ausschnitt organischer Fehlentwicklung betrachtet. Man sieht und behandelt dann eben nur das Organ. Der erkrankte Mensch in seiner Gesamtverfassung wird zum Anhängsel eines pathologischen Defekts – sozusagen der Darmkrebs in Zimmer drei – und bleibt auf der Strecke.

Die Identifikation von Lebenszeit mit Arbeitszeit, die Ausblendung vieler Dimensionen menschlicher Existenz und die Erfindung eines auf Zwang gedrillten Leistungs-Ich, dem die Kunst und Fertigkeit zu einem besonnenen und besinnenden Leben abhanden gekommen ist, sind die Probleme und das Material, aus denen Krankengeschichten entstehen. Die Menschen werden der Wirklichkeit ihrer subjektiven Zeit, das heißt ihres Selbst nicht mehr inne. Sie werden im existentiellen Sinne zum Anhängsel von Zeitmaschinen und zum Mitläufer der Zeit. Genau dies aber bringt die Betroffenen sichtbar an den Rand ihrer Existenz, wo sie eigentlich schon leben. Das Erlebnis von krankmachendem Streß und Zeithetze besteht ja gerade in diesem Gefühl, am Rande des Abgrunds zu stehen, weil man mit Anforderungen in der dafür vorgesehen Zeit nicht fertig wird. »Gleich drehe ich durch, platze ich, flippe ich aus, kein Stück mehr, absolut dicht« – die Sprache des Körpergefühls ist überaus deutlich und meistens auch die physiologische Wirkung. Man bricht in Sekundenschnelle zusammen. Der Anfall ist schlagartig wie beim Schlaganfall, Gehörsturz und beim Kollaps. Es trifft den Menschen wie ein Blitz.

Die Prinzipien »immer mehr«, »immer schneller«, »immer billiger« ergreifen die gesamte Lebenszeit. Die ständig drohende Überschreitung der Leistungsgrenze wird im Betriebsjargon wie folgt ironisiert: »Schwierige Sachen werden gleich erledigt, Wunder dauern etwas länger.« Die Manipulation mit der Zeit verlangt Menschen, die hexen und zaubern können. Bewußte Formen der Auseinandersetzung sind oft nicht möglich, sie werden mehr und mehr durch unbewußte Ausweichmanöver ersetzt. Die Umleitung von Mißständen und sozialen Konflikten in die Krankheit bietet sich vor allem der Gesellschaft als Scheinlösung an. Der Zusammenhang zwischen der Krankheit und den Verhältnissen wird ausgeblendet. Die Krankheit wird individualisiert, vom Tatort der Neurose abgetrennt. Dazu das Beispiel eines 57jährigen Schriftsetzermeisters, der einen Herzinfarkt erlitten hat:

> Sich selbst empfindet der Patient als korrekten Vorgesetzten, der darauf angewiesen sei, daß im Betrieb alles wie am Schnürchen laufe. Er könne auf nichts lange warten, sonst wäre er gleich aufgeregt, unmutig oder niedergeschlagen ... Vor eineinhalb Jahren sei er als Leiter in eine andere Abteilung versetzt worden, wo häufig kurzfristig angesetzte Termine eingehalten werden mußten. Seit dieser Zeit wären bei Aufregungen Druck auf der Brust und Magenbeschwerden aufgetreten. Außerdem hätte die Potenz seither nachgelassen ... Drei Tage vor dem Infarkt sei er einer außerordentlichen Terminhetze ausgesetzt gewesen. Ein großer Auftrag eines wichtigen Kunden hätte wegen der schlechten wirtschaftlichen Lage unbedingt in besonders kurzer Zeit von seiner Abteilung erledigt werden müssen. Das Gefühl habe ihn beherrscht, daß es nicht klappen werde, wenn er nicht hinter allem her sei.
> (Moersch)

Der Termindruck führt allenthalben zu einer Qual des Gewissens: keine Zeit für gute Arbeit und Leistung, keine Zeit für die Kinder, keine Zeit zum Ausruhen oder Träumen, vor allem keine Zeit für sich selbst. Fällt den Menschen aus Not »Zeit« zu, z.B. durch Krankheit oder Arbeitslosigkeit, dann sind sie wie der Schriftsetzermeister aus unserem

Beispiel unmutig und niedergeschlagen. Wer Zeit hat, ist nichts wert, nämlich arbeitslos oder krank. Gelebt wird nur im ausweisbaren Tausch der Zeit. Um diesen Nachweis bemühen sich Berufstätige, Hausfrauen und Rentner im Supermarkt, wenn sie um den besseren Platz in der Schlange vor der Kasse rangeln. Der Satz: »Ich habe es auch eilig!« klingt wie: Auch ich habe ein Recht zu leben und gleichzeitig muß ich mich noch beeilen. Dem Gefühl, nicht genug Zeit zu haben, folgt Angst vor der Aufdeckung der eigenen Nutzlosigkeit oder Ineffektivität, wenn wirklich mal eine leere Zeit zur Verfügung steht. Die Vergesellschaftung der Zeit ist bis auf die Zelle vorgedrungen und bestimmt als Termindruck und Zeitplanung unser Wohlbefinden oder Mißempfinden in großem Ausmaß. Krankheit ist oft das Ergebnis großer Zeitschulden an das Leben.

Die Auswirkungen des subtilen Zeitdrucks bleiben nicht auf die Seele, den Geist oder die Beziehungen beschränkt. Das Gefühl wie die Tatsache des Gehetztseins haben ihre physiologische Gestaltungsebene und erzeugen Schwächung, Erkrankung, Tod. Immerhin führen die im Volksmund als »Hetz-Krankheiten« angesehenen Herz-Kreislauf-Erkrankungen die Todesliste an. Physische Störungen als Folge subtiler Zeitangst, Zeitangst als Folge von vermutetem Zeitverlust. Weil Zeitverlust für uns gleichbedeutend ist mit schleichendem Tod – dem Verlust jeder Zeit für uns – ist Zeitangst immer subtil verpackte Todesangst. Die klinische Forschung hat für die mit dem Zeitproblem verbundenen Störungen zahllose Belege gesammelt. Die Tugend der Geschwindigkeit wird im Prozeß der Erkrankung als »Geschwindigkeitssyndrom« sichtbar: beschleunigte Herzfrequenz, erhöhter Blutdruck, erhöhter Magensäureausstoß, beschleunigter Atemrhythmus, übermäßige Schweißabsonderung, Schlafstörungen, erhöhte Muskelverspannungen, erhöhter Hormonspiegel vor allem der Streßhormone. Solange die Beschwerden nur die Funktionen der inneren Organe behelligen, ohne daß man eine organische Veränderung feststellen kann, wird der Patient und noch eher die Patientin, die keinen bezahlten Arbeitsplatz nachweisen kann, mit Valium, Librium und anderem zwecks Ruhigstellung nach Hause geschickt. »Sie sind nur nervös«, lautet die diagnostische und gleichzeitig disziplinierende Weisheit. »Das ist alles nicht so schlimm, nehmen Sie sich nur mal ein bißchen zusammen!« Dieser Befehl an den Willen ist schlichter Unsinn. Genauso unsinnig wie die Aufforderung an das verschmutzte Meer, sich selbst zu waschen oder an die aufgeheizten Flüsse, sich abzukühlen. Beschwerden, die sich im vegetativen Nervensystem abspielen, sind unserer Willkür nicht unterstellt. Wie die anderen ökologischen Systeme kann allerdings auch dieses System durch Eingriffe des Menschen und der Gesellschaft aus den Angeln gehoben werden. Im Einzelfall hilft der Appell zum Zusammennehmen wenig. Der Kopfschmerz hat ganz offenbar Eigen-Sinn und eigene Zeit.

> Ein 60jähriger litt seit seinem 20. Lebensjahr an Kopfschmerzen und war gewohnt, 10 bis 20 Tabletten täglich gegen diese Kopfschmerzen einzunehmen. Er stammte aus sehr einfachen Verhältnissen und hatte sich emporgearbeitet. Er war ein sehr hochstehender Funktionär in einer Gewerkschaft. Aber er lebte immer in der Furcht, versagen zu können. Sein Schlaf war gut, seine Kopfschmerzen hinderten den Schlaf nicht. Befragt, wann denn die Kopfschmerzen einsetzen, sagt er, daß er ohne Kopfschmerzen erwache, aber dann beim Rasieren kämen die Gedanken, was an dem Tage wieder alles auf ihn zukommt, und die Kopfschmerzen setzen ein. (Jores)

Der Kopf ahnt, was ihm bevorsteht. Nicht zufällig spricht man vom Betrieb – und das kann auch die eigene Familie sein – als »Mühle«, »Tretmühle«, »Nervenmühle«. Eine Mühle aber ist ein Werkzeug, welches in gleichförmiger Bewegung und durch hohen Druck Stoffe zerkleinert, die dann als Mehlprodukt erscheinen. Auch Menschen fühlen sich oft durchgedreht, auf ein Bündel Nerven reduziert, einem Kesseltreiben ausgesetzt, in dem sie als lebende Wesen auf der Strecke bleiben. Die Mühle kann mörderisch werden.

Der Zeitdruck wird als Erwartungs- und Leistungsdruck vom Körper aufgenommen und in Haltung umgesetzt. Auf verschiedene und sehr einfallsreiche Weise versucht der Mensch sich anzupassen. Diese »Anpassungskatastrophe« endet in der Regel mit einem Befund. Das »somatische« Außen stellt das seelische Innen dar. So werden emotionale Konflikte, die sich aus dem Zeit- und Leistungsdruck ergeben, mit Hilfe der Muskulatur durch Spannungserhöhung bis zur Verkrampfung gelöst. Halte dich senkrecht oder auch steif, zeige Rückgrat und laß es dir nicht brechen. Wie immer die Lebensempfehlungen auch heißen, in ihnen ist die Ahnung enthalten, daß die Wirbelsäule auch entgleisen kann. Ein 30jähriger Arzt, dessen Erziehung in der Kindheit als Meisterwerk der Dressur angesehen werden kann, hat den Stachel der Lieblosigkeit, der elterlichen Verbote, Verurteilungen und Anforderungen ins eigene Fleisch übernommen.

> Der Patient ist ein Mensch der Pflicht, der mit sich umgeht wie mit einer Maschine. So ist er in einem dauernden Spannungszustand, kann nur selten nachlassen. Er schildert z.B., daß er morgens mit hartgespannten Muskeln im Bett erwacht, Nägelmale in der Hohlhand vorfindet und in der Nacht mit den Zähnen knirscht ... Da er alles hundertprozentig machen muß, steckt er auch in Kleinigkeiten einen extremen Zeitaufwand. Er beschreibt einmal, wie er am Schreibtisch sitzt und arbeitet: »Der ganze Körper ist gespannt, der Rücken wie ein angezogener Bogen; es ist, als ob ich mit der gesamten Muskulatur dächte.« (Cremerius)

Gelassenheit kann nicht mehr aufkommen, Arbeit wird zum Selbstzweck, in sie fließt alle Vitalität. Für Gefühl, Gemüt und die anderen großen Fragen des Lebens bleibt keine Zeit. Intuition gilt als unzuverlässig, Offenbarung und Gnade gibt es ohnehin nicht. Das Verhältnis von Aufwand und Ergebnis wird immer unökonomischer, der Mensch wird zum Druckkessel mit zugeschraubten Ventilen. Die Kampfhaltung wird zur Dauerhaltung und allmählich zur Zwangshaltung, weil ihr die Möglichkeit motorischer Lösung fehlt. Spannung und Lösung sind nicht mehr im rhythmischen Wechsel, überhaupt werden alle Antriebe über den Bewegungsapparat ausgetragen. Die Muskulatur wird, obwohl auch für Lösung und Befreiung vorgesehen, zum Gefängnis. Und irgendwann mit der Zeit versteift auch sie sich gegen diese Art von Zumutung und Einengung inmitten rastloser und gleichzeitig zielloser Betriebsamkeit. Die Wirbelsäule entgleist, die Bandscheibe fällt vor. Die Hexe hat geschossen. Das Fehlverhalten jeder Lebensbewegung, ihre Einbindung in fanatische Ordnungssysteme und rigide Fahrpläne, die keinen Augenblick gesunder Selbstvergessenheit ermöglichen, führt den Körper in Streik.

Angst vor Hingabe wird in vielen Krankenbiographien mit dem Ausfüllen linearer Zeit und der strikten Unterwerfung unter rigide Normen verdrängt. Unsicherheit und Schutzbedürfnis bleiben beispielsweise auch bei vielen Bandscheibenpatienten hinter Tatendrang, Unruhe und forcierter Selbstbehauptung verborgen. Auf Biegen und Brechen wollen sie Rückgrat zeigen. Wegen dringend zu erledigender Arbeit möchten sie trotz erheblicher Beschwerden noch während der Einlieferung in die Klinik am liebsten wieder entlassen werden, oder zumindest das nächste Wochenende freikämpfen. Durchhalten scheint in ihrem Leben Stärkung und Rettung gewesen zu sein.

Das eigene Schutz- und Anlehnungsbedürfnis zu akzeptieren, setzt Selbstwahrnehmung, vor allem körperliche Selbstwahrnehmung voraus. Weil die Kontinuität eines gefühlsmäßigen Liebens und Geliebtwerdens oft nicht erlebt wurde und alle Liebe über Leistung gesucht wurde, kommt es zur Ablehnung der eigenen Gefühlswelt; hier vor allem der »weiblichen« Seite, die nach der Anspannung Entspannung und Geborgenheit erfahren will. Die Entwicklung dieser Seite aber bedarf eines Augenblicks der Selbstvergessenheit, braucht Zeit zum Spüren der Schwäche, eine Stunde, um die Botschaft des »ziehenden« Schmerzes zu verstehen, eine Stunde der Gelassenheit, um das wirkliche Ausmaß der vollbrachten Leistung, aber auch die Ermüdung, die Qual, die verdrängten Hingabewünsche zu erkennen. Die Untätigkeit während der Bettruhe, zu der solche Patienten nur mit größter Mühe veranlaßt werden können, wäre – freiwillig erbracht – eine erste Form der Übung, anders mit der Zeit umzugehen.

Unser Leben wird von der Zeit beherrscht, die die Uhr verkörpert. Diese anerzogene, gesellschaftlich nützliche Reduzierung von Zeit auf physikalische Zeit entfremdet uns nicht nur von den Zeit-Kreisläufen der Natur, sondern auch von unseren eigenen inneren Rhythmen, vor allem den körperlichen Zyklen. Fast nichts tun wir im natürlichen Maß der Zeit: essen bei Hunger, schlafen bei Erschöpfung, arbeiten bei Aufmerksamkeit und Wachheit. Alles steht unter dem Diktat der Uhr, dem Symbol verwertbarer Zeit. Das Starren auf die rasenden Uhren treibt unsere inneren »Uhren« – Herzschlag, Atem, Stoffwechsel – zur Eile an. Dieses Antreiben wirkt wie ein ständiges Aufputschmittel, das den Körper reizt, überreizt und schneller verschleißt. Zeitkrankheiten heißen deshalb auch häufig »Verschleißkrankheiten«, womit suggeriert wird, die Abnutzung sei natürlich und außerdem nur körperlich. Linear erscheint das Leben dabei wie eine »Salami«, von der man sich jeden Tag eine Scheibe abschneidet, um am Ende den Zipfel in der Hand zu halten. Daß das Leben ein Prozeß ständiger Bewegung und Auflösung ist, ist im Verbrauchs- und Abnutzungsmodell nicht vorgesehen. In ihm zählt nur der Einsatz von Lebenszeit. Einen Kranken beschäftigt oft mehr als alles andere die Angst vor den gesellschaftlichen Konsequenzen. Mit der Einschränkung der Leistungsfähigkeit fürchtet er nicht nur sein Einkommen zu verlieren, sondern auch seine soziale Position und die allgemeine Anerkennung als nützliches Glied der Gemeinschaft.

Die Sozialangst hat die Todesangst, das heißt auch die Angst um das eigene Leben in all seinen unterschiedlichen Dimensionen, ersetzt. Existentielle Erfahrungen scheinen im Leben der meisten Menschen »gelöscht« zu sein oder jedenfalls nicht mehr wahrnehmbar. Wie die Pawlowschen Hunde haben wir gelernt, uns zu beeilen, auch wenn es gar nicht nötig ist. Noch ehe wir ganz aufgewacht sind und uns den Tag angeschaut haben, ist klar, daß dieser Tag für all das, was wir uns vorgenommen haben, nicht ausreicht. Das Gefühl der Dringlichkeit beschleunigt die rhythmischen Funktionen des Körpers und bringt uns auf Trab.

Nicht zu Unrecht gelten die Herz-Kreislauf-Erkrankungen als Krankheiten unserer Zeit. Es sind Krankheiten mit der Zeit, vor allem mit der Zeitwahrnehmung und der Zeitpraxis. Wer nie gelernt hat, seinem Rhythmus zu folgen, wird nicht einmal merken, daß er und von wem er gejagt wird. Die zukünftigen Hypertoniker sind noch Schüler und werden bereits jetzt präventiv mit Beruhigungsmitteln besänftigt, wenn sie sich durch Leistungsdruck terrorisiert fühlen. Sie trainieren den Risikofaktor Bewegungsmangel innerlich und äußerlich. Der Kampf um Anerkennung durch Leistung und Anpassung beginnt früh.

Das Leistungs-Ich kennt die Mühelosigkeit nicht und bildet im Leistungszwang ein Verhaltensmuster aus, das die dahinterliegende Angst leugnet und sich als Form von gesellschaftlich anerkannter Normalität gut verkaufen läßt. Nur krank darf der Mensch dabei nicht werden. Für diesen Fall hat er dann leider sein persönliches Leistungssoll überzogen und durch seinen riskanten Lebensstil gezeigt, daß er Schwierigkeiten hat, verantwortungsvoll mit sich umzugehen. Die Krankheit macht ihm die Folgen seines persönlichen Verhaltens klar, der gesellschaftliche Hintergrund in den Arbeits- und Lebensverhältnissen wird ausgeblendet. Man tut so, als sei der gesellschaftlich antrainierte Lebensstil vor der Erkrankung eine Art Gesundheitsversicherung gewesen. In Wirklichkeit gefährdet ein Lebensstil voller Hast und Ruhelosigkeit, in dem es nur um Ziele und Termine geht, das Herz. Die Verwicklung in den ständigen Tatenhunger führt zur Vernachlässigung anderer Aspekte des Lebens. In Mußestunden ergreift diese Menschen oft Ruhelosigkeit. Schuldgefühle melden sich in Zeiten der Entspannung. Es gibt immer etwas, das man erledigen könnte. Unter maximalem Einsatz ihrer Kräfte arbeiten solche Menschen an einer Aufgabe, unabhängig davon, ob ein Termin gesetzt ist oder nicht. Stellt man ihnen Aufgaben, zu deren Erfüllung ein langsames Vorgehen erforderlich ist, haben sie Schwierigkeiten. Es macht sie ungeduldig, ihre Aktivität über einen längeren Zeitraum zu bremsen. Sie brauchen Beta-Blocker. Das Herz hält in der Regel lange mit. Erst wenn Arbeitseifer, ständiges Dominanzstreben und ununterbrochene Verantwortungsübernahme, gehäufte Konfliktsituationen in Familie und Beruf sich mit dem Verdrängen des Ärgers und der Verleugnung der inneren Spannung zu einem großen Belastungsfaktor verbinden, kommt es zum Zusammenbruch.

Zeitbesessenheit ist eine Krankheit, an der man sterben kann. Als ein Prozeß, der Körper und Bewußtsein gleichermaßen erfaßt, schlägt sich das Zeitsyndrom in allen Dimensionen und in allen Hauptsystemen unseres Organismus nieder. Dieser Vorgang macht letztlich den Zusammenhang von gesellschaftlicher Krise und Organdefekt deutlich. Der Umgang mit der Zeit – ein psychosozialer Umgang – wirkt direkt auf die Dynamik der vegetativen Regulationen ein. Die Zeitkrankheit ist eine Zivilisationskrankheit und als sozial bedingte systematische Störung der psychovegetativen Grundrhythmik eines Menschen zu verstehen, als psychovegetative Gleichgewichtsstörung, ausgelöst durch die Wahrnehmung der und den Umgang mit der Zeit. Die Angst, nie genug Zeit zu haben und unter der Last der Anforderung zu ersticken, führt als verinnerlichte Gewalt zur Störung der Entspannungsfähigkeit. Die Ökonomie des Lebens wird aus den Angeln gehoben.

Diesen Verlust an innerer Balance finden wir in den Herzkrankheiten wieder, das Herz kann nicht mehr »funktionsgerecht« arbeiten, wenn es nur einseitig belastet wird, wenn seinem Träger die Fähigkeiten und Möglichkeiten zu sinnvoll entspannender Lebensweise fehlen. Die Unterdrückung spontaner Lebensäußerungen durch die Verinnerlichung des Leistungszwangs und des Termindrucks kann so weit getrieben werden, daß als Folge dieser inneren Unfreiheit das Leben durch einen Herzinfarkt gestört wird. Aber nicht nur das Herz ist betroffen. Wie viele Untersuchungen zeigen, sind nicht nur Veränderungen der Wirbelsäule Ursachen von Rücken- und Nackenschmerzen, von Schulter-Arm-Beschwerden, von Kreuzschmerzen angefangen bei Hexenschuß bis hin zu Ischias. Als Ursache all dieser Schmerzzustände können wir ebenso wie beim Herzinfarkt eine Grundstörung der psychovegetativen Grundrhythmik entdecken. Die überschießenden Anspannungsimpulse, die in der erhöhten Spannung der Rückenmuskulatur festgehalten werden, sind Ausdruck erhöhter seelischer Spannung und eines Anstaus aggressiver Impulse. »Parasympathische« Aktivität steht im Dienste der Entspannung, der Regeneration. Sie ist es, die gelähmt wird, unterentwickelt bleibt, den Ausgleich zur überentwickelten sympathischen Aktivität nicht mehr gewährleisten kann.

Die Ausschaltung lebenswichtiger Prinzipien gefährdet und zerstört Gesundheit. Das Ausschaltungsprinzip aber ist Ausdruck einer Logik, die gesellschaftlich umfassend alle Lebensbereiche beherrscht. In schlichter Zweck-Mittel-Relation geht es im Prozeß der Naturbeherrschung grundsätzlich um eine grenzen- und hemmungslose Ausbeutung der Ressourcen in der äußeren Natur wie in den Menschen. Systematische Zusammenhänge, Wechselwirkungen, die Komplexität von Zweit-, Dritt- und vor allem Rückwirkungen, werden ausgeblendet. Auch vegetative Regulationsmuster wie die des Sympathikus und Parasympathikus sind uns nicht in der Weise angeboren, daß wir sie ein für allemal zur Verfügung hätten. Die psychovegetative Grundrhythmik eines Menschen kann vom ersten Augenblick seines Lebens an mehr oder weniger gestört, vereinseitigt und behindert werden. Die daraus resultierenden Störungen des Gleichgewichts haben oft eine lange Inkubationszeit, bis sie in geradezu epidemischem Auftreten die dem Individualgeschehen zugrunde liegende gesellschaftliche Krise verdeutlichen.

»Nichts Organisches hat keinen Sinn, nichts Seelisches hat keinen Leib« (von Weizsäcker) und das Soziale mischt sich in beide ein. Die Kette kausaler Zusammenhänge als klarer Aufeinanderfolge löst sich vor unseren Augen zu einem permanenten Nebeneinander, zu komplexer Verbundenheit auf. Die physikalische Zeit bietet Leben als ökonomisch verwertbar zum Tausch an. Biographische Zeit aber ist die Zeit, in der wir dem Sein in seiner ganzen Fülle begegnen, die Zeit, in der wir von unseren Lebensmöglichkeiten Gebrauch machen müssen, um zu leben. In diesem Sinne ist Leben ein lebenslanger Lernprozeß auf allen Ebenen unserer Existenz.

Das Herz des Seins ist die Zeit

Das Leben ist kurz,
und seine Zeit verlieren,
ist eine Sünde.
Camus

Anders als dem Liebenden, dem keine Stunde schlägt, schlägt der Lebenszeit jede Stunde, so lange sie sich vom Fluß unseres Lebens ernährt und an einen Menschen gebunden ist. Sie steht still und dehnt sich im nächsten Augenblick, gerät aus den Fugen und bindet uns kurz darauf in die Wirklichkeit ein. Sie ist gut und böse, langweilt uns zu Tode und vergeht im Fluge. Immer aber trägt sie uns, solange wir atmen. Wir erfahren und fühlen die Lebenszeit mit allen Qualitäten, die sie zur Verfügung hat. Gute Zeitlosigkeit wird getragen von dem Gefühl, daß wir in uns anwesend sind. In schlechten Zeiten der Lebenszeit kommen wir nur schwer zur Besinnung und zu uns selbst. Dem Depressiven erscheinen die Jahre seines Lebens wie ein unendlich langer Tag, der sich ewig dahinschleppt. Manchmal könnten wir alle Lebenszeit nehmen, um bis zum Ende unserer Tage zu weinen. Wenn ein Kummer so groß ist, daß er die Seele zerreißt, steht die Zeit so still wie das Herz im Schreck. Die gute Langsamkeit ist ein Zeichen tiefer Erfülltheit. Sie läßt uns hoffen, daß der Zustand nie vergehen werde und die Gegenwart einfach in die Zukunft trägt. »Schritt für Schritt« und »langsam aber sicher« ist ein gutes Lebensgefühl im Umgang mit der Zeit. Wenn die Zeit uns davonläuft, geht alles zu schnell und wer den Tod fürchtet, dem läuft die Zeit immer davon. Das Herz des Seins ist die Zeit und in ihrem Rhythmus gestalten wir Biographie. Wird unser Leben im Fluß der Zeit durch eine schwere Krise, eine Krankheit, eine Trennung, einen Verlust unterbrochen, dann starren wir plötzlich nur noch auf das Ergebnis und wollen nicht akzeptieren, daß es so ist, wie es ist. Die Lebensbewegung erstarrt. Indem Krise oder Krankheit aber »geworden« ist und »wird«, ist sie auch im Ergebnis Ausdruck des lebendigen Seins der Zeit, zugleich Stillstand und Fließen, Schöpfung und Zerstörung, Überschreitung und Wiederholung. Im Fluß der Zeit gestaltet sie sich in allen Dimensionen menschlicher Existenz, im Seelischen wie im Körperlichen, im Geistigen wie Sozialen und wechselnd zwischen diesen Ebenen. Sie hält sich nicht an Rangordnungen und Zeitabfolgen. Auch Heilung ist nicht planbar oder berechenbar und Gesundheit wird nicht hergestellt, sondern stellt sich ein! Sie folgt einer anderen Zeit als der der Behandlungspläne und Sprechstunden und hat zur Voraussetzung, daß wir selbst die Zeitmuster unseres Lebens verwandeln, wenn es erforderlich ist.

Wir bewegen uns im Fluß der Zeit und wissen dennoch nicht, warum und wie die Zeit vergeht. Indem wir uns an die Ergebnisse halten, machen wir uns blind gegenüber den Prozessen des Wandels, des Wachsens, der Wiederkehr. Obwohl wir anderen Dimensionen der Zeit begegnen, werden wir ihrer nicht gewahr. Das Vergehen der Zeit erleben wir als Zeichen und Werk einer fremden Dynamik, die den Lauf unseres Lebens bestimmt. Indem wir scheinbar gar nicht anders können, entledigen wir uns der Verantwortung für unser Leben, ziehen uns auf die Rolle der Opfer zurück. Wir können das Verstreichen der Zeit nicht durchbrechen, uns den uns vorgegebenen Strukturen nicht einfach entziehen. Die Hilflosigkeit aber, die wir dieser treibenden Kraft gegenüber spüren, resultiert aus der Eindimensionalität, mit der wir

Zeit wahrnehmen. Wir übersehen, daß wir selbst ein Teil der treibenden Kraft sind. Im Kontext unserer Lebensweise arrangieren wir nämlich den Fluß der Zeit. In Übereinstimmung mit vorausgegangenen Erfahrungen und vorweggenommenen Dimensionen der Zukunft, aber auch in Übereinstimmung mit dem, was wir mit Bezug auf Vergangenheit und Zukunft vermeiden und verdrängen wollen, ordnen wir die Zeit als unsere biographische Gegenwart. Mit fieberhafter Eile werden wir von dieser Zeitwahrnehmung, der wir uns ausgeliefert haben, davongetragen, den Tod als letzte Lektion verdrängend. Es bleibt nicht aus, daß in dieser Eindimensionalität gelebte Zeit zu schnell vergeht, daß wir nie genug davon haben, um Erfüllung zu finden.

Dennoch: Wir leben in eigener Verantwortung. Die Folge einer solchen Zeitwahrnehmung kann Krankheit sein, wie ich hoffentlich zeigen konnte. Krankheit ist auch der Verlust der eigenen inneren Wahrheit, Ausdruck einer Krise im Sein. Das Herz des Seins aber ist die Zeit. In der Eindimensionalität der Zeitwahrnehmung verweigern wir uns der offenen Zeit durch Festlegung, durch die Identifikation von Zeit mit dem Gewordenen, der Tat. Wir öffnen uns nicht der Unendlichkeit, die Zeit anbietet und vermittelt, weil diese Offenheit uns Angst macht. Das Bewußtsein rast herum, der Körper wird verschlissen. Wir versuchen immer wieder im Vorgriff auf die Zukunft zu leben und werden uns der Gegenwart nicht inne. Befriedigung kann so nicht Wirklichkeit werden, dem Pflanzen folgt keine Ernte, in der wirklich »eingeholt« wird. In der Stunde der Befriedigung geschieht etwas durch »Lassen«, nicht durch »Tun«. Das ist der Friede in der Befriedigung! Das Tun geht ihr voraus und kommt in der Befriedigung zur Erfüllung. Die lineare Zeit ist an die ablaufende Stunde gebunden, aber auch in den Stunden des verplanten Lebens können wir mit jener anderen Zeitdimension der »Unendlichkeit«, der »Offenbarung«, der »Gnade«, der »Spontaneität«, der »unentdeckten Möglichkeit« in Berührung kommen. Keine Zeit muß nur einengend sein. Auch die notwendig verplante Zeit befähigt und kann zur Quelle der Inspiration, des Tagtraumes oder des Widerstands gegen das werden, was uns zugemutet wird. In dieser Öffnung zur Unendlichkeit und inneren Verfügung offenbart sich, was wir eigentlich schon wissen, aber immer wieder vergessen und verdrängen: daß das, womit wir uns freiwillig und gezwungenermaßen identifizieren, nicht alles ist, was uns möglich ist und was wir wünschen. Die Stunde der Offenbarung ist nicht die Flucht vor der Wirklichkeit, sondern auch Verstehen und Kritik. Im Innehalten bringt der Augenblick eine andere Dynamik der Zeit als die, die sichtbar geworden ist, zum Vorschein. Das ungelebte Leben tritt hervor, das Verborgene enthüllt seine Wirklichkeit. Andere Möglichkeiten der Zeitpraxis blitzen auf, unser Tun kann eine andere Richtung bekommen. Angesichts einer solchen Zeitdimension können Leistungsprinzipien ihre Starrheit verlieren und für Alternativen offen werden. Lineare Reihenfolgen werden zugunsten anderer Dinge unterbrochen. Fließende Zeit ist nicht nur Ausdruck des Vergehens, sondern zuallererst Ausdruck des Lebendigen, das immer wieder auf neue Möglichkeiten verweist. Sich Zeit lassen, heißt Zeit in die Zeit zu geben, sie zu dehnen. Jede Zeit enthält mehr als das, was geschieht und geschehen ist. Indem wir von den eingefahrenen Gleisen abkommen, entpuppt sich die Routinefahrt als Entdeckungsreise in bisher unbekannte Regionen des Selbst. Die Zeit, die für klare und eindeutige Ziele vorgesehen war, legt plötzlich und unerwartet frei, was uns verborgen war und was wir verdrängen wollten. Neben der anfordernden Arbeit und dem Leistungszwang wohnt plötzlich die Freiheit und die Mühelosigkeit. Am Ende eines erfolgreichen Versuchs, das Leben abzusichern, bricht plötzlich alles zusammen, und schlimmer denn je legt die Angst die Unsicherheit unserer Existenz frei. Um die Dinge wahrzunehmen, müssen wir uns der Zeit öffnen. Nur in dieser Öffnung werden wir darauf aufmerksam, daß wir uns als Menschen gerade durch das definieren, was wir noch nicht sind. Nur die ziellose Aufmerksamkeit legt das Prinzip Hoffnung frei. Wahrnehmen und Bewegen bilden eine Einheit. Jede Bewegung macht deutlich, daß sich die Wahrnehmung verändert und daß sich ihre Begrenzung und die Instrumentalisierung der Zeit auf eine Wahrnehmungsdimension als Sicherungsversuch gegen die Unendlichkeit und Unbegrenztheit des Flusses von Zeit und Leben erweist. Zeit ist als Lebenszeit an unsere Sinne gebunden und ihre Wahrnehmung und Gestaltung manifestiert sich als Leistung, als Lebensleistung. Je tiefer wir berührt, ergriffen und verwickelt werden, umso tiefer erfahren wir uns selbst.

Wir können unseren Zeitsinn ändern, können üben, daß wir selbst Zeit sind. Die Kultivierung einer komplementären Zeitwahrnehmung und die Wahrnehmung der bewegungslosen Stille sind unabdingbare Voraussetzungen einer am Leben orientierten Gesundheit, die weniger ein Zustand, als vielmehr eine Haltung und eine Kompetenz ist. Hoffnung ist das Motiv des Denkens.

Wird Zeit, daß wir leben –

denn lebend und sterbend können wir die Zeit unseres Lebens unverstanden verlieren. Im Leben Sinn zu finden, heißt zunächst Leben zu verstehen, Zusammenhänge ausfindig zu machen und diese zu gestalten. In das Leben, das es zu verstehen gilt, sind wir ständig und mit Haut und Haaren involviert, und deshalb heißt das Verstehen von Leben auch, mit all dem zu leben, was nicht zu verstehen ist und dennoch Bedeutung hat. Die Frage, warum wir krank geworden sind oder eben nicht, ist ebensowenig klar zu beantworten wie die, warum wir von schwerer Krankheit genesen oder gesund bleiben. Gesundheit und Krankheit sind Ausdrucksformen des Lebens. In ihnen betrachten wir den Prozeß des Werdens, des immer wieder Geborenwerdens und den Weg des Vergehens, der sich wiederholenden Verletzung.

Wird Zeit, daß wir leben –

denn die Zeit, die wir leben, ist die einzige, die uns für die Lebensarbeit und die Arbeit an uns selbst zur Verfügung steht. Wir müssen diese Zeit einteilen, eigene Rhythmen finden, uns selbst definieren und Zugehörigkeiten entwickeln. Wir müssen die Zeiten überleben, in denen wir das Nichts erfahren, unseres Selbst verlustig gehen. Wir müssen immer Existenz gestalten.

Wird Zeit, daß wir leben –

das meint auch, die Zeitepoche, in der wir leben, genauer zur Kenntnis zu nehmen und nachzufragen, wie die Bedingungen nicht nur unseres eigenen Lebenskampfes aussehen. Wir kommen um die Gesamtbetrachtung der Welt, in der wir leben und die wir mit anderen gestalten, nicht herum. Die Fragen, welches Wasser wir trinken, welche Energie wir verbrauchen, welche Lebensmittel uns ernähren, welche Kleidung wir tragen, wie wir unser Haus einrichten und in welcher Weise wir für die Verwertung des Abfalls sorgen, brauchen Zeit. Die ökologische Umgestaltung wird auch auf der Ebene der individuellen Lebensführung entschieden. Die Formen des Lebens gewinnen nur dann Realität, wenn sie von den einzelnen Menschen in ihren Zeitplan aufgenommen und umgesetzt werden.

Wird Zeit, daß wir leben –

nicht nur die anderen! Wer Perspektiven für andere entwickelt, muß eigene haben und sich um diese kümmern, damit sie Wirkung haben. Gemeinsinn und Eigensinn sind Geschwister. Bei wem sollen wir leben und mit wem, wenn nicht bei und mit uns selbst. Manchmal hoffen wir, uns in dem anderen Menschen anwesend zu machen, aber wenn wir unsere Zeit ganz für den anderen hergeben, erleben wir nicht mehr, wie es uns selbst geht. Und natürlich steht auch der andere in Gefahr, sich zu verlieren. Wenn wir unserem Leben keine Zeit geben, mischt es sich mit Symptomen, Süchten, Defekten und Verweigerungen ein. Es schiebt den Riegel vor diese Tür, die es zu öffnen gilt. Nur Gegenseitigkeit erzeugt die Solidarität der lebenden Dinge.

Wird Zeit, daß wir leben –

daß heißt auch, daß wir Zeit erleben, das Unberechenbare ohne Angst akzeptieren, nicht allem vorgreifen, dem anderen Menschen freie Zeit mit uns gewähren, daß wir das Vergangene erhalten und das Unmögliche zulassen. Erleben heißt, dem Augenblick Bedeutung verleihen. Der Alltag, dem so viel Zeit für das Erleben abhanden gekommen ist, ist dennoch der Ort der Übung – selbst wenn die erste Zumutung in dieser Aufforderung das Erleben unserer tödlichen Routine ist.

5
Liebe ist gelebte Beziehung

Die Utopie der Liebe

Fragt man Menschen, was Liebe für sie ist, dann suchen sie in der Regel nicht nach großen Definitionen, sondern umschreiben das Gefühl der Liebe mit Worten, die ganz konkret auf die eigenen Wünsche und Vorstellungen hinweisen: Liebe ist, einem anderen Menschen ganz zu vertrauen; über alles mit ihm sprechen zu können; sich akzeptiert und ohne Vorbehalte angenommen zu wissen. Liebe ist, miteinander durch dick und dünn zu gehen; sich trotz mancher Gegensätze immer wieder zu vereinigen. Liebe ist, wenn der eine den anderen ergänzt, ohne ihn zu bevormunden; wenn jeder sich entwickeln kann, aber die eigene Selbstbehauptung die Fähigkeit zur Hingabe an den anderen nicht gefährdet. Liebe ist, frei zu sein und gleichzeitig sich gebunden zu fühlen; beschützt zu werden, aber auch nicht abhängig zu sein. Liebe braucht Offenheit und Toleranz, stellt keine Bedingungen; sie verlangt die Fähigkeit zu geben und zu nehmen, zuzuhören und gehört zu werden, aktiv und passiv zu sein und sein zu dürfen. »Liebe an sich« könnte so schön sein, ein Risikofaktor scheinen nur die Menschen zu sein, die sich lieben.

Die Liebe an sich gibt es nicht, so sehr wir sie auch besingen und beschwören. Wer die Liebe preist, fürchtet sehr schnell die Beziehung. Liebe kann ein kleines Bett groß machen, aber in manchem großen Bett ist die Liebe auch einsam gestorben. Glück in der Liebe haben wohl eher die, die am wenigsten damit rechnen, und wer wirklich weiß, warum er liebt, kann manches »wie« ertragen. Was also soll uns die Liebe, fragt Erich Fried. Welche Hilfe hat sie gegen alles, was uns zerstört, gebracht? Gar keine Hilfe. Die Liebe hat uns verraten. Und wir? Welche Hilfe hat die Liebe von uns bekommen? Gegen die Kriege, die Armut, die Arbeitslosigkeit, gegen die tägliche Verfolgung des Lebens, gegen die täglichen Kriege in den Familien, Schulen, Arbeitsstätten? »Welche Hilfe gegen alles, was sie zerstört? Gar keine Hilfe. Wir haben die Liebe verraten!«

An jedem Tag jähren sich Katastrophen, Kriege, Gewaltakte. Tag für Tag, in Millionen von Wohnungen, sehen Kinder zu, wie die Liebe endet, wie Väter die Integrität ihrer Mütter verletzen und umgekehrt die Mütter das wortlos und ohne Protest ertragen oder sich an den Haßorgien beteiligen. Bei Familienstreitigkeiten greift niemand gern ein – sie gehören zum gewohnten Alltag dessen, was wir Privatheit nennen. Wenn der Liebe der Menschen zum Leben, zur Welt, zur Natur, mit der und in der sie leben, Gewalt angetan wird, schweigen die meisten von uns und erheben auch öffentlich nur zögernd die Stimme.

Wo die Unfähigkeit und Unmöglichkeit der Menschen zunimmt, über das eigene Leben zu bestimmen, da wächst die Gefahr für die Liebe. Der Mensch wird frei geboren, sich selbst und die Welt in Liebe zu entwerfen und zu gestalten, und doch geht er immer wieder als Sklave durchs Leben. Die Tendenz, den Fragen einer lebendigen Liebe und Partnerschaft auszuweichen, vereist die Emotionen und pervertiert die Beziehungen zu Arenen für Machtkämpfe, blockiert die Energie und fördert die Unterwerfung. Die Liebe aber ist keine Frage von Sieg oder Niederlage, sondern eine Herausforderung für die Kunst zu leben. Beziehungen der Liebe sind die der Sorge und des Umsorgtseins, des Aufgehobenseins in den Armen eines anderen Menschen. Man hört auf, sich um sich zu sorgen, wenn man nicht für andere sorgt, so wie man auch aufhört, sich selbst zu lieben, wenn man aufhört, sich in der Liebe zu anderen zu üben, schreibt Nietzsche.

Nur der Kontakt mit uns selbst als sozialen Wesen führt den Zustand des Bewußtseins herbei, den wir brauchen, um Liebe zu üben. Im erlebten Kontakt zu uns selbst können wir den konkreten Sinn unseres Lebens und die Aufgabe der Liebe begreifen. Aber statt den Ausgang aus der »Falle« der Selbstbehinderung und dem Gefängnis zu suchen, laufen wir im Kreis umher, philosophieren über den Sinn des Lebens und der Liebe, statt ihnen zu begegnen. Wir machen den allgemeinen Liebesverlust dafür verantwortlich, daß sich unsere konkrete Fähigkeit zur Liebe nicht entwickelt. Das Lebendige der Liebe aber wirkt in allem um uns herum, in uns, in unseren Sinnen, vor unserer Nase, klar sichtbar in jedem Tier, in jedem Baum, in jeder Blume. Wir fühlen sie in unserem Körper und immer wieder in den anderen Menschen, die nach dem gleichen suchen. Die »emotionale Pest«, wie Reich die Verfolgung des Lebendigen nennt, macht uns aber immer wieder auch blind, taub, gefühllos und vor allem mißtrauisch.

Nicht das Leben, nicht die Liebe sind also das Rätsel, sondern daß wir beiden ausweichen, und damit uns selbst. Was in nächster Nähe und im Alltäglichen an Liebe und Lebendigem existiert, übersehen und überhören wir allzu häufig. Immer wieder gehen wir daran vorbei und rennen wir zur nächsten Gelegenheit, weil wir uns selbst nicht kennen, uns und dem Erfahrenen nicht trauen und schon gar nicht verweilen können, wenn es schwierig wird. Wir halten die Autonomie und Freiheit der Liebe nicht aus. Gerade das aber versuchen wir nun wieder durch große Gedankenflüge und Schwärmereien über die Liebe zu verdecken oder mit Standpunkten zuzudecken, die wir in Standpauken für den Partner verwandeln. »Nur der liebt, wer die Kraft hat, an der Liebe festzuhalten« (Adorno), und nicht tausend Stimmen des Herzens hinterherläuft, um letztendlich entmutigt aufzugeben, weil die Welt und die Menschen doch so schlecht sind und wir als Einzelne nichts ausrichten können. Das soll uns die Liebe: Sie gibt uns den Mut, uns dem Leben zu stellen!

Die Fähigkeit, Ähnliches an Unähnlichem wahrzunehmen

Die Liebe ist so alt wie die Menschen und deshalb ein geschichtliches Phänomen. Sie ist Ausdruck der geistigen Daseinsform des Menschen, vielleicht das Zeichen für die grundlose Zuwendung des Universums zur Welt. Wir alle wollen geliebt und verstanden werden, nicht spurlos und unbemerkt vergehen. Diese Sehnsucht und dieses Verlangen ist so elementar, daß es als Empfinden vielleicht nur noch von der Todesfurcht übertroffen wird. Wir werden menschlich durch die Menschlichkeit, die uns zuteil wird und liebend durch die Liebe, die wir erfahren und geben. Wie das Leben so ist auch die Liebe als Entwurf angelegt. Auf Dauer kann sie in der Unterwerfung nicht leben. Leben kennt keine Kopie. Die Liebe auch nicht – und doch sind so viele Menschen in der Liebe mit dem Kopieren beschäftigt. Das Natürliche in der Liebe lebt vom Unterschied, und es gibt keine richtige oder gar sichere

Liebe im Sinne eines wiederholbaren Musters. Leben entwickelt sich aus der Spannungsbeziehung zwischen Geburt und Tod, Stärke und Schwäche, Distanz und Nähe, männlich und weiblich, Schwerkraft und Fliehkraft, Innen und Außen. Das gilt auch für die Liebe. Jede gelebte und erlebte Liebe ist in ihrer Weise einzigartig. Der Versuch, einem Leben, einem lebendigen Körper, der Liebe oder der Sexualität den Mantel planbarer »Normalität« umzuhängen, hat eher mit unserem Wunsch zu tun, Differenzen zu leugnen, aus Unähnlichem Ähnliches zu machen, die Dynamik der Liebe zurechtzuschneidern, zu amputieren, zu verstümmeln und auf diese Weise zu kontrollieren oder anzupassen. »Wer nur die Hälfte liebt, der liebt Dich nicht halb, sondern gar nicht«, schreibt Erich Fried in einem seiner Liebesgedichte. Wie das Leben so sind auch die Liebe oder das sinnliche Glück lediglich Möglichkeiten. Wir erhalten mit unserer Geburt und durch unser Leben die Möglichkeit zu lieben, Gefühle zu zeigen, zärtlich und besorgt, leidenschaftlich und aggressiv zu sein. Aber wir müssen es tun, um zu erfahren, was es bedeutet und worin die Befriedigung liegt, wenn wir lieben, nicht nur für uns, sondern auch für den anderen. Der Wunsch zu leben veranlaßt uns, das utopische Motiv in konkretes Geschehen zu verwandeln.

Liebe will sich in der Zukunft erfüllen, kämpft aber auch um die ihr zustehende Gegenwart. Wir kommen mit dem Grundbedürfnis nach Liebe und körperlicher Berührung zur Welt, weil wir ihm und seiner Erfüllung in der sexuellen Begegnung der Geschlechter unsere konkrete Existenz verdanken. Liebe will leben, nicht bewundert werden. Wie wir dieses Bedürfnis leben, ist von vielen Dingen und Umständen abhängig und historisch offen. Nicht Liebe oder Sexualität als Grundbedürfnis, Begabung und machtvolles Verlangen sind das Problem, das uns verantwortlich macht, sondern die konkrete Art und Weise, in der wir sie leben, denn die Folgen, die sich im historischen Prozeß von Gesellschaft, Kultur und Zivilisation daraus ergeben, verlangen Verantwortung. Durch die konkrete Liebe erfahren wir etwas über zwischenmenschliche Beziehungen, über Lebens- und Arbeitsbedingungen und ihren Einfluß auf die Liebe, und auch darüber, worum es jenseits der Begegnung der Geschlechter eigentlich geht: um die Freiheit des Menschen zu leben und zu lieben und wegen seines Geschlechts, seiner Hautfarbe, seiner Herkunft oder seines Alters nicht bevorteilt oder benachteiligt zu werden. Die Entdeckung der eigenen Liebesfähigkeit und der Liebe zu sich selbst geht der Entdeckung des anderen Geschlechts (oder eines gleichgeschlechtlichen Gegenübers) voraus. Wir entzünden uns am anderen. Die Entfaltung und Emanzipation jeder einzelnen Liebe ist immer wieder neu ein Akt der Verflechtung, der freiwilligen lustvollen Unterwerfung oder auch der Befreiung aus Bevormundung und Instrumentalisierung.

Die Liebe ist kein Hafen, in den man einfach einlaufen kann, und auch kein Unterschlupf, in dessen Schutz man sich vor der Tätigkeit, die in den Worten »ich liebe« steckt, drücken kann. Die Entdeckung und Entfaltung des eigenen Glücks und des eigenen Verlangens hat immer mit Freiwilligkeit und Bewußtheit, dem Setzen von Prioritäten und dem Finden der richtigen Zeit und des richtigen Orts zu tun. Um zu begreifen, was es bedeutet, ein Mensch in den Armen eines anderen Menschen zu sein, bedarf es zunächst der Entdeckung der eigenen Liebes- und Beziehungsfähigkeit. Insofern ist Liebe auch Arbeit am Selbst.

Liebe, Beziehung und Freiheit wollen also geübt sein. Sie sind nicht angeboren, sondern brauchen uns, um zu zeigen, was in ihnen steckt, und wir brauchen sie, um zu zeigen, was uns möglich ist. Liebe ist eine Produktion, heißt es bei Brecht, in der Menschen miteinander Beziehungen zueinander und zur Welt produzieren und dadurch menschlicher werden. Wer nur geliebt werden will, anstatt selbst zu lieben, propagiert den Stillstand, der sich im endlosen Warten auf den Anderen verbraucht. Das Fernrohr der Liebe heißt konkrete Utopie.

Liebe macht sinnlich und erfinderisch, geht durch den Magen und fährt in die Knochen. Eine Person erregt unser Wohlgefallen und reizt unser Begehren. Liebe lebt als Utopie und zwar konkret: »Ist doch Utopisches letzthin nichts, wenn es nicht auf das Jetzt hinweist und dessen ausgeschüttete Gegenwart sucht. Die Zukunft, das Utopische muß in die Gegenwart einrücken, sich einlassen.« (Bloch) Auch das Begehren drängt auf Einlassen, auf Inszenierung, die Liebe will ihre Partitur, will auf- und vorgeführt werden. Die »Chemie« der Empfindung Liebe hat ihre eigene Sprache und Rationalität, die sie dem Körper durch Schweißausbrüche, erhöhten Puls, schwache Knie, Stottern, Erröten und Gedankenblockaden mitteilt. Ob die Beteiligten im weiteren eine große Oper inszenieren oder das Land des Lächelns bevorzugen, eine Schicksalssymphonie kreieren oder ein Musical, eine Sonate spielen oder gleich mit einem Requiem beginnen, ist eine Frage der Gegenwart in spe.

Als Gefühl ist die Liebe so etwas wie die Aktivierung zu einem komplexen seelisch-körperlichen Geschehen, ein durch das Objekt des Begehrens verursachter Initiationsakt, der eine besondere Art von Aufmerksamkeit verlangt und in diesem Sinne intentional auf Sinn aus ist. Auch das, was wie eine Liebestrance und wie von Sinnen aussieht, folgt nach kurzer Zeit diesem Motiv. Wer liebt, will etwas von dem anderen! Und er will auch, daß der andere etwas von ihm will. Das Bild vom anderen erscheint als erotisches Versprechen.

Wir wollen im anderen die Anbindung an die Welt, glauben nicht mehr ohne ihn leben zu können, verschreiben uns zur Not mit Haut und Haaren, liefern uns aus. Die Odyssee als Irrfahrt zu uns selbst beginnt. Wir erleben uns vor allem in der ekstatischen Phase der anfänglichen Verliebtheit in Gefühle des Glücks und der Freude eingetaucht, die alles rosig erscheinen lassen, selbst wenn der Himmel ganz offensichtlich nicht voller Geigen hängt und der Trauermarsch bereits intoniert wird. Der Rausch endet irgendwann mit dem Aufwachen, und dann beginnt der dauerhafte Mut.

Gefühle dirigieren, fordern, beanspruchen das Individuum, sie können eine unwiderstehliche Gewalt und Macht haben. Oft bleiben sie als leibhaftige Erinnerung auch dann noch bestehen, wenn die Liebenden sich bereits wieder getrennt haben und sich die schönen Bilder der Vergangenheit in die enttäuschten Kriegs- und Kränkungsbilder der Gegenwart verwandelt haben. Gefühle sind nicht eindeutig, sie verwickeln uns und wickeln uns ein. In der Liebe wird deshalb immer ein mehrstimmiges Werk komponiert und ohne Probe zur Uraufführung gebracht. Einheit und Bewegtheit des Gefühls Liebe werden gestiftet und gewährleistet durch das begleitende Ineinanderspielen von Gefühlsströmen, Gefühlslagen, von lauten und leisen Stimmen. Liebe ist Chaos. Der süßen Lust im einen Akt folgt das Vergehen und Sterben im nächsten Akt. Die Liebe wird durch ihr mögliches Ende angespornt und angeheizt. Sie lebt himmelhoch jauchzend und zu Tode betrübt – solange sie offen ist.

Offen für die Aktivierung der gesamten Skala der Lüste, für die wechselseitige Bereitschaft, die Lust auch gemeinsam zu genießen. Offen aber auch für die Angst, die die Lust und das Bemühen, dem Anderen nahe zu kommen, begleitet: wird man das Geheimnis, das der andere darstellt, ganz aufdecken können oder plötzlich seiner überdrüssig werden, noch bevor überhaupt das miteinander Mögliche erfahren worden ist? Dem zu raschen Nahekommen folgt oft die ebenso rasche Entfernung voneinander, so daß wirkliche Intimität gar nicht entstehen kann. Auch die schnelle Lust braucht letztlich Zeit, sonst verkommt sie zum »Vollzug« der Liebe.

Nach den ersten Enttäuschungen treibt uns die Hoffnung auf ein Überleben unserer Liebe oft zu dem unausgesprochenen Gedanken: Und was ich nicht an dir liebe, treibe ich dir aus! Die Eßgewohnheiten, der Körpergeruch, die vielen kleinen Alltagsgewohnheiten setzen sich wie Flöhe in den Pelz der Lust. Die irgendwann auftauchende Frage: Liebst du mich wirklich? oder: immer noch? sollten wir jedoch als jenes rhetorische Ablenkungsmanöver erkennen, das an die Stelle der Angst tritt und als strategische Frage immer dann gestellt wird, wenn wir uns eigentlich unserer eigenen Liebe und Liebesfähigkeit nicht mehr sicher sind.

Ein Gefühl wie die Liebe lebt im Prozeß, entwickelt sich und stagniert, ordnet sich unter oder herrscht, beglückt und macht unglücklich. So kann die geschlechtliche Paarliebe als Verliebtheit entstehen und sich zunächst stillschweigend und wechselseitig auf mythische Bilder der Erotik und Verführung beziehen. Ernst Bloch nennt das »den zärtlichen Morgen«, an dem sich die Liebe »die Eine« oder »den Einen« in Bildern vage vorstellt, bevor das dadurch liebenswerte Geschöpf erstmals leibhaftig aufgetreten ist. Die Liebe kann sich dann sexuell aufladen und in Kooperationen und Interaktionen unterschiedlichster Art betätigen. Im nächsten Schritt kann sie sich dann institutionell zur Ehe verdichten und über gemeinsame Werte wie Kinder und Hausbau oder gemeinsame Arbeit stabilisieren. Die emotionale Einheit eines solchen Prozesses kann im Alltag also durchgängig Liebe heißen, obwohl keine der jeweils in einer bestimmten biographischen Phase dominierenden Stimmen sich in den anderen erfüllt, aufhebt oder verschwindet. »Liebe ist der Wunsch, das eigene Leben in der Körperzone des anderen führen zu wollen.« (Dux) Das gilt nicht nur für die Phase der Verliebtheit, sondern auch für die Phase der Alltagspraxis, die – wenn Liebe dauert – eine ruhige Einverständnisgemeinschaft herstellt, in der das Leben letztlich gemeinsam dem Tode entgegengeführt wird. Die Bedeutsamkeit des Liebens zeigt sich erst in ihrer langsamen und langen Einbindung während des gemeinsamen Lebens, und sie muß sich mit ihrer spezifischen und an die Personen gebundenen Art durch die kulturell überlieferten und geprägten »Formulare« der gesellschaftlichen Inszenierungen von Liebe und Ehe sozusagen hindurchfressen. Schritt für Schritt muß sie dabei ihre individuelle Form finden, damit der Angebetete oder die Angebetete sich ganz persönlich angesprochen fühlen können, auch wenn alle um sie herum das gleiche inszenieren.

Das reale Leben des Gefühls Liebe ist eine Abfolge von inszenierten Bildern, Szenen, Tagträumen, Wunschbildern, Mikrodramen, die jeweils für sich ganz eigenen Logiken und Aufführungskonzepten folgen. Die individuellen Gefühle und Gefühlspartituren sind dabei subjektiv eingefärbte Wiederaufführungen der in den Symbolarchiven einer Kultur, in ihren Büchern und Filmen über Ehe und Liebe aufbewahrten Mythen und Szenarien, die den Umgang und die Bewältigung der großen Themen Geschlechtlichkeit, Geburt, Hochzeit, Generation, Alter und Tod zum Gegenstand haben. Ob die Liebesbeziehung in Bildern der Jahreszeiten als Frühling oder Herbst, als große Wanderung oder langer Marsch, als ewiger Kampf oder letzte Schlacht oder besondere Fahrt in der Odyssee des Lebens gesehen wird, ist offen und hängt von der Symbolisierungsphantasie der Liebenden ab

Die Liebe enttäuscht die Suche nach dem ewigen Sinn der Liebesgemeinschaft nur zu oft. Wenn der Liebende in dem, was er empfindet, eine gewisse Vernunft entdeckt und diese zur nachträglichen Begründung der Liebe macht, wird das Glücksgefühl vielleicht sicherer, aber nicht unbedingt freudiger. Kein Wunder, daß wir oft mehr vernünftige Argumente in unsere Beziehungen einbringen, als die Liebe aushalten kann. Wir lagern mit der Zeit andere Interessen in die zunächst offene Lebensform der Liebe ein, um am Ende nicht mit leeren Händen dazustehen und den Partner mit einem Forderungskatalog über den von uns ausgemachten Sinn und Zweck der in Form einer Ehe oder Lebensgemeinschaft institutionalisierten Liebe konfrontieren zu können. Zu solchen Interessen zählen: die Mehrung des Besitzes, die Zeugung und Aufzucht der Nachkommenschaft, die Solidargemeinschaft für den Fall der Krankheit und die Fürsorge im Alter, der Schutz vor Einsamkeit. All das gehört zur Sinnlichkeit und dem möglichen Sinn einer Liebe, wenngleich nicht immer zu ihrer Erotik. Liebe ist eben nicht nur der Wunsch und die Lust, sondern auch die Not und Notwendigkeit, das eigene Leben in der Nähe eines anderen Menschen zu leben. Immerhin hat ja auch unser eigenes Leben begonnen: Unsere Handlungskompetenz für ein selbständiges Leben bildet sich im Schatten der Liebe unserer Eltern, die uns Fürsorge und Vertrauen schenken und damit die Rückbindung erleichtern. So entsteht Intimität tatsächlich als Sicherheit in der Körperzone eines anderen.

Die konkrete Utopie der Intimität muß immer wieder erneuert werden, so wie wir es mühevoll in der Pubertät lernen mußten. Das Verlangen nach Vertrauen und Nähe muß mit der Ablösung des Kindes aus der Familie eine neue Gegenwart gestalten. Wir sind und bleiben einander in Liebe bedürftig. Wie weit das aber gehen kann, zeigen die vielen ungelösten Trennungsgeschichten.

In der Liebe spüren wir das Bedürfnis des Menschen nach Öffnung und Austausch. Das einsame Ich braucht die kommunikative Anbindung an die Welt im Anderen, und angesichts der vielen Isolations- und Entfremdungsprozesse im Leben vieler Menschen bleibt die Liebe sozusagen die letzte Bastion, durch die sich das Selbst seiner eigenen Daseinsform und Wirkung vergewissern kann. Die Geschlechterliebe hat in diesem Sinne eine Affinität zu den anderen Lieben: der Mutterliebe, der Liebe zu den Eltern, der Geschwister- und Freundschaftsliebe. Je weniger die Welt sinnvoll lebbar ist, desto größer wird das Bedürfnis zu lieben, um Sinn zu erfahren. Desto größer wird aber auch die Unmöglichkeit, daß die Liebe erfüllen kann, was alle anderen gesellschaftlichen Bereiche verweigern. Zerbrechlicher war Liebe selten.

Die Utopie der Liebe ist die entwerfende Geste, die bei allem Wunsch nach Kontinuität und Sicherheit das Unterwegssein nicht einstellt. Wenn die Liebe beginnt, wird sie erst durch Gestaltung zu dem, was sie auf Dauer leben läßt. Autonomie und Abhängigkeit spielen miteinander, und gelebte Gleichheit und Verschiedenheit können nur im mühevollen Austausch jene ambivalente Einheit zwischen Distanz und Nähe bilden, die wir irgendwann eine gelungene Beziehung nennen. Der Dank für eine solche Beziehung könnte so lauten:

Ich danke dir daß du mich nicht beschützt
daß du nicht bei mir bist wenn ich dich brauche
kein Firmament bist für den kleinen Bären
und nicht mein Stab und Stecken der mich stützt

Ich danke dir für jeden Fußtritt der
mich vorwärts bringt zu mir
auf meinem Weg. Ich muß alleine gehn
Ich danke dir. Du machst es mir nicht schwer
Ich danke dir für dein schönes Angesicht
das für mich alles ist und weiter nichts
und auch daß ich dir nichts zu danken hab
als dies und manches andere Gedicht

Ulla Hahn

Statt Liebeserklärungen und Dankbotschaften werden in vielen Beziehungen Vorwürfe gesammelt, die in den Auseinandersetzungen wie Pfeile durch die Räume fliegen. Solche »Kriegsschauplätze« in den Beziehungen werden dann in Friedensverhandlungen immer wieder aufgeräumt, drohen aber immer wieder aufs Neue, im Chaos der Vorwürfe und Drohgebärden zu versinken. Jeder von uns tritt freiwillig in eine Beziehung ein, um die Liebe zu genießen und sich zu amüsieren. Auch all die, die später das Messer zogen oder erkrankten, lebten in der gleichen Hoffnung. Das freudige und spontane Chaos, das wir erleben, wenn wir uns der Liebe öffnen, die Fähigkeit, alles zu vergessen, alles für möglich zu halten, was uns bisher unmöglich erschien, vergessen wir nur zu schnell, wenn das »bedrängende Chaos« der Beschuldigungen in der Beziehung ausbricht oder sich andeutet. Schneller als wir lieben lernten, machen wir dicht, verrammeln wir Fenster und Türen, legen Minen, schalten auf Bekämpfung und Rückzug. Anstatt gemeinsam durchzuatmen, halten wir gemeinsam die Luft an und testen, wer den längeren Atem hat.

Es ist eher die Unordnung, die uns zur Gestaltungsarbeit aufruft, nicht der scheinheilige Frieden einer einmal hergestellten Ordnung. Das Chaos, in das uns die Gefühle und ihre Enttäuschung führen, ist die Voraussetzung dafür, daß die Beziehung leben kann, daß immer wieder neue Entwicklungen möglich werden. Beziehung heißt ja: Bezug nehmen, Linien ziehen, Verbindungen schaffen und andere abbrechen. Beziehung bedeutet, Strukturen zu erkennen und wenn nötig, sie auch zu verändern. Beziehung heißt sowohl festigen als auch lösen.

In der Form einer Beziehung findet die Liebe Raum und Zeit zu ständigem Fluß und neuer Entscheidung. Beziehung ist die Struktur, Liebe aber die Energie, die die Beziehung gestaltet. Der Spielraum der Liebe ist dabei der Raum, der von den Liebenden zwischen sich freigelassen wird. Ist der Raum dazwischen, der das Haus der Beziehung bewohnbar macht. In diesem nicht besetzten Raum kann die Liebe wohnen, ohne ständig um ihre Existenzrechte zu fürchten.

Liebe braucht befreite Sinne

Das Spiel ist die praktische Vernunft der Liebe und des sinnlichen Glücks. Wie die konkrete Utopie enthält es das Bekenntnis zum schwierigen Unterwegs, das alles enthält, nur nicht das sichere Gelingen des Planspiels. Die Enttäuschung im Unterwegs gehört zur fundierten Hoffnung, und die Liebe wird auch vom Mißlingen auf eine ihr immanente Weise klug. Außer der Lust in der Liebe ist es auf der anderen Seite die Wut, vor allem auch der Zorn gegen sich selbst, der die Individuen aus sich heraus- und über sich hinaustreibt. Der Zorn ist der Stachel, der uns daran hindert, nur gut zu sein. Ohne diesen Zorn wäre die Liebe langweilig. Das Leben, die Liebe und die Welt, in der wir leben, haben eines gemeinsam: Sie sind eine Art Laboratorium der möglichen Lösungen und leben von der Offenheit des Ausgangs.

Liebe braucht befreite Sinne und Spiel, um leibhaftig zu werden. Das sinnlich-sinnstiftende Spiel ist der utopische Geist der Liebe und des sinnlichen Glücks. Spiel heißt Räume des Denkens und Handelns in der Phantasie zu schaffen. In der Liebe werden wir zu Mitspielern des Lebens mit allen Sinnen! Für dieses Abenteuer ist mehr erforderlich als die Schaltung von Kabeln im Gehirn. Ohne die Beteiligung aller Sinne wäre auch der spielerische und experimentelle Ernst, der dem Wesen der menschlichen Arbeit zugrundeliegt, gar nicht begreifbar. Wesen allen Spielens ist die Bewegung in Wechselbeziehungen, zwischen Fortsetzung und Veränderung, Erwartung und Zufall, Hier und Dort, Struktur und Fluß, Zeit und Ewigkeit (zur Lippe). Auch die Liebe kennt diese Bewegungsarten. Umwege, Fehler, tastendes Probieren und Verweilen, der Wechsel von Zielsetzung und Erprobung, von Erleben und Nachdenken, von sich befreunden und sich distanzieren sind keine Zeitverluste und Kompetenzschwächen, sondern die Art und Weise, wie die Liebe lebt.

Der Verlust des spielenden Umgangs mit der Welt und mit den Menschen und die Verachtung des Spiels als einer anthropologischen Grundlage menschlichen Seins und aller Evolution, hat unsere Lebens- und Liebesfähigkeit an der Wurzel geschädigt. Der Körper ist mit seinen Sinnen zur Prothese für redende Münder, beobachtende Augen oder schreibende Hände geworden. (Rumpf) Ständig kontrollierende oder beobachtende Augen sehen nur noch Ausschnitte, können den Blick nicht arglos schweifen lassen, sondern nur noch mustern, sie können sich nicht versenken oder verschwimmen, weil sie so viel festhalten müssen; sie können nicht mehr blinzeln oder nur noch staunen, weil sie sich sonst verlieren könnten. Die »verhirnlichten« Augen sind verödet, verarmt und stillgelegt und eignen sich nicht mehr für die Liebe. Sie haben das Spiel mit dem Blick vor lauter Taxieren verlernt. Schreibende oder anders reduzierte Hände verlieren das Fingerspitzengefühl, das die Liebe braucht. Sie streicheln und ertasten weniger, wissen nicht mehr, was alles in unseren Händen liegt. In verkümmerten Händen liegt kein Glück. Der redende Mund vergißt zu kauen und zu genießen, verliert das Schweigen, das Singen und auch das Küssen.

Das sinnliche Glück ist wie die Liebe auf alle Sinne angewiesen, auf ihre Kommunikation untereinander. Der Mensch braucht das Spiel der Sinne als Wahrnehmungs- und Erkenntniswerkzeug, sonst geht er verloren. Das Auge, das sieht und im Sehen bildert und gestaltet, braucht die anderen Sinne und den Körper, um das Gesehene fühlbar, erfahrbar, umsetzbar zu machen und um zu zeigen, daß es sich verliebt hat und mit allen Sinnen lieben will. Die äußere Buntheit der erotischen Industrie mit all ihren liebesdidaktischen Bypässen können die Armut,

Langeweile und sinnliche Erschöpfung des Liebeslebens der Menschen nicht verbergen! Mancher Warenmarkt für Sinnlichkeit eignet sich eher für einen Lachkrampf denn für eine Betörung, und das Spielerische großer erotischer Kulturen ist zu Sinnlichkeitsinjektionen mit schmerzstillender und sedierender Wirkung verkommen. Die konsumierende Sinnlichkeit, die »von allem etwas und zwar sofort« will, läßt sich nicht ernsthaft auf das Neue, Fremde, Einmalige ein, das jeder Mensch in die erste Begegnung einbringt. Sinnliche Intensität ist nicht Sinnestrubel, und aufreizende Abwechslung gehört eher ins Reich des Verbrauchs. Sinnlichkeit, die zuläßt, braucht Offenheit, Gelassenheit und Geduld, die Fähigkeit zu warten. Sie dringt nicht gradlinig und forsch in die Landschaft des Begehrens ein, sondern umspielt sie.

Im Spiel der Liebe werden Konventionen zertrümmert und Gefühlspanzer manchmal geschmolzen. Die sich einlassende Sinnlichkeit ist die spielerische Voraussetzung für die Utopie einer Liebe, die der Angst vor dem Fallen und der Furcht vor Enttäuschung erst abgerungen werden muß. Im probenden wie im ernsten Spiel muß die Liebe die Krücken der eingeschliffenen Verhaltensweisen wegwerfen, weil sie sonst niemandem mehr in die Arme fliegen oder um den Hals fallen kann, sondern eher irgendwann jemandem an den Hals geht. Sie verlangt das Innehalten, das Wahrnehmen, das Gewährenlassen der Phantasien und der Körper, nicht die Hast der Erledigung, die schon manch leidenschaftliche Begegnung in die Begegnung für nur eine Nacht verwandelt hat. Liebe ist gelebte Form, die spielend sich entwickelt, eine Art Hand- und Kunstwerk, Glasperlenspiel und Lebenskunst, heiter und ernst zugleich. Im Spiel ist eine geplante Leistung nicht gefordert, sondern anheimgestellt, weil die Beteiligten sich nehmen und einbringen können, was ihnen angemessen erscheint.

Wenn die Liebe dem Nutzen frönt – jenem großen Idol unserer Zeit – hat sie ihr Talent und ihre Utopie schon verloren. Sie braucht den spielerischen Prozeß und die Ungewißheit des Ausgangs, und so wie die allmähliche Verfestigung der Gedanken beim Denken und Reden sich vollzieht, so vollzieht sich die allmähliche Verfestigung der Gefühlsstimmen zur Liebe beim Lieben. So wie das Gehirn mit seinem System der vernetzten Synapsen ein gigantisches und gleichzeitig höchst subtiles Spiel spielt, so spielen Herz, Verstand und alle Sinne ein gigantisches und subtiles Spiel in der Liebe.

Das Spiel in der Liebe verlangt Aufmerksamkeit und Achtsamkeit. Greift einer zu stark ein, wird eine dominant, so wird der andere unschöpferisch, verschließt sich, verliert die Neugierde und den Mut. Ich bin, ich lebe, ich liebe, ich arbeite sind Tätigkeitsbeschreibungen für das gleiche spielend gesuchte Ziel, nämlich »Gegenwart zu gewinnen«. Nur wer frei ist, kann in dieser Weise gegenwärtig, das heißt schöpferisch sein.

Handeln und Betroffensein sind die Spiel- und Erlebnisweisen der Liebe. Das ist ihr Dialog. Die Liebe setzt voraus, daß wir uns beiden Formen der Wirklichkeitserfahrung stellen: dem Handeln ebenso wie dem Erleiden. Unsere ständigen Umerziehungsversuche sind Beleg dafür, wie ungern wir uns von der Wirklichkeit des anderen, den wir angeblich lieben, treffen lassen! Handeln und Betroffensein, Entwurf und Unterwerfung sind die Pole der dialogischen Beziehung. Um lieben zu können, müssen wir immer wieder aus den eigenen Sicherungssystemen heraustreten und bereit sein, uns verwunden zu lassen und offen zu werden für die guten und schlechten Auswirkungen, die von uns ausgehen. In eigener Verantwortung und Freiheit zu lieben ist die Voraussetzung, um sich von der Liebe eines anderen Menschen beschenken zu lassen.

Partnerschaft als Fähigkeit zum Dialog

Wer sich selbst gestaltet, gestaltet sich immer auch durch die Gestaltung der Beziehungen zu Anderen. Die intimste Form ist die erotische und sexuelle Beziehung, die die Beziehung der Liebe mit umfaßt und in der die emotionalen Komponenten eine starke und besondere Rolle spielen. Anders als in der freundschaftlichen Beziehung, die die dauerhafte und wechselseitige Zuneigung der Freunde nicht um der Lust oder eines Nutzens willen aufs Spiel setzt und Ausdruck des freien Wohlgefallens am Anderen ist, hat die intime Liebesbeziehung viel mit Inbesitznahme zu tun. Sobald wir unsere Augen und Ohren öffnen, können wir das kriegerische Geschehen entdecken, das als Ausdruck von Machtkämpfen den Gefühlen folgt. Kranken- und Therapiegeschichten zeigen, daß Gefühle keineswegs nur spontan und willkürlich sind, daß sie viel seltener aus der spontanen Begegnung mit dem Lebendigen stammen als aus dem Kalkül und der Berechnung von Macht. Was wir oft nur dem entfesselten Gefühl zutrauen, das kann sich auch langsam und subtil einstellen. Aus Leidenschaft und verletzten Gefühlen wird getötet, vernichtet, zerstört und getobt. Kann man dem Ausdruck von Gefühlen trauen? Möglich, daß ein spontanes Gefühl uns überwältigt, wenn wir verletzt werden: Trauer, Zorn, Enttäuschung. Wie wir dann dies Gefühl ausleben und vermitteln, hängt wiederum von unseren bewußten Überlegungen und unbewußten Vorerfahrungen ab, von unseren Ängsten, von unserer Fähigkeit, in der Liebe wirklich offen mit Gefühlen umzugehen. Die Liebe ist umstellt von der Macht. In vielen Beziehungen wird mehr um die Liebe gekämpft als daß ihr Zeit und Raum zur Gestaltung der Beziehung bleibt. Weil alle vorrangig geliebt werden oder sich für den anderen aufopfern wollen, um sich daraus das Gefühl der Gegenliebe zu erarbeiten, ist mehr Bewachung und Kontrolle als Vertrauen im Spiel. Die Kommunikation und der verlangte Austausch verstummen.

Niemand kann sich einen Menschen aneignen, einverleiben, ohne ihn dabei zu zerstören. Besitzbedürfnisse, wie unbewußt auch immer, reduzieren einen Menschen zum Objekt und wissen nichts von seiner Würde. Eine Beziehung braucht den Dialog, in dem es um sie selbst geht. Sie braucht eine »leere Zeit«, die nicht schon durch Probleme mit der Arbeit, den Kindern oder der Organisation des Alltags besetzt und verplant ist. Nur in einer offenen Zeit kann es gelingen, sich aufeinander einzustellen. Offenheit meint hier, daß es keinen Erfolgsdruck geben darf. Der mit der Kurzform »Zeit ist Geld« ausgedrückte Anspruch auf schnelle Erledigung und materiellen Erfolg macht nicht nur das Leben zur Mördergrube, sondern ist auch der Tod jeder tiefen Beziehung.

Der Dialog ist ein Zwiegespräch, ein Gespräch zwischen zwei Menschen, eine Wechselrede, in der es darum geht, daß das Sprechen des einen Partners das Zuhören des anderen verlangt und umgekehrt. Ein Dialog ist gefährdet, wenn sich beispielsweise ein Mann keine Schwächen und passiven Tendenzen zugestehen kann und die Frau sich auf das einseitige Bild der Bewunderung des Mannes und seiner Argumentationsvernunft einengen läßt. Noch schwieriger wird es, wenn der eine im Gespräch seine Herrschaft zum Ausdruck bringt und der andere mit Gefügigkeit antwortet, oder wenn gegenseitige Vorwürfe den Inhalt des Gesprächs und den Versuch des Austauschs über die unterschiedlichen Positionen aus den Angeln heben. Oder wenn die Partner sich sichtlich miteinander quälen, aber letztlich beide nicht wirklich etwas an ihrer Beziehung ändern wollen und ihre Dialoge nur zum Schein und zur Behauptung ihrer Position führen. Außenstehende können oft schwer begreifen, wie zwei vernünftige Menschen sich über Jahrzehnte mit immer den gleichen Sätzen und Worten kränken und in Wut, Haß, Rachegefühle, Verzweiflung und bittere Enttäuschung bringen können, ohne von der Nutzlosigkeit solcher Gespräche Abstand zu nehmen.

Viele Paare entwickeln geradezu eine Meisterschaft in Dialogunfähigkeit. Diese täglichen Passionsspiele fangen meistens ganz harmlos an. Da der Streit oft um alltägliche Bagatellen geführt wird, ist nur schwer einsehbar, weshalb sich beide so halsstarrig und verbohrt verhalten. Oft geht es um nichts, um nichts Besonderes jedenfalls. Aber genau das ist das Problem: dramatisch ist, daß in der Beziehung nichts mehr passiert. Im Beziehungsalltag ist die Liebe, die leben wollte, in die Enge, manchmal sogar in Gefangenschaft geraten. Fast ohne Blickkontakt oder im Anstarren werden dann zwischen den Partnern nur noch Stellungnahmen ausgetauscht, eingefahrene Positionen befestigt, Denkergebnisse übermittelt. Der Dialog gleicht einem Ping-Pong-Spiel, wird auf einen Schlagabtausch reduziert und seiner austauschenden und klärenden Funktion beraubt. Es geht nicht mehr um einen Prozeß und in diesem um ein Ergebnis, das im Zwiegespräch miteinander erarbeitet wird. Wenn überhaupt noch zugehört wird, dann eigentlich nur, um im Fall einer Sprechpause des Gegenübers den nächsten Einsatz zur Wiederholung der eigenen Argumente nicht zu verpassen, wirklich gehört und aufgenommen hat man dann den anderen aber nicht.

Die Liebe lebt vom Dialog, Ich und Du sind Partner und Partnerin im Gespräch, beide zeugen von der Fähigkeit des Menschen, einen anderen Menschen ansprechen und letztlich auch verstehen zu können. Wir könnten gar nicht Ich sagen, wenn es kein Du gäbe. Wir brauchen das sprechende, denkende und mitfühlende Du, um uns sowohl im Einklang mit wie in der Unterscheidung von diesem Du als eigenständige Person zu erkennen und zu akzeptieren. Wie Licht und Schatten aufeinander bezogen sind, wie der Tag auf die Nacht, der Himmel auf die Erde, so ist auch das Ich auf ein Du bezogen. Wenn der Mensch ein Du anspricht, dann kommt es zu allererst darauf an, eine Beziehung zu schaffen, also einen Raum zu gestalten, in dem eine Zwiesprache zwischen zwei Menschen überhaupt stattfinden kann, sei sie nun körperlich, seelisch, geistig oder sozial. Diese Begegnungssituation unterscheidet sich wesentlich von jener anderen Situation, in der unser Interesse z. B. auf eine Sache gerichtet ist, auf ein Objekt, wenn es wesentlich auf den Nutzen von etwas ankommt, wenn es um die Durchsetzung von Interessen geht. Das dialogische Prinzip im Gespräch zwischen zwei Menschen, die liebend eine Partnerschaft zu entwickeln suchen, wird aufgehoben, wenn dieser Unterschied nicht beachtet wird, wenn das Du also zu einem Gegenstand wird. Wir sagen dann in einem solchen Fall auch völlig richtig zu unserem Gegenüber: »Du behandelst mich wie eine Sache, wie einen toten Gegenstand ohne Gefühle, über den man einfach verfügt, den man nach dem Gespräch wie einen Regenschirm in die Ecke stellt.«

In einer Kultur, in der die Selbstbehauptung einen so hohen Stellenwert hat, in der es schon bei den Kleinigkeiten und Bagatellen des Alltags sehr schnell um alles oder nichts, Sieg oder Niederlage geht, kommt die Fähigkeit zur Hingabe nicht nur zu kurz, sondern löst oft auch die existentielle Angst aus, überwältigt zu werden, nicht im richtigen Augenblick effektiv die eigene Chance genutzt zu haben. So wird unterbrochen statt zugehört oder übertönt, was uns als Mitteilung erreichen sollte. Partner kommunizieren oft nicht, sondern spielen nach dem Muster Angriff und Verteidigung Krieg. Im Grabenkrieg der Beziehung ist Angriff, Blockade und manchmal auch Entzug die beste Verteidigung. Die gefährdete Bereitschaft, sich wirklich vom anderen antreffen und betreffen zu lassen, also nicht schon gleich mit den eigenen Gefühlen und Gedanken wieder unterwegs zu sein, während der andere noch spricht, ist der Kern einer menschlichen Selbstentfremdung, die uns alle erfaßt hat.

Wir hören einfach zu selten zu: der Lehrer nicht dem Schüler, die

Ärztin nicht der Patientin, der Sohn nicht der Mutter, der Vater nicht der Tochter. Mich vom Gesagten und Gehörten betreffen zu lassen heißt, die Auswirkungen meines Tuns beim Sprechen zu empfinden, mich in die Lage des anderen zu versetzen. Das dialogische Prinzip in der Beziehung beruht wie die Liebe selbst auf einer entwerfenden wie einer akzeptierenden, sich unterwerfenden Geste unter diese doppelte Struktur, innerhalb derer jedes Gespräch stattfindet. Sprechen und hören, geben und nehmen, stark sein und schwach werden, richtig sein und falsch liegen. Diesen Wechsel zu leben, fällt uns allen schwer. Nach kurzer Zeit des Zuhörens brennen wir darauf, selbst etwas zu sagen, zu unterbrechen, aus der passiven Phase des Betroffenseins in die aktive Phase des Sprechens und Handelns zu kommen. In der Regel fällt es uns schwerer zuzuhören, es sei denn, wir sind ohnehin in die resignative Rolle des Opfers geschlüpft und harren dort der Dinge, die unserer Meinung nach ja ohnehin kommen. Meistens drängt es uns, in der Antwort wieder zum Täter zu werden. Wir alle kennen die aus der Dominanz der kämpfenden Selbstbehauptung resultierenden symptomatischen Störungen in Beziehungsdiskussionen, diese endlosen Kämpfe um das erste oder letzte Wort, die Suche nach der besseren Verletzungstechnik, die zu lauten und zu leisen Stimmen, die ein Gespräch verunmöglichen, die unterschiedlichen Drohgebärden und die grenzenlose Angst, möglichst nicht als der Verlierer oder Verlassene von der Beziehungsbühne abzutreten, wenn sich das Ende einer lebbaren Liebe ankündigt.

Damit die Liebe in den Beziehungen leben und überleben kann und unser Leben ausreichende Impulse und Gestaltungsanreize erfährt, müssen wir die ganze komplizierte Wirklichkeit zur Kenntnis nehmen, aus der die Menschen und damit auch unsere Bezugspartner bestehen, und wir müssen die Seinsweisen von Tätigsein und Erleiden, Nähe und Distanz, Einigkeit und Unterscheidung miteinander versöhnen. Mitten durch die Erfahrung hindurch, daß der Faden der Verbindung immer wieder reißt, daß Kontakte abgebrochen werden, daß der Widerspruch von Fressen und Gefressenwerden sehr schmerzt, müssen wir im Dialog und Gespräch immer wieder neu eine Bühne für die Darstellung und Austragung jener rätselhaften Tatsache schaffen, daß die Wesen, die sich am heftigsten zu lieben glauben, sich zugleich am unerbittlichsten bekämpfen: Mann und Frau oder wer immer in einer Liebesbeziehung um die Balance zwischen Selbstbehauptung und Hingabe an den andern ringt. Wir müssen verstehen und realisieren können, daß der Partner im Gespräch und in der Beziehung unser Tun und Wirken als Auswirkung auf ihn erfährt und daß wir uns der Bedeutung dieser Erfahrung immer nur annähern können. Niemand, auch nicht der Liebende, steckt in einem anderen Menschen, kann erfahren und erleben wie er. Die darin liegende Not ist in dem Schrei enthalten: verstehst Du denn nicht – oder willst Du nicht verstehen?

Was ist gefordert, damit wir uns zum Gespräch hin öffnen und weniger Energie dafür verwenden, das eigentliche Gespräch durch Beziehungsfallen zu verhindern? Wir müssen ganz offensichtlich mehr aus dem eigenen Sicherungssystem heraustreten und schöpferisch aus der konkreten Situation heraus und bezogen auf das gemeinsame Ziel handeln, oft ohne Netz und Planung. Eine solche grundsätzliche und offene Gesprächsbereitschaft enthält auch die Möglichkeit, verwundet zu werden. Wir können diese Verwundung nicht von vornherein ausschließen und müssen im Gespräch dieses Risiko eingehen, wenn unsere Liebe leben und überleben soll. Aber was macht die Bereitschaft so schwer?

Über die Schwierigkeit zum Dialog

In der Liebe wird immer wieder davon ausgegangen, daß der Andere bekannt sei. Wer mich wirklich liebt, versteht mich auch ohne Worte! Dieser Irrtum gehört zu den romantischen Fehleinschätzungen, wenn die Wahrheit zu zweit beginnt. Die meisten Paare träumen von der gemeinsamen Wellenlänge, auf der man »im Geiste eins« auch ohne Worte auskommt. Unbestreitbar ist, daß Menschen am besten miteinander auskommen, wenn sich jeder einigermaßen in den anderen einfühlen kann und dessen Meinungen und Gefühle zu verstehen lernt. Aber da beginnt schon das Problem, denn vieles kann schiefgehen, wenn wir miteinander reden wollen. Auf der einen Seite scheint uns klar, über was wir uns austauschen müßten, aber indem wir das Gespräch beginnen, geraten wir oft ziemlich unverhofft in eine Sackgasse:

Ein Wort gibt das andere, ein Mißverständnis reiht sich an das andere, wir verstehen nach kurzer Zeit nicht mehr, worum es eigentlich geht. Wir geraten in einen Streit oder verstummen. Die Kommunikation verunglückt.

Gespräche hängen nicht nur vom guten Willen ab, sondern auch von der Fähigkeit zu durchschauen, was sich hinter den Kulissen abspielt, den eigenen wie denen des anderen. Wenn Ich und Du in den Dialog treten und dabei Beziehung zueinander aufnehmen oder aber aneinandergeraten, ist mehr im Spiel als das, was wir auf der aktuellen Bühne erkennen können. Im Hintergrund wirken Gefühle und Erfahrungen aus der Kindheit oder der Beziehung mit anderen Menschen wie den Eltern und Geschwistern, den Freunden und Kollegen. Erwartungen an uns selbst und an den Partner, die nicht direkt ausgedrückt werden und vielleicht auch gar nicht bewußt sind, führen zu Störungen, die nicht erkannt werden. Wünsche und Bedürfnisse aus vergangenen Tagen mischen sich ein, die die augenblickliche Situation überfordern und überladen.

Wir sehen die Dinge nicht, wie sie wirklich sind, auch nicht die Partnerin oder den Partner, sondern unter dem Druck, das gefährdete Einssein zu bestätigen oder wiederherzustellen, sehen wir die Dinge und Personen so, wie wir sie haben möchten. Wir appellieren im Namen der Liebe an das Gespür des anderen, auch ohne Worte und Erklärung zu wissen, was wir meinen oder brauchen. Je nachdem, wie ich einen Menschen anspreche, bringe ich zum Ausdruck, was ich von ihm halte und wie ich ihm begegnen will. Entsprechend fühlt sich mein Gegenüber entweder gesehen und akzeptiert oder aber schon im Vorfeld übergangen, bevormundet, herabgesetzt und nicht ernstgenommen. Die Art und Weise, wie ich spreche, gibt aber auch Auskunft über mich. Auch ich kann meine Gefühle und mich selbst übergehen, mich nicht ernstnehmen, Imponiergehabe an den Tag legen oder mich klein machen und in einer mich belastenden Problemsituation so verallgemeinernd und indirekt sprechen, daß auch der interessierteste Gesprächspartner nicht erkennen kann, worum es mir persönlich eigentlich geht. Wenn ein Mensch etwas von sich gibt, gibt er auch etwas von sich preis. Wir »offenbaren« uns und decken indirekt den Zustand auf, in dem wir uns befinden. Unabhängig davon, ob wir über das Geld, die Treue oder die Kinderfrage sprechen, setzen wir uns mit dem Sachverhalt, um den es geht, zu uns selbst und zu einem anderen Menschen in Beziehung. Auch wenn wir strategisch sehr vorsichtig vorgehen, hinter der Fassade zu bleiben versuchen, nur indirekte Botschaften aussenden und ganz cool bleiben, wollen wir in der Regel mit dem Gespräch etwas bewirken. Diese »heimliche« Zielstrebigkeit oder der »stille« Appell hat den Nachteil, daß wir nun auch eine Reihe von heimlichen Maßnahmen ergreifen müssen, um doch noch ans Ziel zu kommen. Um so mehr dann, wenn sich unser zuhörendes Gegenüber konsequent weigert, zwischen unseren Zeilen und Worten zu lesen und zu hören.

Ein Gespräch hat viele Dimensionen, und ein gesprochener Satz kann viele Botschaften gleichzeitig enthalten. Auch wenn für uns die Sache oder das Thema im Vordergrund stehen, spielen Selbstdarstellung, Gefühle, Erfahrungen, Phantasien und Wünsche eine gleichermaßen wichtige Rolle. Da aber die Gefühle und die geheimen Wünsche oft als unsachlich verpönt sind, gehen sie in den Untergrund und führen dort ein »heimliches« Leben. Schule, Arbeit und Gesellschaft haben uns alle besser für die Darstellung von Sachverhalten trainiert. Im Umgang mit uns selbst und unseren Gefühlen wie in der Beziehung zum anderen sind wir weit weniger geübt. Anstatt sie aus dem Untergrund zu befreien, gestatten wir den unterdrückten Gefühlen und Verletzungen nur wenig Spielraum, sie werden im trojanischen Pferd der indirekten Rede versteckt und warten im Gespräch auf ihre Entdeckung.

Dazu ein Beispiel. Wenn jemand mit verhaltener Stimme sagt: »Ich bin schon dreimal bei dir zu Hause vorbeikommen«, dann ist der Sachverhalt klar und verständlich. Weniger deutlich ist, was eigentlich mitgeteilt werden soll: die Enttäuschung, daß der andere nie zu Hause ist? Vielleicht auch ein Vorwurf, daß der spontane Besucher nicht darüber informiert wurde? Vielleicht aber auch ein Hinweis darauf, wie groß das Bemühen ist, den anderen zu treffen? Oder aber auch die Aufforderung, daß jetzt der andere mal versuchen müsse, den Kontakt herzustellen? Ein Zuhörer kann jedes Wort verstehen und doch nicht erkennen, worum es geht. Er seinerseits kann in die Unsicherheit und damit Offenheit der Nachricht mit eigenen Erwartungen und Befürchtungen eindringen und nun seinerseits das Verständigungsproblem vertiefen.

Je nachdem, worauf sein Ohr zu hören bereit ist, wird er die Kränkung, Enttäuschung oder den Vorwurf aufnehmen, vielleicht aber auch ein gutes und verstehendes Gespräch darüber ermöglichen.

Sich öffnen, von sich reden – warum ist das so schwer? Warum greifen wir zur indirekten Rede, reden um den heißen Brei herum, lenken von uns ab und beschuldigen den anderen, anstatt von uns zu sprechen und damit auch für uns zu sorgen? Jeder Mensch hat das natürliche Bedürfnis, sich mitzuteilen, von sich zu sprechen. An Kindern können wir beobachten, wie gerne sie von sich erzählen, sich in den Mittelpunkt stellen und ganz selbstverständlich davon ausgehen, daß sie auf dieser Erde erwünscht sind und daß die Eltern und andere Menschen sich für sie interessieren. Unsere ersten Worte werden noch mit Spannung erwartet und von den liebenden Zuhörern ständig wiederholt, um uns zu weiterem Sprechen zu ermuntern. Wir alle wissen natürlich auch, wie schnell dieses natürliche Bedürfnis nach Mitteilung gebremst, ja auch zerstört werden kann.

Dennoch: Die Selbstdarstellung und Selbstoffenbarung ist ein existenzielles Phänomen. Sie läßt sich grundsätzlich nicht vermeiden, ob sie nun direkt, getarnt und versteckt, mutig oder ängstlich, bewußt oder unbewußt abläuft. Wer leben will, muß sich äußern! Es ist dieser Zwang, der uns Angst macht, denn sehr schnell kommt die Zeit, wo unsere Worte und Taten nicht mehr mit Spannung erwartet, sondern eher kritisiert und bewertet werden, wo wir stören, wo wir weniger auf Begeisterung als auf Skepsis stoßen, sobald wir unsere wirklichen Gefühle und Bedürfnisse direkt und ohne Scheu äußern. Für das Kind nicht einsichtig und unerklärbar kommt seine Willensäußerung plötzlich zum falschen Zeitpunkt und am falschen Ort, in Anwesenheit der falschen Leute, im falschen Ton und in der falschen Sprache. Diejenigen, die bisher offen zugehört und verstanden haben, werden zu einer Art »feindlichem Gegenüber«, das mit gespitztem Ohr auf meine Fehler wartet und vor dessen Augen ich zu bestehen habe.

So natürlich zunächst das Bedürfnis war, sich mitzuteilen, so natürlich ist jetzt das Bedürfnis des kleinen wie später des großen Menschen, sich zu schützen. Der Mensch zeigt immer weniger von sich, geht auf Tauchstation, um der Ablehnung, der Kritik, der Ironie oder gar der Strafe zu entgehen. Die Selbstverständlichkeit der eigenen Existenz ist in Zweifel gezogen, und aus der Notwendigkeit zur Äußerung und Selbstoffenbarung und dem Vertrauen dazu wird Angst, Not und Mißtrauen davor, sich den anderen Menschen, vor allem den Autoritäten, zu zeigen und vor ihnen zu bestehen. Die Botschaft dieser Angst und Not heißt: Um geliebt und anerkannt zu werden, darfst du nicht einfach so sein, wie du bist, und auch nicht einfach sagen, was du denkst. Du mußt dir die Anerkennung mühsam verdienen und wirst ständig überprüft, ob du den Normen entsprichst.

Was wir hier schon in früher Kindheit entstehen sehen, ist eine Bewährungsangst, die ganz offenbar nicht angeboren ist, sondern anerzogen wird. Sie ist das Resultat der Konfrontation und des Zusammenstoßes des Individuums mit der Gesellschaft und ihren Normen, ein lebenslanger Prozeß, in dem der Mensch immer wieder neu um seine Entfaltung ringt. Jedes Kind erlebt oft schon zu einem sehr frühen Zeitpunkt die teilweise Unvereinbarkeit seiner Wünsche und Eigenarten mit den gesellschaftlichen Normen. »Bravsein, wenig verlangen, sich unterwerfen, nichts kaputtmachen, Wut unterdrücken, keine Sexualität zeigen usw., das sind die unendlich schwer zu verinnerlichenden Verbote, von denen es abhängt, ob ein Kind sich gut fühlen darf.« (Richter) Mit Liebe und Liebesentzug, mit Belohnung und Strafe, Lob und Tadel vermitteln uns die Eltern, Lehrer und andere Autoritäten jene gesellschaftlichen Normen, die Erfolg versprechen, und bringen uns auf diese Weise bei, was wir an uns selbst zu lieben oder zu unterdrücken haben. So lernen wir auch, welche Gefühle und Gedanken Beifall finden und welche besser unterdrückt und vor anderen Menschen verborgen bzw. nur indirekt ausgedrückt werden sollten. Aus dem eigenen Sinn des kleinen Menschen wird schnell der »Eigensinn«, den die Erwachsenen ihm als Trotz austreiben. Und wer gelernt hat, daß das Händchen, das den eigenen Körper mit Lust berührt hat, ein böses Händchen ist, wird als erwachsene Frau oder erwachsener Mann nur schwer offen mit dem Partner darüber sprechen können, wie er körperlich berührt werden möchte.

Dieser Vorgang der Verdrängung unerwünschter Anteile braucht sehr bald keinen »Richter« von außen mehr. Die Richter werden als Normen verinnerlicht, und wir lernen, unser »Ich« zu verbergen, zu manipulieren. An die Stelle des Ich treten nun Kronzeugen, die wir für uns sprechen lassen: »man«, die Nachbarn, der gesunde Menschenverstand und wie sie alle heißen mögen. Wenn wir bedenken, daß wir unser Leben »klein, schwach, unorientiert, hilflos« (Jacobi), also in großer Unzulänglichkeit und eigentlich immer als »Frühgeburt« antreten, so wird schnell deutlich, wie attraktiv und verlockend jene anonymen Helfer sind, hinter denen wir uns verstecken können. Je größer der Anpassungsdruck in einer Kultur und je stärker der gesellschaftliche Leistungsdruck und damit auch die Gefahr der Ausgrenzung und Isolierung, wenn wir den Anforderungen nicht entsprechen, desto größer auch die Neigung der Menschen, sich nicht direkt zu stellen. »Man«, hält sich an das, was »man« so tut und »man« so denkt. Auch wenn das »Ich« die Bühne betritt, läßt sich leichter von »man« sprechen, denn »man« kann man nicht festnageln oder für das Gesagte zur Verantwortung ziehen, mit »man« kann man natürlich auch schlecht diskutieren und sich auseinandersetzen. »Man« ist ein Phantom, mit dem Menschen gern in Gesprächen operieren, um nicht von sich selbst reden zu müssen. »Man-Gespräche« sind eine Art Probe-Gespräche, in denen Menschen auf indirekte und allgemeine Weise versuchen, ihre Fragen, Gefühle und Probleme ins Spiel zu bringen, ohne selbst als Fragende und Fühlende erkannt zu werden.

Gesellschaftliche wie persönlich-biographische Hintergründe sorgen also dafür, daß die meisten Menschen große Schwierigkeiten damit haben, sich selbst zu zeigen und zu offenbaren. Je tiefer die Angst vor der Selbstdarstellung ist, desto schneller wird das Gesprächsgegenüber in die Rolle des Richters gebracht, und selbst die harmloseste Situation kann für das einzelne Individuum und seinen persönlichen Richter zu einer großen Bewährungsprobe werden. Zur Strategie der Selbstverbergung gehört die indirekte Rede ebenso wie die gespielte Naivität und die Unschuldsmiene, die stumme Unterstellung ebenso wie die laute Beschuldigung. Zur Selbstverbergung gehört aber auch der Versuch, möglichst keine Frage zu stellen, denn schon die Frage könnte einen verraten und eine Blamage sein. Hinter gespielten Rollen und gut gestrichenen Fassaden bleibt in den Gesprächen verborgen, was die Menschen wirklich fühlen und wie ihnen zumute ist.

Sich öffnen und von sich selbst reden setzt voraus, daß wir zunächst Kontakt zu uns selbst aufnehmen und daß wir das, was wir sagen wollen, mit dem eigenen Erleben, Fühlen und Denken in Beziehung setzen. Das ist nicht leicht, wenn man gelernt hat, das Unangenehme so abzuspalten, daß es wie verschwunden erscheint. Die Devise »Keine Schwäche und Gefühle zeigen, immer cool bleiben, sich nichts anmerken lassen« muß in ihr Gegenteil verwandelt werden, damit es zu einem wirklichen Dialog kommen kann. Sich öffnen setzt auch voraus, daß wir entgegen unserer Gewohnheit das Risiko eingehen, daß unser Selbstwertgefühl verletzt wird, aber daß wir gleichzeitig darauf vertrauen, daß sich der Partner nicht zum Richter aufspielt. »Ich bin o.k., bei mir ist immer alles in Ordnung«, das ist die trügerische Selbstsicherheit eines Menschen, der nicht leiden darf, auch wenn er schon große Schmerzen hat. In diesem Fall hat nur der »problemlose« Anteil der Person überlebt, der andere Teil dieses Menschen steht unter Verschluß und lebt eine indirekte Existenz, ein Leben in Verstecken und Man-Sätzen. Nicht »ich« habe dann Wut, sondern »man« wird wütend; nicht »ich« bin ärgerlich, sondern »man« wird ärgerlich. Die eigenen Absichten kann man auch hinter einem »Wir« verstecken oder Fragen stellen, die gar keine sind, sondern eher den anderen zu einer Stellungnahme herausfordern. Die Frage »Mußtest du dir diese teuren Stiefel kaufen?« ist keine Frage, sondern bedeutet im Klartext: »Ich finde diese Stiefel zu teuer, und du hättest sie nicht kaufen sollen.«

Wer sich öffnet und Ich zu sagen bereit ist, braucht den mutigen Blick nach innen und zunehmend Vertrauen in die eigene Existenz. Nicht *die* Beziehung ist dann unerträglich, sondern ich finde sich unerträglich, weil *ich* mich so oder so in ihr fühle, weil ich sie vielleicht sogar beenden will. Ehe jemand den Mut zu einer solchen Stellungnahme findet, greift er im Partnerdialog eher zur Du-Botschaft, einer sehr verbreiteten Technik im Beziehungskampf, mit der die Ich-Aussage vermieden und der andere in Bedrängnis gebracht wird. Wer über sich schweigt, redet über den anderen, eine Regel, die aus vielen anderen Alltagszusammenhängen bekannt ist. Blitzschnell wird ein eigenes Gefühl unkenntlich gemacht und in eine Beschreibung des anderen übersetzt. Aus der Mitteilung über den eigenen Ärger, daß der Partner später als verabredet gekommen ist und daß ich vielleicht Angst gehabt habe, wird die negative Du-Botschaft: Du bist unpünktlich und unzuverlässig.

Wenn der eine seinen Standpunkt und sein Befinden nicht offenlegt und nur nach Technik sucht, um seine Schwächen und Ängste geheimzuhalten, wird der andere nur mit halbem Ohr und in Lauerstellung zuhören und seine eigene Gemeinhaltung proben. Was dabei verlorengeht, ist mehr als eine Gelegenheit zu einem Gespräch, es ist das »Lernziel Solidarität« (Richter). Solidarität setzt die tiefe Akzeptanz des anderen Menschen mit all seinen Seiten voraus, verlangt das offene Eingestehen der ganzen Person mitsamt ihren Schwächen. Nur wenn ich im Gespräch erfahren kann, daß auch der andere leidet, sich unsicher fühlt und Probleme hat, kann ich sehen lernen, daß ich mit meinen Fragen und Ängsten nicht allein dastehe. Die Bereitschaft, sich zu zeigen, ist kein seelischer Striptease, vor dem so viele Angst haben, sondern die Voraussetzung für eine Veränderung der Menschen wie der kritischen Situation, in der eine Beziehung steckt. In gemeinsamer Kraftanstrengung schaffen Paare die Fassaden und die Isoliertheit, unter der sie leiden. Oft merken sie über Jahre nicht, wie sehr sie sich dabei selbst und gegenseitig verletzen und krankmachen. Wer sich ständig nach außen anders gibt als ihm innerlich zumute ist, gerät auf Dauer in einen inneren Spannungszustand, der allmählich die körperlichen und seelischen Kräfte aufzehrt und die Angst vor Entlarvung der Gesamtsituation steigert. In solchen Augenblicken sprechen Menschen davon, daß die »Luft zum Schneiden ist«, von geladenen Stimmungen oder von jenem berühmten Faß, das nur noch einen Tropfen zum Überlaufen braucht. Beziehungen, in denen Gespräche zu einer Art Schlagabtausch oder Durchhaltetraining verkommen, in denen die Partner sich weder öffnen noch von sich zu reden wagen oder nicht offen zuhören können, sind eine Gefahr für die körperliche, seelische, geistige und soziale Gesundheit. Die Liebe endet, wenn der Partner nur noch Unglück bedeutet und wir selbst keinen Beitrag übernehmen, um gemeinsam zu »gesunden«.

Liebe und Beziehung auf Kollisionskurs
»Du bist mein Unglück«

Die Lust an der Schuld des Partners, wenn die Beziehung nicht mehr funktioniert und die Liebe auf Tauchkurs ist, ist aus den Beziehungsdebatten nicht mehr wegzudenken. Wir alle kennen die Dialoge, die noch freundlich beginnen, aber dann durch wertende Du-Botschaften die Schuldvorwürfe einleiten, die durch die Verallgemeinerung so auf die Spitze getrieben werden können, daß sich jede konkrete um Klärung bemühte Antwort erübrigt. Mit solchen Botschaften wird der Gesprächspartner an die Wand gespielt und matt gesetzt, es sei denn, seine Gegenbeschuldigungen sind wirksamer. Feststellungen von der Art »Du bis langweilig« oder »Du bist spießig« fühlen sich wie letzte Urteile an, denen der Beschuldigte sich nicht mehr argumentativ mit Gegenbeteuerungen entziehen kann. Beschuldigungen und Bewertungsurteile wirken vor allem auf der emotionalen Ebene. »Du bist aggressiv, autoritär, dominant, unecht, unaufrichtig, hinterhältig« enthält als Beschuldigung alles, was dem Betroffenen den moralischen Boden unter den Füßen wegzieht, weil er auf seine Schattenseiten reduziert wird und nicht nur die Achtung des Partners verliert, sondern sich auch noch außerhalb der gesellschaftlich gültigen Normen bewegt. In der Verallgemeinerung wird aus dem »Du bist ...« ein unveränderliches Immer: »Du bist immer unterwegs«, »Du bist nie da, wenn man dich braucht«, »Du stellst mich nie deinen Freunden vor!«

Schuldvorwürfe begleiten mehr oder weniger jede Beziehungsfalle, in die die Liebe hineingeraten kann. Sie sind die Kriegsmusik der Liebe und der Speck, mit dem die Beziehungsmaus in die Falle gelockt wird. Wer beschuldigt wird, holt zum Gegenschlag aus und versucht mehr oder weniger hilflos, dem ihn überrollenden Gefühlsausbruch durch Hinweise auf die Realität und seine wirklichen Absichten zu entkommen. Sich schuldig fühlen ist ein unangenehmes Gefühl. Es beengt, macht ohnmächtig, drückt auf die Stimmung und erinnert daran, daß man einer Erwartung nicht entsprochen oder etwas Wichtiges vergessen, den Partner oder die Partnerin vielleicht enttäuscht und um ihr Glück betrogen hat. Wer will schon gern des anderen Unglück sein?

Wer beschuldigt, will mit den Vorwürfen etwas bewirken, will

Schuldgefühle erzeugen und hofft, daß der Partner reagiert. Die Beschuldigung ist ein Versuch, mit dem anderen in Beziehung zu treten, ihn zu provozieren, sich ihm mit der eigenen Verzweiflung zu nähern, ohne diese als eigenes Gefühl offen zum Ausdruck zu bringen. Was wir dem anderen aus welchen Gründen auch immer nicht direkt sagen können oder schon lange einmal sagen wollten, werfen wir ihm jetzt als Vorwurf vor die Füße.

Wie ein Damoklesschwert hängt die Illusion von der sogenannten wirklichen Liebe, in der alles richtig läuft, über dem Alltag jeder Beziehung und speist die Schuldzuweisungen, die man für den anderen Partner und sein Versagen erfindet. Der Ernst der Beziehung soll über die Hervorrufung von Schuldgefühlen wiederhergestellt werden. Die eingeklagte »ewige Liebe« soll wie ein absoluter Anspruch wirken, durch den die eigenen Vorstellungen von der Liebe zu einem verpflichtenden Befehl für den anderen werden. Versprochen ist versprochen, bis daß der Tod uns scheidet! Die Sehnsucht der Liebenden nach der Erfüllung ihrer Liebe verwandelt sich in eine Anspruchshaltung, wobei die Umsetzung des Anspruchs in die Realität der Beziehung ganz offensichtlich dem obliegt, dessen Versagen gerade angeklagt wird. In welchselseitiger Abhängigkeit warten beide Partner darauf, daß der jeweils andere Partner die eigene Vorstellung von der Liebe erfüllt.

Die »totale« Liebe, mit der die Romanze begann, verwandelt sich dann manchmal in eine totalitäre Beziehung, die vergißt, daß zwei sich fremde Menschen unterwegs sind, die das, was eingeklagt werden soll, erst erarbeiten müssen, um darauf zu vertrauen. Jedes verliebte Paar hat eine Ahnung von der Schwierigkeit, den Zustand des Verliebtseins in eine dauerhafte Liebesbeziehung umzusetzen, nicht zuletzt aufgrund der Erfahrungen mit den eigenen Eltern, die nur manchmal ein nachahmenswertes Beispiel vorleben konnten. Aus vorwegnehmender Skepsis und ihrem Streben nach Sicherheit beginnen die meisten Menschen deshalb sehr schnell damit, die zufällige, beglückende, und weil offen auch angstmachende Begegnung in ein »festes« Verhältnis umzustrukturieren, in dem dann Abhängigkeit, Zwang, Kontrolle und Besitzdenken zunehmend die Oberhand gewinnen und häufig die Ursachen für das spätere Scheitern vieler Beziehungen sind.

Schuldzuweisung und Beschuldigung können in der Kommunikation zwischen Menschen dauerhaft eine bedeutende Funktion bekommen, und viele von uns wissen aus eigenen Erfahrungen, wie bindend Schuldgefühle sein können. Einem Kind, dem man gleich zu Anfang seines Lebens das Gefühl vermittelt, es sei ein Unglück für die Eltern und eigentlich eine Belastung und Zumutung für die ganze Welt, raubt man nicht nur das entscheidende Lebensgefühl, sondern bindet es gleichzeitig an ein Schuldgefühl. In der Regel wird ein solches Kind versuchen, das Gegenteil zu beweisen und Himmel und Hölle in Bewegung setzen, um die, von denen es geliebt werden will, nicht noch weiter zu enttäuschen. Dabei kann es scheitern, und in diesem Fall werden Kinder dann wirklich in ihrem Unglück manchmal zu einem Unglück für die anderen. Einem Lebenspartner, dem man vorwirft, er sei das Unglück des anderen Menschen, wird sich in der Regel ebenfalls darum bemühen, das Gegenteil zu beweisen und der Beschuldigung etwas entgegensetzen. Es ist nicht erlaubt, ein langweiliger Partner zu sein und dies auch noch mit einer positiven Selbsteinschätzung zu verbinden. Natürlich gibt es langweilige Menschen, aber in der »glücklichen Paarbeziehung« haben wir nicht das Recht, den anderen Partner zu langweilen, wenn dieser darunter leidet! Aus dem langweiligen Partner wird schnell ein beziehungsunfähiger Partner, einer, der Unglück verbreitet, wo er glücklich machen soll.

So merkwürdig es klingen mag: Schuldgefühle regulieren das Sozialverhalten und sind ein wichtiges Mittel, um nicht nur den Partner auf Trab zu halten und in seinem Sozialverhalten nachhaltig zu beeinflussen. Mütter und Väter wollen genauso wenig enttäuscht werden wie Lehrer, Arbeitskollegen und Vorgesetzte. Selbst der Staat will nicht von uns enttäuscht werden und rechnet wie die anderen mit den entsprechenden Schuldgefühlen. Von dem Schuldgefühl, man habe irgend etwas falsch gemacht und werde gerade dabei erwischt, können sich die wenigsten Menschen frei machen, wenn plötzlich ein Polizeiauto hinter ihnen herfährt.

So kann es passieren, daß Menschen, die eine Paarbeziehung eingehen, plötzlich nicht mehr selbstverständlich allein ins Kino gehen können, ja überhaupt einmal alleine sein können. Es ist auch nicht mehr ohne weiteres gestattet, die alten Freunde allein aufzusuchen, allein zu verreisen oder ohne stichhaltige Erklärung einfach traurig zu sein. Wie in der Pubertät müssen manche wieder um Taschengeld bitten und trauen sich nicht, ohne Rückfrage ein Kleidungsstück zu kaufen oder die Frisur zu ändern. Das Gefühl, daß ich etwas gegen den anderen tue, wenn ich etwas für mich tue, beherrscht viele Paarbeziehungen und ist nur selten Ausdruck grenzenloser Liebe.

Neben die Freiheit, die jeder Mensch braucht, tritt ein dauerhaftes Schuldgefühl, daß diese Freiheit die Beziehung gefährden und den anderen unglücklich machen könnte. Die Kunst der freien Bindung will geübt sein. In der Realität der Paarbeziehung wird viel an der Bindung und wenig an der Freiheit und Unabhängigkeit des einzelnen Partners gearbeitet. Eigentlich geht es um einen bewegten Wechsel von Distanz und Nähe, von sich einlassen und wieder loslassen, von Gemeinsamkeit und Alleinsein. Unter solchen Fallstricken wie »ein Paar sollte alles gemeinsam tun«, »ich muß meinen Partner glücklich machen«, »Partner haben keine Geheimnisse voreinander« (Lazarus) füllt sich die Vorwurfskiste, aus der dann Schuldgefühle aller Art erwachsen, mit denen sich die Partner aneinander binden. Wenn ich mich langweile, mußt du etwas tun; wenn ich unglücklich bin, mußt du das Glück herbeizaubern; wenn du allein sein willst, gefährdest du die Beziehung; wenn das von mir verdiente Geld nicht reicht, kannst du es nicht einteilen; Freunde sind dir wichtiger als ich, und wie die Vorwürfe alle heißen mögen.

Gibt es so etwas wie die Lust an der Beschuldigung und an einem Leben in Schuldgefühlen? Vielleicht ist es zunächst keine Lust, sondern eher eine Art Gewohnheit, ein Alltagsverhalten, das schon sehr früh als Muster gelernt und einstudiert wird. Eingekleidet in bestimmte Redewendungen und intoniert durch laute und leise, ironische und beleidigte Stimmlagen, mit einem Gesicht, das Bände spricht, sind Beschuldigung und Schuldgefühle unsere Begleiter von Kindesbeinen an. Liebe und Schuldgefühl sind in den Beziehungen von Menschen eine geradezu unausweichliche Verbindung miteinander eingegangen, denn der Wunsch, geliebt zu werden, ist existentiell so mächtig in uns, daß die Angst vor Liebesverlust uns ebenfalls vom ersten Atemzug an begleitet und natürlich um so größer ist, je abhängiger wir sind oder uns fühlen. Aus dieser Angst heraus sind wir besonders hellhörig für die Kritik von Menschen, denen wir uns liebend verbunden fühlen, denn ihre Kritik, so sachlich sie auch sein mag, bedroht potentiell in der Wahrnehmung eines ängstlichen Menschen immer gleich die ganze Liebe. Die zusätzliche Angst, wir selbst könnten die Liebe verspielen und möglicherweise an einer Trennung schuld sein, motiviert zu den unterschiedlichsten Bewegungen und Maßnahmen. Tritt das Schlimmste ein, was befürchtet wurde, die Trennung, dann geht die leidende Beschuldigung los: Ich wurde verlassen, ohne Grund, ich bin ein Opfer, ich habe keine Schuld.

Im Muster von Schuld, Beschuldigung und Schuldgefühl zu leben, heißt im Klima der Verdächtigung und des schlechten Gewissens zu leben. Blumen zu einem überraschenden Zeitpunkt und von einem Spender, der das so gut wie nie tut, lösen deshalb nicht immer spontane Freude aus, sondern manchmal eher die mißtrauische Frage: Was will der Blumespender verbergen oder erreichen, wofür sind die Blumen Vorbote? So ganz abwegig aber sind diese Fragen gar nicht: Wie früh lernen wir, Dinge nicht aus innerer Überzeugung zu tun, sondern weil wir gefallen wollen, weil wir vor den Augen der anderen Menschen gut dastehen wollen? Um Vorwürfen zu entgehen, werden wir gefällig, drücken uns indirekt aus, wagen das eigene Leben immer weniger und beschuldigen lieber andere Menschen dafür, daß wir nicht leben. Für den Beschuldiger gilt: Solange ich indirekt im Schatten des Vorwurfs gegen den anderen agiere, muß ich mich selbst nicht zu erkennen geben, kann ich abwarten, wie mein Gegenüber reagiert. Vor allem in der Form der Verallgemeinerung gefährdet die Beziehungsfalle Schuld und Beschuldigung nicht nur die Liebe, sondern auch meine Bereitschaft, die Verantwortung für mein eigenes Leben wirklich zu übernehmen.

Liebe und die Lust auf Beschuldigung »Ich sehe was, was Du nicht siehst«

Die Liste der Möglichkeiten, Liebe, Respekt und Intimität in einer Beziehung zu erschweren, ist nahezu unerschöpflich. Manche Beziehungspartner liegen immer auf der Lauer, um Minuspunkte vom anderen zu sammeln, wie Spanner oder Agenten suchen sie nach Beweismitteln, um dieses »Wissen« in einem Augenblick zu präsentieren, der für den Partner besonders peinlich ist. Auch wenn wir uns selbst nicht gleich zum FBI-Agenten entwickeln, kennen die meisten von uns diese grundsätzliche Haltung, nach Fehlern, Eigenschaften und Auffälligkeiten zu suchen. Nicht zuletzt erinnern wir uns an unsere Kindheit, wo jeder sein »Sündenkonto« bei den Eltern hatte. Manche Kennzeichnungen sind uns geblieben: Wir waren ein ruhiges, nervöses, trotziges, gewalttätiges, ganz braves oder feiges Kind, und oft sagen wir gerade bei schwierigen Eigenschaften, daß wir schon als Kind so waren.

Wenn wir unseren Partner kennenlernen, geht die Suche nach den negativen und schwierigen Eigenschaften, mit denen wir schwerer umgehen können, gleich los. Unbewußt sind wir von Anfang an voll unausgesprochener Fragen an unseren Partner, und je intimer diese sind, desto weniger stellen wir sie, sondern versuchen sie durch eigene Beobachtung zu beantworten. Wie benimmt sich der Partner bei meinen Eltern und Freunden, wie in schwierigen Situationen? Wie fährt er Auto, vor allem wenn ich auf dem Beifahrersitz sitze und Angst habe? Wie sind seine Freizeit- und Urlaubsgewohnheiten? Wird er morgens beim Frühstück hinter der Zeitung verschwinden? Ist er ein Morgenmuffel? Wie reagiert er, wenn er im Unrecht ist? Steht er zu mir, auch wenn es ihm peinlich ist? Wie wird er reagieren, wenn eins der Kinder drogenabhängig wird oder kriminell?

In der Regel schälen sich bei dieser mißtrauischen Beobachtung wirklich auch typische Muster heraus, und ganz besonders typisch finden wir dann die, die uns auf die Nerven gehen, die wir negativ empfinden und die wir deshalb auch mehr wahrnehmen als andere. Jeder Partner hat in seiner Sammlung also eine Reihe negativer Eigenschaften des anderen, die er als kleine Feindseligkeiten mit Reizworten belegt und vor allem in Streitgesprächen wie Speere benutzt.

Nicht erbetene Charakteranalysen und Interpretationen der Motive des Partners gehören zu den ärgerlichsten Taktiken, die Paare gegeneinander anwenden können. Dabei ist zunächst völlig unerheblich, ob die gemachten Zuschreibungen zutreffen. Charakteranalysen in der Form der Zuschreibung negativer Eigenschaften können vor allem in der Form des Überraschungsangriffs zu einem umfassenden Angriff auf die Gesamtpersönlichkeit des Partners werden. Wenn sie aggressiv genug vorgetragen werden, bleibt praktisch nichts mehr von der betroffenen Person übrig, das zu loben wäre. Wenn der Getroffene Gleiches mit Gleichem vergilt, kann das Gefecht in eine Art Beleidigungsschlacht ausarten. Manche Schlachten enden mit Scherben oder Schlägerei. Zum richtigen Zeitpunkt eingesetzt und gut dosiert vorgetragen, sitzen negative »Du-bist-Sätze« wie Hiebe, die entweder den Gegenschlag herausfordern oder ein seelisches K.O. erzeugen.

Es gibt Paare, die fast in jedem strittigen Gespräch mit der Zuschreibung negativer Eigenschaften operieren und auf diese Weise zu einer besonders entfremdeten Form der Charakteranalyse greifen: der Wiederholung oder Stereotypisierung. Irgendeine Eigenschaft des Partners ist ein so großer Dorn im Auge des anderen Partners, daß sie sich geradezu verselbständigt und in ein Klischee verwandelt wird, in das der Partner konsequent hineingepreßt wird. Seine umfassende Persönlichkeit mit allen Vorzügen und Nachteilen verschwindet und übrig bleibt: der Sadist, der Unzuverlässige, der Schwindler, der Angeber, das Muttersöhnchen, die Hure, die Schlampe, die Verschwenderin, die Scheinheilige, der Arbeitswütige.

So befreiend und treffend solche Kennzeichnungen in einem mit Humor und Friedensabsicht geführten Gespräch einmal sein können, wenn sich diese Art des Umgangs miteinander chronifiziert, ist dies der Anfang einer schweren Entfremdung, durch die Intimität, Offenheit und Vertrauen leiden und beide Partner auf Dauer zu Verlierern werden. Wer seinen Partner zu einem Stereotyp macht, ihn auf seine negativen Eigenschaften reduziert, wird unvermeidlich dessen Selbstwertgefühl und Selbsteinschätzung schädigen. Aus der Beziehungsfalle »Zuschreibung negativer Eigenschaften« wird in der Chronifizierung eine zusätzliche Falle: Man kann sagen und tun, was man will, der beobachtende und kritisierende Partner entdeckt immer das Gleiche, weil ihn die konkrete Situation und das gegenwärtige Verhalten gar nicht interessieren. Konkretion würde seine Fallenstellerei geradezu behindern. Das Beleidigende in der Zuschreibung negativer Eigenschaften wie ihrer Stereotypisierung ist nicht die Eigenschaft selbst, sondern die Anmaßung, die darin liegt, daß der andere mehr von mir zu wissen glaubt als ich selbst, mich angeblich von innen und außen kennt und das auch noch ständig wiederholt. Kein Mensch kann das auf Dauer aushalten.

Wenn Paare in ihren Gesprächen mit typischen Zuschreibungen beginnen, ist eigentlich die Stimme der Resignation im Spiel. Die negativen Eigenschaften, die gefunden werden, werden als unveränderbar und unbeeinflußbar hingestellt. Es ist die Rede vom ererbten oder erworbenen, aber jedenfalls unabänderlichen Charakter und dabei wird vergessen, daß niemand ordentlich, sparsam, verschwenderisch, spießig, fortschrittlich, aggressiv, unterwürfig auf die Welt kommt. Jeder von uns kann es aber werden, hat die Möglichkeit dazu in seinem »Gepäck«. Die Welt, die den kleinen und großen Menschen umgibt, die Eltern und Angehörigen, die jeweiligen Lebens- und Arbeitsbedingungen, die Zeit, in die wir hineingeboren werden und vieles mehr sind das Material, aus dem wir unser Leben gestalten. In den Erfahrungen, die wir dabei machen, bilden wir unsere Verhaltensmuster, und sie prägen auch unsere Eigenschaften. So entsteht der Charakter eines Menschen durchaus auf der Basis gewisser angeborener, d. h. ganz früh erlernter Potentiale, wesentlich aber durch die Auseinandersetzung mit der Welt.

Der Charakter ist sozusagen die Abwehr des Menschen gegen das Gezähmtwerden und im Ergebnis oft die härteste Eigenzähmung, die man sich vorstellen kann, weil viele Menschen in diesem Prozeß der Charakterbildung bereits vorwegnehmen, was ihnen abverlangt werden könnte. Sie legen sich fest und hüten sich vor allem gegenüber Überraschungen und Veränderungen. So bin ich und so bleibe ich! Wieder erleben wir die Folgen einer Stereotypisierung. Was zunächst als eine spezifische Reaktion in einer konkreten Situation sinnvoll sein kann, verselbständigt sich im Laufe des Lebens und wird in eine typische Reaktion verwandelt, die ihren Entstehungshintergrund aus den Augen verliert, verdrängt und in der Erinnerung löscht. Weil jemand als kleiner Mensch bestraft wurde, als er sich zu wild bewegte, stellt er auch als erwachsener Mensch jede wilde Bewegung ein und bestraft nun den freien Bewegungsdrang seiner Kinder oder Partner. Nur weil jemand als Kind oder Jugendlicher beim Onanieren erwischt und verhöhnt wurde, hält er sich auch in der erwachsenen Partnerbeziehung zurück, über seine sexuellen Bedürfnisse zu sprechen.

Die unbewußte Verstrickung vor allem mit der neurotischen Seite unserer Geschichte ist oft so fest, daß wir uns geradezu automatisch von Situationen angezogen fühlen, in denen unsere alten Reaktionsmuster zum Tragen kommen. Oder wir stellen sie selbst »stereotyp«

her. Die Zuschreibung »Du bist wie deine Mutter« im Streit eines Paares ist in der Regel kein Kompliment, sondern eine negative Zuschreibung, mit der an die merkwürdige Erfahrung erinnert wird, daß wir alle unsere Mütter und Väter als »Schatten« in unsere eigene Partnerbeziehung einbringen, als einen Anteil unserer eigenen Persönlichkeit, der uns nicht bewußt ist. Unbewußt spielen wir diese Eltern weiter oder setzen uns sogar bewußt und aggressiv von ihnen ab, weil wir ja nie so werden wollten wie sie – weder im Umgang mit unserem Partner noch im Umgang mit unseren Kindern. Gerade in diesem Fall ist die Zuschreibung »Du bist wie deine Mutter« wie ein Keulenschlag, zumal dann, wenn ich meinem Partner vorher in vertrauten Gesprächen von meinen früheren Schwierigkeiten mit den Verhaltensweisen dieser Mutter erzählt habe, ihrem Putzwahn, ihrer Rechthaberei, ihrer leidenden Stimme, mit der sie immer Mitleid erregen wollte. Manchmal suchen wir – wenn auch nicht bewußt – Partner aus, die wie unsere Eltern sind. Oft wählen wir auch das Gegenteil. In den negativen Zuschreibungen aber können wir erkennen, welchen unbewußten Generationsvertrag es gibt. Viele von uns kennen die schon fast komischen Auseinandersetzungen zwischen Eltern, wenn die Kinder zum Problem werden. Die negativen Eigenschaften und Verhaltensweisen stammen dann in der Regel vom anderen Partner oder seiner Sippe und von seinem schlechten Erziehungsstil.

Unabhängig davon, nach welcher der beiden Regeln sich ein Paar gefunden hat und definiert, ob nach dem Prinzip »Gleich und Gleich gesellt sich gern« oder nach dem Prinzip »Gegensätze ziehen sich an« oder ob beide gleiche Gegensätzlichkeiten haben und sich deshalb anziehen, die Wahrheit eines Paares beginnt damit, herauszufinden, mit welcher Geschichte und mit welchen daraus hervorgegangenen Eigenschaften und Verhaltensweisen der Partner in die gemeinsame Beziehung eingetreten ist. Erst dann wird es zunehmend leichter sein, zu erkennen, aus welchen dieser Anteile bei mir und dem Partner der Wunsch entsteht, den anderen überfallsartig negativ zu charakterisieren und zu typologisieren, so daß die Falle zuschnappt und das Gespräch in der Sackgasse steckt.

Zu fragen, warum Menschen so sind, wie sie sind und ihr Verhalten verstehen zu lernen, bedeutet nicht, alles akzeptieren zu müssen, sich nicht wehren zu dürfen, nicht zu kritisieren, was kritikwürdig ist. Aus der vereinfachenden Zuschreibung herauszutreten und genau hinzuschauen, was im Augenblick passiert und welchen Anteil ich darin habe, bedeutet eine Übung in Toleranz, Geduld und Respekt, wenn es gerade am schwersten fällt. Dies verfolgt gleichzeitig auch den bis zum letzten Atemzug schwierigen wie notwendigen Auftrag: im Partner immer wieder neu auch dem fremden Menschen zu begegnen, dem, von dem wir nicht wußten, wie er sich im Alltag des Lebens, in Krisen und am Ende auch im Sterben verhalten wird. Auch als öffentliche Tugend wäre ein solches Verhalten sehr hilfreich in einer Zeit der Vereinzelung und Ausgrenzung, die mehr denn je den Wechsel zwischen vertrauter Nähe und kritischer Distanz braucht wie auch den Umgang mit jenen Verhaltensweisen und Eigenschaften, die den Normen und Erwartungen widersprechen. Das könnte allen Mut machen, auch denen, die immer schon vorwegnehmen, daß alles ganz böse enden wird.

Wenn Beziehungen krank machen

Die durch eine Liebe entstandene Beziehung ist nicht einfach da, sie wächst, muß ernährt und gepflegt werden, braucht Aufmerksamkeit. Das gilt auch für die Gesundheit der Menschen in einer Beziehung, die nicht *ist*, sondern *wird*, mit der das Wohlbefinden kommt und geht. So wie wir in ihr den Prozeß des Werdens und die Notwendigkeit der Gestaltung beobachten, so können wir auch in einer Partnerschaft erkennen, ob die Partner ihre Beziehung entwickeln oder diese auf einem »Status quo« mehr oder weniger erträglich einfrieren. Wenn Beziehungen krank machen, dann sind sie festgefahren. Aus Freiheit ist Unfreiheit geworden, aus gemeinsamen Perspektiven gegenseitige Kontrolle, aus gegenseitiger Unterstützung subtile Behinderung. Nicht mehr »Freie Fahrt voraus« ist angesagt, sondern »Keiner verläßt das sinkende Schiff«. Krankheit wird zum Beziehungsmuster. Anstatt einen Weg zu sich selbst zu gehen, versucht man, den Gefühlen von Ärger, Widerwillen, Verachtung und schuldiger Betroffenheit auszuweichen, indem man sie unbewußt zu Symptomen verarbeitet. Wenn die Liebe erstarrt, verkrampft sich manchmal stellvertretend das Herz.

> Aus heiterem Himmel, kurz nach dem Zubettgehen, erleidet ein etwa 50jähriger Mann einen schweren Herzanfall. Was war passiert? Es war Samstagabend, und er hatte sich mit seiner Frau noch einen Film im Fernsehen angeschaut, in dem es um »Liebe, Lust und Leidenschaft« ging. Sie hatten sich bald darauf schlafen gelegt, ihre Sexualkontakte waren in den letzten Jahren sehr spärlich geworden, und auch an diesem Abend ereignete sich nichts. Beim Löschen der Nachttischlampe wurde der Mann von einem »Hexenschuß« überfallen. Offenbar protestierte seine angestaute Lebensenergie. Die »betrogene Lust« sucht sich gern im Hexenschuß ihren körperlichen Ausdruck. Als seine Frau ihm daraufhin seinen Rücken mit einer nach Menthol riechenden Salbe einrieb, begann der Herzanfall.
>
> (Sroka)

Und ein anderes Beispiel:

> Paul G. erkannte erst nach zwanzig Jahren Ehe, daß er in seiner Frau vor allem die Augen seiner Mutter gesucht hatte, und sein Herz beginnt sich zusammenzukrampfen, als diese Frau ihn verlassen will ... Unter intensiven Schmerzen erlebt der Mann, wie eine fremde Hand um sein Herz greift und es zusammendrückt. (Sroka)

Die Botschaft des Körpers läßt sich entziffern. Das schmerzhaft zusammengekrampfte Herz schreit nach Trost und Liebe. Wie ein enger Gürtel legt sich der erwachende Lebenswunsch und die Erkenntnis des nicht gelebten Lebens um die Kehle und Brust des Betroffenen. Es geht um Leben und Tod der Beziehung, das spürt der erkrankende Mensch vorher. Wenn es jedoch gelingt, etwas von der Trauer über den Stillstand, von der Verzweiflung und dem verborgenen Zorn zu lösen, die erlebte Unfähigkeit zu akzeptieren und als Bewegungsimpulse an sich oder in die Beziehung weiterzugeben, dann hat die Sprache des Herzens dem Kranken in ihrer tödlichen Bedrohung den Weg zum Leben und zur Liebe zurück gewiesen. Gerade in der Herzkrankheit liegt die Aufforderung, das innere Gefängnis zu öffnen.

Das Fernhalten der Wünsche nach Geborgenheit, Zärtlichkeit und Liebe zerstört das Herz. Nur mit liebevollem Beistand läßt sich der Schreck über ein Leben, das der Selbstwerdung und der Liebe nur wenig diente, ertragen. Die wunde Stelle läßt das Herz schmerzen. Aber sie öffnet auch das Tor, hinter dem der Weg zu einem Leben beginnt, das endlich dem eigenen Selbst verantwortlich ist und die Liebe zuläßt.

In den Körpersymptomen der Krankheiten stellt der Leib sozusagen szenisch das Lebensproblem vor. Die Liebe kann nicht alles schlucken, was ihr zugemutet wird. Ihre existentielle Krise drückt sich nicht irgendwie, sondern »symptomatisch« aus. Die Seele spricht mit dem Körper und der Körper mit der Seele. Fehlt in einer Beziehung den Partnern die gemeinsame Sprache und kommt der eine nie zu Wort, so bleibt diesem die Sprache vielleicht eines Tages weg. Aus dem offenen Dialog, der auch die Gestaltungsform der Gesundheit ist, wird die Sprache der Krankheit, deren Worte die Symptome sind.

Das Beispiel einer Patientin mit einer schweren Sprech- und Schluckstörung, die künstlerisch sehr begabt war und sich mittels averbaler, körperlicher Sprache ausdrückte, mag ein wenig erläutern, wie sich dieser Ersatzdialog abspielt. Diese Frau hatte einen Mann geheiratet, der sich im Gegensatz zu ihr sprechend, lesend und still dasitzend am wohlsten fühlte, der gern diskutierte und sich wortgewandt in einer politischen Gruppe engagierte. Der notwendige Dialog zwischen diesen beiden Menschen war im Laufe der Jahre verstummt. Statt miteinander zu sprechen, schwiegen sie eher miteinander und verpanzerten sich hinter einer Mauer von Vorwürfen und Mißverständnissen. Wie präzise der Körper die leidende Liebe sprechen läßt, mag eine Behandlungsszene der Patientin veranschaulichen. An ihrem zweiten Hochzeitstag, den sie abends mit ihrem Mann feiern wollte, kam es zu einer akuten Verschlechterung ihrer Sprech- und Schluckstörungen, so daß sie in der Therapiestunde überhaupt nicht mehr sprechen konnte und alles aufschreiben mußte. Die Ärztin versuchte die Sprechstörung zu übersetzen und sagte zu der Patientin: »Ich habe den Eindruck, daß Sie alle Fragen an Ihren Mann gewaltsam versuchen herunterzuschlucken, um ungestört feiern zu können. Jetzt stecken sie Ihnen im Hals und verschlagen Ihnen die Sprache.« Die Frau verstand die Mitteilung aus ihrem eigenen Leib, konnte sich den offensichtlichen Problemen ihrer Heirat stellen und entschloß sich während der Therapiestunde erst einmal, nicht mit ihrem Mann zu feiern. Wenige Minuten später verlor sie ihre Sprechstörung fast gänzlich. Aus dem stillen, aber immerhin innerlich eröffneten Dialog mit ihrem Mann kam eine direkte Entlastung. Sie konnte sich selbst helfen, weil die Ärztin sie auf die richtige Fährte lockte. (Kütemeyer)

Symptome brechen über die Organe das Schweigen eines Menschen. Sie sind Signale, mit denen das Leben um Hilfe ruft. Sie enthalten die dringliche Aufforderung, darüber nachzudenken, in welchem Zustand sich unsere Beziehungen wirklich befinden. In diesem Sinne ist jede Krankheit eine Art Befindlichkeitsstörung, die die Betroffenen in eine Suchbewegung nach den Hintergründen für diese Störung drängt.

»Der Körper ist der Handschuh der Seele«, so beschreibt der bekannte Pantomime Samy Molcho den Zusammenhang von Körperausdruck und innerem Gefühl. Dabei spiegelt der Körper nicht nur wider, was man aktuell empfindet, sondern greift auf die Lebenserfahrungen und Ausdrucksformen früherer Zeiten zurück. Je unbefangener und naiver wir als Kinder und später unsere Gefühle ausdrücken konnten, desto unbefangener und direkter konnte auch der körperliche Ausdruck und die Offenheit in unseren Beziehungen sein. Je älter wir aber werden, und je schwieriger der Umgang mit Menschen oft wird, desto mißtrauischer und indirekter wird sowohl die Körpersprache wie auch unsere Sprache in einer Beziehung. Der befreiende Tobsuchtsanfall eines Kindes ist dem Erwachsenen nicht mehr erlaubt. Wir lernen uns zu beherrschen. Auch das ist eine Art des Schweigens.

Der Lernprozeß aus Erkenntnis, Gefühl und Verhalten wird also im Körperausdruck sichtbar, mit dem wir eine Gesprächssituation nachhaltig beeinflussen. Jeder Mensch lernt vor allem in seinen Beziehungen, mit seinem Körper zu sprechen und entwickelt im Laufe der Zeit seine höchst eigene Körpersprache. Jemand, der vor Wut rot anläuft, drückt seine Empfindung sichtbar aus. Ein anderer, der in der Wut seinen Blutdruck überhöht und seine Rückenmuskulatur anspannt, drückt seine Empfindungen unsichtbar aus. Erst das Blutdruckgerät gibt Auskunft. Die Sprache des Körpers wird unbewußt gelernt. In den meisten Alltagssituationen reagieren wir körperlich spontan, ohne überhaupt darüber nachdenken zu können, welche Handbewegung wir wählen, welchen Gesichtsausdruck wir aufsetzen oder welches innere Organ wir einsetzen sollten, um unsere Absichten zu erreichen oder unsere Verletzungen, Niederlagen und Enttäuschungen zu verarbeiten. Eine hochgezogene Augenbraue, ein ironisches Lächeln in den Mundwinkeln oder ein verächtliches Schulterzucken kann ein angespanntes Gespräch zur Explosion bringen, das weiß fast jeder von uns, und die psychosomatische Alltagssprache verrät, daß keine Körperregion und kein Organ von den Beziehungserfahrungen verschont bleibt.

Beziehungen können krank machen, weil Menschen ein Brett vor dem Kopf haben und sich den schmerzenden Kopf ständig über den Partner zerbrechen oder mit dem Kopf durch die Wand wollen. In anderen Beziehungen haben die Partner zu viel am Hals, um miteinander ins Gespräch kommen zu können, sie sind halsstarrig, hartnäckig, stöhnen unter Schulter-Arm-Syndromen. Das kann dann auch den Hals kosten. Wir sind von Blindheit geschlagen, haben mit Dauererkältungen die Nase voll, und manche Schwiegereltern kann man einfach nicht riechen, weil man den Braten riecht. Nicht nur die Kinder, sondern viele Alltagsroutinen zerren an den Nerven der Beziehung. Wir zeigen die Zähne und nehmen den Mund zu voll. Manchmal schlägt uns die Beziehung mit Geschwüren oder Sodbrennen auf den Magen, wir können etwas nur schwer verdauen, ärgern uns ein Loch in den Bauch, könnten Gift und Galle spucken, oder enden dann doch in Gallensteinen. Viele halten in unerträglichen Beziehungen dauernd die Luft an, und wenn ihnen nicht irgendwann der Kragen platzt, bekommen sie reale Luftnot.

Als Weise des Menschseins, als die Art und Weise also, in der wir uns dem Leben und unseren Beziehungen stellen und mit ihnen konfrontiert werden, sind Gesundheit und Krankheit immer kritisch auf unsere Verhältnisse wie auf unser Verhalten gerichtet, die die Liebe zu einem Partner leben lassen und fördern, oder aber sie behindern, gefährden und zerstören. Viele Krankheiten antworten auf die Einengung der Lebensinteressen vor allem dann, wenn die Beziehungen zum Erliegen kommen und das ersehnte Glück in der Partnerschaft gefährdet ist.

Eine gesunde Beziehung entsteht nicht da, wo wir dem Risiko der Begegnung ausweichen, sondern da, wo wir uns bewußt und spontan im Kontakt mit unseren Gefühlen der Anstrengung und Herausforderung eines lebenslangen Dialogs stellen. In diesem Sinne ist die Gesundheit durchaus auch ein Prozeß kritischer Anpassung an das, was uns durch Lebens- und Arbeitsbedingungen wie durch die Beziehungen, die wir eingegangen sind, aufgegeben ist. Gesundheit wie Beziehungsfähigkeit sind an die Aufnahmebereitschaft wie an die Fähigkeit gebunden, sich auf ein wechselndes Milieu einzustellen und sich in Lust und Schmerz gleichermaßen lebendig zu fühlen. Gesund ist nicht der Mensch, der die Realität nur erfolgreich übersteht, sondern ein Mensch, der auch in der Lage ist, diesen Erfolg zu genießen und ihn mit anderen zu teilen. Dies gilt vor allem für die Realität einer Partnerschaft. Viele überstehen ihre Beziehung, aber sie heilen sie nicht wirklich in Freude und Schmerz, und zum Genuß kommen sie vielleicht gar nicht, weil sie hinter einer Vorstellung herlaufen, die nichts mit dem jeweiligen Partner zu tun hat.

Gesundheit ist – wie das Leben selbst – ein Weg, und die Krankheiten der Menschen erzählen von den Kränkungen und dem, was den Weg so beschwerlich gemacht hat. Gesundheit und Liebe ist nicht für alle gleich. »Eine Gesundheit an sich gibt es nicht, und alle Versuche, ein Ding derart zu definieren, sind mißraten. Es kommt auf dein Ziel, deinen Horizont, deine Kräfte, deine Antriebe, deine Irrtümer und namentlich auf die Ideale und Phantasmen deiner Seele an, um selbst zu bestimmen, was selbst für deinen Leib Gesundheit zu bedeuten habe. Somit gibt es unzählige Gesundheiten des Leibes« (Nietzsche). Auch in der Liebe kommt es auf die Ziele, Horizonte, Kräfte, Irrtümer und besonders auf die Phantasie an.

Krankheiten sind Erzählungen aus Tausendundeiner Nacht:

> »Eine ältere Frau mit Herzinsuffizienz, Ödemen, Wasser im ganzen Körper, kein Medikament der großartigen Medizin hilft. Ein einziges abendliches Visitengespräch, sie schüttet ihr Herz aus, weint viel – die Ärztin tut nichts, außer zuhören – am nächsten Morgen hat sie vier Liter Wasser ausgeschieden« (Kütemeyer)

Nicht nur Paare, auch die Medizin muß sprechen und zuhören lernen. Alle Beziehungen leiden am fehlenden Dialog: die Beziehung zwischen Eltern und Kindern, Lehrern und Schülern, Ärzten und Patienten, Politikern und Bürgern. Krankheiten sind Erzählungen aus vielen Nächten, Tagen, manchmal Jahren, in denen Menschen nicht aussprechen konnten, was sie bewegte, ihnen Kummer und Sorge bereitete, sie in Angst versetzte. Die Herzinsuffizienz macht klar, was das Herz geschwächt hat: zurückgehaltene Gefühle und Worte, schmerzhafte Erlebnisse, versteckte Tränen und Trauer darüber, daß dieser Frau wahrscheinlich sehr lange niemand mehr zugehört hat, niemand mit ihr wirklich gesprochen hat. Wenn dieser Stau der zurückgehaltenen und verstummten Gefühle gelöst wird, wenn sich das Herz im wahrsten Sinne des Wortes ausschüttet, dann kann sich auch das zurückgehaltene Wasser aus dem Körper lösen. Der seelischen Gesprächsbereitschaft folgt eine körperliche.

Was so einfach klingt, ist prinzipiell tatsächlich sehr einfach, und jeder von uns kennt vielleicht die Erfahrung, wie ein erlösendes Wort und Gespräch eine Zentnerlast von den Schultern nehmen kann. Gleichzeitig aber ist dieser Dialog zwischen Körper, Geist und Seele wissenschaftlich gesehen sehr kompliziert, und wenn sich die Menschen erst einmal richtig eingegeben und verselbständigt haben, kommen Arzt und Psychotherapeut, aber vor allem auch die Betroffenen selbst nicht mehr so ohne weiteres an die Hintergründe heran.

Damit die Sprache des Körpers oder der Krankheit gehört und dabei auch verstanden und entziffert werden kann, was als Ausdruck der Seele hinter den körperlichen Symptomen zum Vorschein kommen will, braucht es wie in einer liebenden Beziehung eines Gegenübers, das zuhören will, das beobachten, wahrnehmen und übersetzen kann, worum es geht. Die Wahrnehmung der sichtbaren wie unsichtbaren Dinge und Zusammenhänge ist Voraussetzung dafür, daß im Gespräch und Austausch mit dem betroffenen Menschen eine Erinnerungsarbeit entstehen kann. Wir müssen nach innen schauen, um das, was sich außen zeigt, zu verstehen. Was hat ein Mensch, der mit ungeheuren körperlichen Schmerzen unter seiner Beziehung leidet, ohne daß eine organische Ursache gefunden wird, zu »verschmerzen«? Oft rast, tobt, sticht und verfolgt der Schmerz den Menschen wie ein wütendes Ungeheuer, das keine andere Gelegenheit zur Aussprache bekommen hat und sich nun auf diese Weise wie ein aufdringlicher Gast einmischt. In einer Beziehung, die das klärende Gespräch verloren hat, fängt manchmal einer der Partner plötzlich an zu rasen, zu toben, zu sticheln, den anderen mit Vorwürfen zu verfolgen. Anders als der Schmerz tritt hier aber der Partner als tatsächliches Gegenüber auf: es gibt wenig Zweifel, um wen oder was es geht.

Gespräche sind mehr als Gedankenaustausch. Indem sie die Menschen aus ihrem Schweigen herausholen, sich an das Unterdrückte heranwagen, das den Menschen nicht Bewußte ans Tageslicht bringen, erinnern sie nicht nur an das Erlittene, sondern schaffen damit eine Grundlage für die Heilung und Genesung. In diesem Sinne ist das Gespräch über das, was sich nicht gestalten konnte, was festgefahren ist, was sich als Lebens- oder Beziehungsproblem manifestiert hat, eine Arbeit mit dieser Erinnerung, die als mitgeteilte und geteilte Erfahrung Erlösung und Befreiung nach sich ziehen kann. »Meine Nieren freuen sich, wenn deine Lippen reden, was recht ist«. (Sprüche)

Was lernen wir aus der Erfahrung, daß Beziehungen uns krank machen können? Wenn Seele und Körper streiken, wenn in unserer Beziehung nichts mehr läuft, wenn wir uns nur noch anmachen, sollten wir uns auf die Suche begeben. Ist unser Befinden gestört, dann befinden wir uns nicht mehr in der Balance – körperlich nicht, aber auch nicht seelisch, geistig oder sozial. Unsere Lebens- wie Beziehungsordnung ist in Gefahr, und wir müssen den Grund für die Störung suchen, um sie verstehen zu lernen und mir ihr umgehen zu können. Vielleicht müssen wir einfach aufräumen, so wie wir unsere Wohnung von Zeit zu Zeit aufräumen. Der Körper ist eine Art Wohnung für unsere Seele und unseren Geist – und viele Menschen lassen ihre innere Behausung wirklich verkommen. Gefühle und Gedanken, die längst einmal zur Kenntnis genommen werden wollten, vielleicht vom Keller, wo wir sie im Dunkeln eingelagert haben, in den ersten Stock ziehen wollten, warten auf den Umzug. Keine Zeit, zuviel Angst, kein Interesse steht an den Klingeln vieler Wohnungen, in denen das Unerwünschte, das Nicht-Gesagte um Einlaß bittet. Was wir nicht ansprechen und verdrängen, scheint sich in der Ansicht mancher Menschen von selbst zu erledigen, kann ihrer Meinung nach nicht wirksam werden. Diese Hoffnung aber ist trügerisch. Das Abtauchen in den Untergrund des Unbewußten ist genau der Grund, weshalb sich alte ungelöste seelische und soziale Konflikte in Beziehungen nicht nur immer wiederholen, sondern manifest auf Leib und Seele auswirken, also krankmachen können. Umgekehrt gilt, daß die bewußte und gefühlsmäßige Auseinandersetzung mit Konflikten und die geduldige Suche nach Lösungen sehr viel zu unserem Wohlbefinden beiträgt und unsere tägliche Gesundheit wie Beziehungsfähigkeit überhaupt erst möglich macht. Der aufrechte Gang des Menschen ist eine lebenslange Übung in allen Dimensionen seiner Existenz: Die aufrechte Haltung bedarf der aufrechten Seele ebenso wie der aufrichtigen Gedanken, und vor allem braucht sie Beziehungen, die den Menschen nicht beugen und seinen aufrechten Gang brechen.

Wenn die erotische, liebende und freundschaftliche Beziehung der Hingabe, der gegenseitigen Beziehung, des Respekts in der Auseinandersetzung, des sich Beschenkens, der gegenseitigen Sorge und Fürsorge, des sich Genießens in kühle Kooperation, funktionierende Koexistenz und Arbeitsteilung zur Aufrechterhaltung eines Haushalts und schließlich in eine Art Nicht-Beziehung umschlägt, die den definitiven Ausschluß des Anderen meint, der dann nicht mal mehr einer Auseinandersetzung wert ist, dann ist Gefahr im Verzug. In einem solchen Fall, in dem man sich gegenseitig zum Unglück wird, ist die Trennung und das Verlassen einer solchen Beziehung Menschenpflicht.

Die Überschreitung dessen, was ist

Liebe ist die Hoffnung auf Veränderung und der Mut zum langen Atem. Die Zukunft der Liebe ist immer wieder der Trost des Erstmaligen, des Spontanen, der Überraschung, nicht die Summe des Verfügbaren. Diese Kreativität der Lebensenergie zu stimulieren, dafür ist die Struktur der Beziehung eigentlich da! Aber der Appell geht direkt an uns, leitet gleichsam einen Klassenkampf gegen unser Ich, aber für unser Selbst ein. Hoffnung ist die Komponente, die zum Subjekt gehört. Nur dem, der hoffen kann, daß ihm etwas widerfährt, wird sich ein Einfall erschließen. Hoffnung auf grundlegende Veränderung, auf neue Möglichkeiten ist Voraussetzung für die Wahrnehmung von Neuem. Nur der, der hoffen kann, daß der Mensch grundlegender Veränderung fähig ist, kann auch lieben. Die Fähigkeit zur Hoffnung ist ein Element aus der Ebene der Offenbarung, in der sich Dinge ereignen können, auf ihre Weise. Die Frage nach der Zukunft der Liebe und der Zukunft der Welt überhaupt ist also zugleich die Frage, wie uns Hoffnung auf radikale Veränderung des Menschen offenbar werden kann.

Erst die Aufhebung der jeweiligen Herrschaft, der Verfügung des Täters über das Opfer, macht die Gegenwart von Liebe möglich. Die wissende Liebe schlägt nicht blind zurück, auch wenn sie durchschaut. Sie wendet sich nicht achselzuckend ab oder erniedrigt den Partner, sondern sieht im Gegenüber – wie in einem Spiegel – zugleich das eigene, das gemeinsame Elend des Menschen. Der Mensch ist bedürftig, schlechthin auf andere angewiesen. Dies ist der tiefe Sinn, weshalb wir trotz allem das Wagnis eingehen, die Energie der Liebe in der Struktur einer Beziehung zu leben, in der wir uns liebend und leidend auf einen anderen Menschen beziehen. Das gilt auch für die anderen Beziehungen, die wir eingehen, um zu leben.

Wer einen Menschen erkennen will, wie er wirklich ist, muß sich ihm aussetzen (Reich). Nur wer der Wahrheit über sich selbst ins Auge blickt, kann anderen Menschen Anlaß zu begründetem Vertrauen geben.

Liebe ist nicht beweisbar. Im Prozeß der Bewegung, des Wachsens und der Hoffnung ist sie erlebbar. Im gestaltenden Austausch mit den Strukturen der Beziehung, ihrer Veränderung und Aufhebung, im ständigen Wechsel von Chaos und Ordnung, ist Liebe der Mut zum langen Atem – vor allem dem langen Ausatmen! Möge die Übung gelingen.

Nachwort

Wird Zeit, daß wir leben. Das ist nicht so einfach. Es verlangt Aufmerksamkeit und Geduld, Mut und Entschiedenheit, Liebe und Mitgefühl. Die schwierigste Erkenntnis auf meinem eigenen Weg war die Einsicht, daß die wesentlichen Ereignisse, die mein Leben in die eine oder andere Richtung drängten, nicht von meinem Verstand, meinem Willen oder meinen Plänen abhängig waren, sondern mir einfach vor die Füße gelegt wurden. Das hat viel Verzweiflung und Abwehr erzeugt. Immer wieder habe ich gefragt: Warum? Warum war der Anfang meines Lebens so schwer und warum war ich nicht ein geliebtes Wunschkind? Warum der Krieg, die Flucht, die Armut, der Hunger? Warum so viel Trennung von geliebten Menschen? Warum soviel Krankheit und am Ende auch noch Krebs? Keines dieser Warums hat sich wissenschaftlich gesehen eindeutig beantworten lassen. Niemand gibt uns eine Antwort darauf, warum wir etwas »bekommen« und nicht jemand anders. Wir müssen ganz offensichtlich die Originale bleiben, als die wir geboren werden. Und dies begreifend, verwandelte sich die Frage nach dem Warum in eine andere, die für mich so etwas wie eine Offenbarung wurde: Was muß, kann, darf, soll und will ich lernen? Was kann mein Leben damit anfangen, daß ihm dieses geschieht? Was will ich wirklich mit meiner Lebenszeit anfangen, und was muß oder darf ich tun, um Verantwortung für mich und andere nicht nur zu übernehmen, sondern mich auch daran zu freuen?

Wird Zeit, daß wir leben. Das ist manchmal auch ganz einfach. Nach einer Wunschgeschichte gefragt, schreibt ein kleines Mädchen in einem Flüchtlingslager die Liebes- oder Freundschaftsgeschichte vom Hasen und der Wolke:

Es war einmal ein Hase, der wollte Besuch.
Als der die Tür öffnete, schwebte eine Wolke herein.
Die beiden wurden Freunde, und die Wolke zog ganz zu ihm.
Der Hase durfte jede Nacht auf ihr schlafen,

und wenn er Durst hatte,
regnete sie ein bißchen für ihn.

Diese Geschichte ist keine Lösung für ihr Leben. Auch dieses Buch ist es nicht, denn schließlich geht es um jeden einzelnen von uns. Aber wir können von den Erfahrungen, Gedanken und Gefühlen anderer Menschen lernen. Und vor allem können wir manchmal ganz unverhofft lachen, wenn wir erkennen, auf welch merkwürdige Weise wir das Haus unseres Lebens bauen und dennoch überleben.

Literatur

Adorno, Theodor W.: *Minima Moralia.* Frankfurt a. M. 1962.

Arbeit, Leben, Lernen 10. Poiesis. Praktisch-theoretische Wege ästhetischer Selbsterziehung. Hohengehren 1989.

Arendt, Hannah: *Menschen in finsteren Zeiten.* München, Zürich, 2. Aufl. 1989.

Beck, Ulrich: *Risikogesellschaft.* Frankfurt 1986.

Bernard, Ch. und Schlaffer, E.: *Im Dschungel der Gefühle.* Reinbek 1987.

Blankenburg, Janus: Biographie und Krankheit. In: Bühler, K. E. (Hrsg.): *Zeitlichkeit als psychologisches Prinzip.* Köln 1986, S. 85–123.

Bloch, Ernst: *Das Prinzip Hoffnung.* Frankfurt 1985.

Bock, Thomas (u.a.): *Stimmenreich. Mitteilungen über den Wahnsinn.* Bonn 1982.

Brecht, Bertold: *Gesammelte Werke.* Frankfurt 1967.

Buber, Martin: *Das dialogische Prinzip.* Heidelberg 1979.

Cremerius, Johannes: *Zur Theorie und Praxis der psychosomatischen Medizin.* Frankfurt 1978.

Dürckheim, Graf Karlfried: *Der Alltag als Übung.* Bern, Stuttgart, Wien 5. Aufl. 1975.

Foucault, Michel: *Überwachen und Strafen.* Frankfurt a. M. 1977.

Franck, Frederick: *Zen in der Kunst des Sehens.* Kreuzlingen 1998.

Fried, Erich: *Gründe. Gesammelte Gedichte.* Berlin 1990.

Gadamer, Hans-Georg: *Über die Verborgenheit der Gesundheit.* Frankfurt 1993.

Goleman, Daniel: *Emotionale Intelligenz.* München 1997.

Gruen, Arno: *Der Verrat am Selbst. Die Angst vor Autonomie bei Mann und Frau.* München 1992.

Gruen, Arno: *Der Verlust des Mitgefühls: Über die Politik der Gleichgültigkeit.* München 1997.

Haerlin, Peter: *Wie von selbst. Vom Leistungszwang zur Mühelosigkeit.* Weinheim, Berlin 1987.

Hahn, Ulla: *Liebesgedichte.* Stuttgart 1993.

Hanses, Andreas: *Epilepsie als biographische Konstruktion.* Bremen 1996.

Huebschman, H.: *Krankheit - ein Körperstreik.* Freiburg 1974.

Illich, Iwan: *Die Nemesis der Medizin.* Reinbek 1981.

Jaspers, Karl: *Allgemeine Psychopathologie.* Berlin 1973.

Jerns, Gert Udo: *Die größeren Kopfschmerzen. Texte zum Thema Medizin.* Göttingen 1990.

Jonas, H.: *Organismus und Freiheit.* Göttingen 1973.

Jores, Arthur: *Der Kranke mit psychovegetativen Störungen.* Göttingen 1973.

Keupp, Heiner: Ambivalenzen postmoderner Identität. In: Beck u.a. (Hrsg.): *Riskante Freiheiten.* Frankfurt a. M. 1994.
Kütemeyer, Mechthilde: Die Medizin braucht mehr »weibliches« Denken. In: Göpel u.a. (Hrsg.): *Provokationen zur Gesundheit.* Frankfurt a. M., 2. Aufl. 1995.
Kütemeyer, M. und Masuhr, F.: Psychosomatische Aspekte in der Neurologie. In: *Praktische Psychosomatik* (Jores). Bern, Stuttgart, Wien 1981.
Lazarus, Arnold: *Fallstricke der Liebe.* Stuttgart 1992.
Lewis, Howard und Martha: *Heilerfolge der psychosomatischen Medizin.* München 1975.
Lippe, Prinz R. zur: *Am eigenen Leibe. Zur Ökonomie des Lebens.* Frankfurt 1978, 1982.
Lippe, Prinz R. (Hrsg.): *Poiesis. Spiel in Natur und Geschichte, Alltag, Kunst und Wissenschaft.* Münster 1996.
Meyer, Conrad Ferdinand: *Sämtliche Werke,* Bd. 1. Bern 1963.
Maturana, R. H. und Varela, F.: *Der Baum der Erkenntnis.* Bern, München 2. Aufl. 1987.
Milz, Helmut: *Der wiederentdeckte Körper.* München, Zürich 1992.
Moeller, Michael Lucas: *Die Liebe ist ein Kind der Freiheit.* Reinbek 1986.
Moersch, Emma u.a.: Zur Psychopathologie von Herzinfarkt-Patienten. In: *Psyche,* 34 Jg., 6., Stuttgart 1980.
Reich, Wilhelm: *Charakteranalyse.* Köln 1971.
Reich, Wilhelm: *Christusmord.* Freiburg 1979.
Richter, Horst Eberhard: *Lernziel Solidarität.* Redice Italia 1974.
Richter, Horst Eberhard: Umgang mit Angst. Hamburg 1992.
Riemann, Fritz: *Grundformen der Angst. Eine tiefenpsychologische Studie.* München 1985.
Rumpf, Horst: Spiel - Aufmerksamkeiten. In: *Poiesis,* 9/1996. Münster 1996.
Schipperges, Heinrich: *Kosmos, Anthropos. Entwürfe zu einer Philosophie des Leibes.* Stuttgart 1981.
Schlechta, K. (Hrsg.): *Friedrich Nietzsche.* Bd. I. München 1954–1956.
Schmid, Wilhelm: *Philosophie der Lebenskunst.* Frankfurt 1998.
Schweitzer, Albert: *Kultur und Ethik.* München 1990.
Sroka, Knut: *Herzkrank. Ein menschliches Konzept der Herzkrankheit.* Hamburg 1987.
Strauss, A. L.: *Grundlagen der qualitativen Sozialforschung.* München 1991.
Uexküll, Thure von: *Integrierte Psychosomatische Medizin.* Stuttgart 1981.
Vogel, Paul und Viktor v. Weizsäcker: *Arzt im Irrsal der Zeit.* Göttingen 1956.
Weizsäcker, V. von: *Der Gestaltkreis.* Stuttgart 1950.
Weizsäcker, V. von: *Gesammelte Schriften.* (hrsg. von Achilles u. a.). Frankfurt 1987.
Wyss, Dieter: *Erkranktes Leben – kranker Leib.* Göttingen 1986.
Zorn, Fritz: *Mars.* Frankfurt 1977.